Dubrovnik (Raguse) au Moyen-Age

Historiques

dirigée par Bruno Péquignot et Denis Rolland

La collection "Historiques" a pour vocation de présenter les recherches les plus récentes en sciences historiques. La collection est ouverte à la diversité des thèmes d'étude et des périodes historiques.
Elle comprend deux séries : la première s'intitulant "Travaux" est ouverte aux études respectant une démarche scientifique (l'accent est particulièrement mis sur la recherche universitaire) tandis que la seconde, intitulée "Sources", a pour objectif d'éditer des témoignages de contemporains relatifs à des événements d'ampleur historique ou de publier tout texte dont la diffusion enrichira le corpus documentaire de l'historien.

Série Travaux

Jean-Paul POIROT, *Monnaies, médailles et histoire en Lorraine*, 2010.
Michel GAUTIER, *Un canton agricole de la Sarthe face au « monde plein ». 1670-1870*, 2010.
Tchavdar MARINOV, *La Question Macédonienne de 1944 à nos jours. Communisme et nationalisme dans les Balkans,* 2010.
Jean-René PRESNEAU, *L'éducation des sourds et muets, des aveugles et des contrefaits*, *1750-1789*, 2010.
Simone GOUGEAUD-ARNAUDEAU, Le comte de Caylus (1692-1765), pour l'amour des arts, 2010.
Daniel PERRON, *Histoire du repos dominical. Un jour pour faire société*, 2010.
Nadège COMPARD, *Immigrés et romans noirs (1950-2000)*, 2010.
Arnauld CAPPEAU, *Conflits et relations de voisinage dans les campagnes du Rhône au XIX*e *siècle*, 2010.
John WARD, *Placement et adoption des orphelins au Royaume-Uni (1870-1926). L'orphelin et ses anges gardiens*, 2010.

Nenad Fejic

Dubrovnik (Raguse) au Moyen-Age,

espace de convergence, espace menacé

L'HARMATTAN

5-7, rue de l'École-Polytechnique ; 75005 Paris

http://www.librairieharmattan.com
diffusion.harmattan@wanadoo.fr
harmattan1@wanadoo.fr

ISBN : 978-2-296-13238-2
EAN : 9782296132382

Au-delà d'une histoire urbaine

La commune de Dubrovnik (Raguse) a créé, pendant les derniers siècles du Moyen-Age, un espace géographique et un espace économique qu'elle s'efforçait d'étendre bien au-delà des limites de son modeste district. Située au carrefour des routes maritimes et terrestres, au bout d'un chapelet d'îles protégeant la côte orientale de l'Adriatique, escale incontournable dans la navigation internationale et les échanges commerciaux entre le monde méditerranéen et l'arrière-pays balkanique, Dubrovnik a acquis au fil des siècles, les avantages d'une plaque tournante commerciale entre l'Orient et l'Occident de la Méditerranée. Seule communauté des Balkans, ayant atteint les débuts de l'époque moderne dans une situation d'indépendance de fait sinon de droit, Dubrovnik a été, au même titre, la seule communauté dans l'espace balkanique, à avoir durablement bénéficié des conditions qui lui permirent de créer et d'alimenter, au sein de ces véritables ateliers de mémoire, que constituaient les archives de la ville, une certaine idée de sa place dans le concert des puissances de l'époque. Sous différentes formes, cette idée était reprise et amplifiée par les chroniqueurs de la fin du Moyen Age et des débuts de l'époque moderne qui fréquentaient assidûment les archives. Le miroir de leur passé, les Ragusains ont pu se l'offrir dès l'époque médiévale, certes à une échelle réduite et à l'usage d'une minorité privilégiée de l'élite urbaine, en puisant dans leurs archives et sans devoir attendre la naissance de l'Etat national du XIXe siècle. Cependant, il s'est produit, dans le cas des études du passé médiéval ragusain, le même phénomène qui a affecté les études médiévales dans la plupart des pays européens : la naissance de l'historiographie contemporaine de Dubrovnik coïncide tout simplement avec la fin de l'Ancien Régime, qui s'est traduite par l'abolition de la république ragusaine en 1808, à la suite de la conquête de la ville par l'armée napoléonienne en 1806. Entre les chroniqueurs et analystes de l'Ancien Régime et les historiens des époques postérieures il y a eu une véritable solution de continuité : pour ceux-ci, leurs prédécesseurs n'étaient que des conteurs, des amateurs d'historiens de l'Antiquité, dont ils s'efforçaient de reprendre le discours, à la gloire de leur ville natale, pour la rendre digne héritière des cités romaines, selon les modes et les traditions du baroque ragusain.

Cependant, dès la fin de l'Ancien Régime en Dalmatie, au début du XIXe siècle, les œuvres des analystes et chroniqueurs ragusains ont été ravalées au rang de littérature historique, alors que l'appellation de sources narratives aurait pu s'appliquer à une partie au moins de leurs discours qui reposait d'ailleurs, sur de solides sources d'archives. Ce véritable refus de reconnaissance de statut de sources aux anciennes chroniques et histoires, datant de la période médiévale et des premiers temps modernes de Dubrovnik, a de quoi étonner et relève d'une méfiance chez les premiers historiens critiques du XIXe siècle à l'égard des sources narratives de l'Ancien Régime de Dubrovnik. Quelques chroniqueurs et historiens ragusains de la fin du Moyen Age et surtout du premier âge moderne ont cependant directement puisé dans les archives ragusaines[1]. Parmi eux, le plus célèbre, à juste titre, est l'auteur de la *Chronique ragusaine*, Junije Rastić, Iunius Restii de son nom latin ou Giugno Resti en italien. Sénateur ragusain, né en 1669 et mort en 1735, il a rédigé une chronique de la ville,

[1] Les plus célèbres, outre Junije Rastić, sont Mavro Orbin et Jakov Lukarević. Mavro Orbin en slave, Mauro Orbini en latin, moine bénédictin mort en 1614, auteur d'une œuvre ambitieuse « Il Regno degli Slavi », visant à présenter au monde érudit de l'Occident latin, l'émergence des jeunes peuples slaves, promis à un grand avenir. Orbin, qui a beaucoup voyagé à travers le monde méditerranéen et qui a certainement puisé dans les archives de sa ville natale, place Dubrovnik au sein d'un véritable « commonwealth » slave et intègre son histoire dans le passé des peuples slaves en général, et des Slaves du sud en particulier. Puisant abondamment dans les archives de Dubrovnik, Orbin demeure cependant assez confus dans la chronologie et l'interprétation des événements, se laissant parfois davantage guider par l'élan panslaviste que par le souci du respect de la vérité historique. En Mavro Orbin, le siècle baroque ragusain trouva néanmoins, son historien le mieux inspiré. La première édition du livre de Mavro Orbin a été publiée à Pesaro en 1601 ; pour une traduction en serbo-croate avec un commentaire critique des sources par Sima Ćirković, voir : Orbin M., *Kraljevstvo Slovena,* Beograd, 1968. Jakov Lukarević en slave, Giacomo Luccari en italien (1551-1615), patricien ragusain qui conçut dès le plus jeune âge, le projet d'écrire une ample histoire de sa ville natale, voyagea en Turquie, en Italie, en Espagne et en Tunisie, ne négligeant jamais, selon ses propres dires, les documents d'archives. Il écrivit d'ailleurs, dans l'introduction de son œuvre *Copioso ristretto degli annali di Ragusa*, les lignes suivantes : *en ce peu de répit que m'accordèrent les magistrats de ma patrie, en tant que bon citoyen, informé de la moindre des choses, j'ai eu la possibilité d'extraire des archives la vérité (...), et je me suis attelé à écrire l'histoire de Raguse* . La première édition du livre de Jakov Lukarević a été publiée à Venise en 1605, sous le titre : *Giacomo di Pietro Luccari, Copioso ristretto de gli Annali di Rausa, Libri Quattro, in Venetia, 1605.* Le plus grand chroniqueur de Dubrovnik de l'Ancien Régime, Junije Rastić lui adressa néanmoins de vifs reproches, fustigeant sa négligence de profiter de la lecture des documents d'archives, d'autant plus qu'il en avait la possibilité : *Celui qui m'a le plus étonné fut Jacobus Luccari, dans sa chronique de Raguse, lequel ayant été sénateur, et ayant eu accès à toutes les archives de la République, comme il le reconnaît lui-même, se devait d'écrire avec exactitude, ce qu'il omit de faire, car en comparant ses écrits avec les documents publics, j'ai trouvé de nombreux écarts, aussi bien dans sa manière de rapporter les faits que dans sa façon de mesurer le temps, tandis qu'il oublie de parler de bien des choses essentielles. Chronica Ragusina Junii Restii, ab origine urbis usque ad annum 1451, item Joannis Gundulae (1451-1484),* digessit Speratus Nodilo, Zagrabiae 1893.

des origines, jusqu'à l'année 1451. En tant que sénateur, Junije Rastić avait accès aux documents d'archives, jalousement tenus à l'écart de la curiosité du commun des mortels, y compris des citoyens ordinaires ragusains, ce que notre auteur proclame, non sans quelque fierté, tout au début de sa chronique : *de même que, pour les premiers siècles, je me servirai des témoignages de plusieurs auteurs étrangers, en les confrontant aux mémoires authentiques dont nous disposons à Raguse, pour les siècles plus récents, j'aurai recours à l'inébranlable vérité des archives publiques (...), dans mon œuvre, toutes les connaissances, aussi bien des événements que de la chronologie, sont puisées dans des documents authentiques, conservés dans les archives de cette république, comme je l'ai noté en marge de tout événement rapporté, car il faut savoir que les plus anciennes écritures importantes, appartenant au domaine public étaient déposées, en ces premiers temps, au trésor public, parmi les reliques où elles se trouvent aujourd'hui encore. A la chambre secrète, subsistent en de nombreux tomes, les décrets et les opérations des administrateurs de la République, anciennement désignés sous le nom de Livres de Réformations, qui aujourd'hui sous des noms séparés, sont appelés livres du Petit conseil, du Sénat, du Grand conseil, et des Commissions et des Lettres*[2].

Le XIXe et le XXe siècle, ont vu des générations d'historiens découvrir, puis exploiter assidûment les archives communales ragusaines qui, après maintes tribulations, dues aux tentatives plus ou moins vaines de quelques Etats successeurs de l'Autriche-Hongrie disparue, de récupérer une partie de leurs fonds, se sont définitivement sédentarisées et ouvertes à la curiosité des chercheurs dans le magnifique palais Sponza, ancien siège du service des douanes, situé en plein centre historique de Dubrovnik[3].

Depuis plus de deux siècles, l'histoire médiévale de Dubrovnik a été l'objet de travaux et de recherches des historiens, venant de tous les horizons géographiques et épistémologiques. Bien qu'une histoire des études médiévales ragusaines reste encore à faire, on est en droit de dire que les fonds d'archives ont été, en grande partie, visités par les historiens[4].

---

[2] Les noms des principales séries d'archives ragusaines sont présentées dans l'introduction à la chronique de Rastić, *Consilium Maius, Consilium Minus, Consilium Rogatorum, Litterae et Commissiones Levantis, Litterae et Commissiones Ponentis.* En évoquant, tout au long de sa chronique, les événements les plus importants, Rastić précise souvent la source, conformément à sa promesse, faite dans son avis aux lecteurs, et selon les appellations qu'il avait préalablement annoncées.

[3] Les fonds d'archives ragusaines ont été déplacées à Vienne pendant la Première guerre mondiale, d'où elles ont été restituées au Royaume des Serbes, Croates et Slovènes, au début des années vingt. Elles ont regagné Dubrovnik, après une absence de plusieurs années.

[4] Cependant, une infime partie seulement de ces sources a été publiée.

Cependant, si le recours aux fonds d'archives était évident pendant les deux derniers siècles, les résultats concrets n'en sont pas moins hétéroclites. On peut comprendre que les différents domaines de l'histoire politique, économique, sociale et autres, aient été ainsi davantage déterminés par la nature des documents disponibles aux archives que par l'ancrage épistémologique des historiens qui puisaient pour leurs recherches, dans ces mêmes archives. Il semblerait en effet, que depuis la parution des premiers ouvrages d'histoire médiévale sur Dubrovnik, les fonds d'archives n'aient cessé d'exercer une sorte de fascination sur les historiens, impliqués dans les recherches : certains ouvrages, surtout parmi les plus anciens, datant du XIXe siècle, reflètent jusqu'à la structure interne de telle ou telle série, assumant ainsi le rôle de « guides raisonnés » des archives ragusaines, plutôt que de véritables œuvres critiques.

Cet ancrage indéfectible des médiévistes locaux, et à partir du milieu du XXe siècle, étrangers, aux fonds d'archives de Dubrovnik était à l'origine d'une production historique abondante, souvent très respectueuse des méthodes de la critique historique, surtout de la critique historique allemande du XIXe siècle, acceptée et intégrée au sein de la grande famille des historiens médiévistes. Lorsque l'on porte le regard sur l'ensemble de l'œuvre historique, nourrie essentiellement de documents d'archives de Dubrovnik, on reste cependant étonné, devant le peu de diversité épistémologique dont elle faisait preuve à ses débuts. Cela se traduit précisément par une sorte d'omniprésence et de toute puissance du fait documentaire, dans la littérature de l'époque sur Dubrovnik, au détriment de la réflexion historique et par une sorte d'effacement volontaire de l'historien devant le fait documentaire qui apparente certaines œuvres des historiens, surtout du XIXe siècle à de véritables répertoires de sources documentaires.

Jusqu'à nos jours, rares sont les ouvrages, qui traitent quelque aspect que ce soit, de l'histoire médiévale de Dubrovnik ou qui tout simplement puisent dans les fonds d'archives ragusaines, et qui ne s'ouvrent ou ne s'achèvent par un hommage appuyé aux sources documentaires locales. Rappelons Fernand Braudel, pour qui *les Archives de Raguse sont de loin, pour les raisons que nous aurons souvent exposées (...) les plus précieuses qui soient pour notre connaissance de la Méditerranée, dans ses réalités politiques (surtout en ce qui touche au monde turc) et économiques*[5]. Braudel était l'un

---

[5] Braudel, F., *La Méditerranée et le monde méditerranéen à l'époque de Philippe II*, T.2, 533, Paris,1990 et l'auteur de préciser : *Là comme ailleurs, les documents politiques se présentent en rangs serrés, constitués surtout pour notre objet par les lettres des recteurs et de leurs conseillers aux ambassadeurs et agents ragusains, et des lettres que ceux-ci leur envoient, cette masse de papiers bien en ordre constitue deux séries, les Lettres du Ponant et les Lettres du Levant (...).* Pour Braudel, *Raguse est une association de marchands en même temps que collectivité politique. Les agents ragusains restent des marchands à qui l'on commande blé, draps,*

des premiers historiens de la grande famille des passionnés de Dubrovnik, dont on pouvait dire qu'il n'avait aucune attache familiale, régionale, voire nationale, qui le destinât à aimer et à étudier cette ville. Il est aussi l'un des grands historiens de cet espace vital ragusain qu'était la Méditerranée. Si nous évoquons l'hommage de l'historien qui était loin de toute tentation de substituer la présentation des sources à l'autonomie du récit historique, c'est précisément parce que la tentation devait être grande de céder au charme documentaire : l'image précise invoquée par Braudel est celle des *documents politiques se présentant en rangs serrés*.

Quelle ne devait être la tentation des premiers humbles serviteurs de la science historique moderne qui se penchèrent sur l'histoire ragusaine dans les années consécutives au Congrès de Vienne qui en 1815, consacra l'abolition de l'indépendance de la ville et de son district et les attribua à l'Empire d'Autriche.

Ces premières fréquentations d'archives de Dubrovnik donnèrent lieu à des publications des premières séries de sources ragusaines[6]. L'élan légitimiste, puis romantique, auquel vint s'ajouter le dévouement national et parfois nationaliste des historiens du XIXe siècle, mit dès le début en lumière deux tendances durables dans le cercle des études ragusaines : tout d'abord, les études et les commentaires des sources, mobilisèrent pendant le XIXe siècle, plus de forces intellectuelles et aboutirent à la publication d'un plus grand nombre de volumes, que la production des ouvrages historiques sur Dubrovnik médiévale à proprement parler, et ensuite, ce qui paraît encore plus difficile à expliquer, l'exploitation des sources d'archives ragusaines ne donna lieu que timidement et fort tardivement aux publications de véritables histoires générales de Dubrovnik médiévale. Un des fonds d'archives les plus riches du monde méditerranéen qui intégrait, sans solution de continuité, plusieurs siècles d'histoire médiévale, véritable condensé de

---

velours, cuivre, carisée, au gré des circonstances et des besoins. Il n'y a donc rien dans ces correspondances de l'habituel ton des Vénitiens, de leurs discours généraux sur les hommes et les grands, mais d'utiles, banales et précises petites choses. L'intérêt des Archives de Raguse n'est pas seulement là. Elles offrent à qui aurait la patience et le temps de parcourir les volumineux Acta consiliorum, l'occasion de surprendre en pleine action une ville médiévale encore étrangement sauvegardée. Elles offrent aussi, conservés pour des raisons d'enregistrement ou de discussions de justice, d'extraordinaires documents, lettres de change, notes, assurances maritimes, réglements de participation, fondations de sociétés, successions, engagements de domestiques...

[6] Le romantisme, le légitimisme et un peu plus tard, au XIX siècle, le nationalisme des jeunes élites culturelles serbes et croates, participaient du climat ambiant, dans un espace plus large, qui embrassait surtout l'Autriche, la Hongrie, et à partir de 1867, l'Autriche-Hongrie, les jeunes principautés de Serbie et du Monténegro, en voie d'émancipation de l'Empire Ottoman, et l'Italie, à la veille et pendant le Risorgimento.

mémoire d'une république maritime, une fois rendu accessible aux historiens, n'aura donc servi qu'accessoirement et tardivement à évoquer l'histoire de cette république.

A la différence de Venise, sa puissante protectrice, puis rivale dans l'espace adriatique et méditerranéen, Dubrovnik n'aura donc engendré, toutes époques et toutes historiographies confondues, que quelques ouvrages consacrés à son histoire générale[7]. Alors qu'au XIXe siècle on assiste, à un rythme soutenu à la publication de grands recueils de sources ragusaines à Vienne, à Budapest, à Zagreb, à Belgrade, les histoires de Dubrovnik peuvent se compter sur les doigts d'une main.

Le premier auteur d'une histoire synthétique de Dubrovnik fut, au XIXe siècle, Jean-Christian Engel (1770-1814) qui rédigea en 1806-1807 une *Histoire de l'Etat libre de Raguse*[8]. Né en Bohême, en milieu urbain, de langue et de culture allemande, mais enraciné dans un vaste environnement slave, issu d'une famille protestante, proche cependant des milieux légitimistes hongrois qui exaltaient les droits historiques de la couronne hongroise sur l'ensemble des territoires lui ayant appartenu au Moyen Age, y compris sur la Croatie et la ville de Dubrovnik, Engel fit preuve d'une connaissance assez superficielle à vrai dire, des documents d'archives locales, dont il s'efforça de souligner l'importance pour la rédaction de l'histoire ragusaine, selon les principes déjà mis en œuvre par la toute jeune école historique allemande qui était en plein essor, en ce début du XIXe siècle.

Il fallut attendre la fin du XIXe siècle pour voir paraître une seconde histoire générale de Dubrovnik : elle fut l'œuvre d'un excellent connaisseur des fonds d'archives ragusaines et directeur de ces mêmes archives à la fin du XIXe siècle, Joseph Gelcich[9]. L'intérêt de l'auteur pour les sources ragusaines dépasse nettement celui de son prédécesseur Jean-Christian Engel. Gelcich se situe d'ailleurs, parmi les plus grands éditeurs des sources médiévales ragusaines du XIXe siècle. Mais c'est précisément le souci d'étayer tous ses écrits par des recours systématiques et méticuleux aux sources, qui l'empêcha de prendre son envol, et qui fit de son œuvre un guide raisonné des archives de Dubrovnik, bien plus qu'un véritable aperçu historique de la ville. Gelcich peut, au même titre qu'Engel, être considéré comme adepte de l'historiographie érudite et critique germanique du XIXe siècle qui, à la fin de ce siècle, précisément, était déjà solidement implantée dans les milieux académiques de la Double monarchie des Habsbourg et qui,

---

[7] Ce que le médiéviste contemporain et grand spécialiste de l'histoire de Dubrovnik, Bariša Krekić définit comme *« des aperçus généraux du passé ragusain »* : Krekić, B., *Dubrovnik, a Mediterranean Urban Society,* Aldershot, Variorum, 1997, 360 p.

[8] Engel,J-Ch., *Geschichte des Freystaates Ragusa*, Wien, 1807.

[9] Gelcich, J., *Dello sviluppo civile di Ragusa considerato ne'suoi monumenti storici ed artistici,* 1884.

à l'égard de la Croatie et de la Dalmatie, professait un légitimisme historique austro-hongrois de bon aloi. Konstantin Jireček (1854-1918), historien autrichien d'origine tchèque, ayant enseigné à Prague et à Vienne à la fin du XIXe et au début du XXe siècle, est l'auteur du meilleur aperçu synthétique de l'histoire médiévale de Dubrovnik jusqu'à la fin du XIXe siècle, publié dans une encyclopédie en langue tchèque[10]. Jireček sut marier dans cet aperçu la bonne tradition de l'école historique allemande avec l'absence de tout parti pris légitimiste ou nationaliste, dont les meilleures œuvres de cette école étaient parfois teintées.

Le nombre d'ouvrages critiques consacrés plus particulièrement à l'histoire de la commune médiévale de Dubrovnik et publiés au cours de la première moitié du XXe siècle, était encore modeste par rapport au nombre d'historiens qui fréquentaient les archives et surtout, par rapport au nombre total d'ouvrages publiés à partir des fonds d'archives ragusaines. Avec une exception de taille, celle du plus grand historien de Dubrovnik, Jorjo Tadić. Ayant entamé les recherches historiques au lendemain de la Première guerre mondiale, au moment où les événements semblaient conforter tous ceux qui croyaient que la patrie commune, issue du conflit, constituait l'aboutissement naturel et souhaitable de toutes les intégrations nationales du XIXe siècle, et Jorjo Tadić était de ceux-là, il en conçut une œuvre riche et variée, vouée à l'évocation totale du passé ragusain, depuis les synthèses d'histoire politique, économique et culturelle, jusqu'aux études minutieuses sur la vie quotidienne des anciens habitants de Dubrovnik[11]

Deux autres particularités sont à signaler. La première veut que, parmi les histoires générales de Dubrovnik parues au XXe siècle, on constate un certain nombre d'ouvrages publiés en langues étrangères. En 1904, parut en Grande Bretagne un ouvrage, d'ailleurs fort contesté de Luigi Villari sur l'histoire de Dubrovnik, auquel on reprochait l'absence d'esprit critique[12]. Un aperçu historique de F.W. Carter, paru en 1972, présente aussi de graves

[10] Jireček, K., *Ottuv Slovnik Naucny*. Publié à l'extrême fin du XIXe siècle, sans date précise sur la couverture, la brève présentation de l'histoire médiévale de Dubrovnik repose sur une excellente connaissance des sources – Jireček était un grand spécialiste des archives ragusaines – mais pâtit d'une absence de notes.

[11] Jorjo Tadić est l'auteur de plus de 150 ouvrages et articles qu'il est impossible de citer tous ici, mais qu'on peut rassembler autour de quelques grands axes : synthèses d'histoire de Dubrovnik, relations de Dubrovnik avec l'Espagne, études sur la situation sanitaire à Dubrovnik au Moyen Age et à l'époque moderne, sur le statut des Juifs au sein de la ville, sur les étrangers célèbres ayant visité Dubrovnik, sur le commerce de Dubrovnik avec l'arrière-pays et le monde méditerranéen, sur les personnages célèbres de l'histoire ragusaine.

[12] Villari,L., *The Republic of Ragusa. An episode of the Turkish conquest,* London, 1904.

défaillances au niveau de la critique des sources[13]. La même année fut publiée aux Etats-Unis une synthèse de Bariša Krekić, saluée comme la meilleure présentation de l'histoire de Dubrovnik à la fin du Moyen Age[14]. G. Gozzi publia à Rome, en 1981, un aperçu assez peu critique[15] d'histoire ragusaine. Le dernier ouvrage dans cette série est celui de Robin Harris paru en 2003, qui propose une histoire complète de Dubrovnik, depuis sa fondation jusqu'à la fin du XXe siècle, mais qui ne repose pas sur de nouvelles recherches[16]. Pourquoi les historiens étrangers, ont-ils presque autant que leurs collègues yougoslaves, étudié l'histoire médiévale de Dubrovnik ? Pourquoi cette histoire, a-t-elle été exposée en langues étrangères, presque autant qu'en serbe ou en croate, au cours du XIXe et du XXe siècle ? Dans les différents processus d'intégrations nationales qui ont fortement marqué les Slaves du sud au XIXe siècle, en particulier les Serbes et les Croates, processus au cours desquels les arguments puisés dans l'histoire, et dans l'histoire médiévale en particulier, ont été sollicités de toutes parts, les sources documentaires et narratives, d'origine ragusaine ont joué un rôle essentiel, et les archives de Dubrovnik intéressaient les meilleurs historiens de l'époque. Mais, assez naturellement, les sources ragusaines ont été, à cet égard, mises à contribution, davantage comme dépositaires de la mémoire séculaire des peuples, et futures nations, sur les territoires desquels cette ancienne cité rayonnait économiquement et culturellement, que comme expression d'un fort individualisme urbain qui avait clairement trouvé et fait connaître ses marques, dès le Moyen Age. En d'autres termes, les richissimes archives de Dubrovnik ont davantage servi, au XIXe et XXe siècle, à exalter les intégrations nationales, contre les aspirations légitimistes des historiens des générations précédentes ou simplement contre les pouvoirs étrangers et réactionnaires ou vécus comme tels, qu'à faire valoir, d'une manière organique, l'histoire médiévale de Dubrovnik. D'où, nous semble-t-il, la rareté des synthèses historiques sur Dubrovnik, même au XIXe siècle, et une nette prédominance des ouvrages

---

13 Carter, F.W. *Dubrovnik-Ragusa , a classic City-State,* London – New York, 1972.

14 Krekić, B., *Dubrovnik in the 14th and 15th Centuries : A City between East and West,* Norman, University of Oklahoma Press, 1972. Reposant sur de vastes recherches dans les archives de Dubrovnik, cet ouvrage de facture classique, présente l'avantage de traiter d'une manière équilibrée, l'histoire politique, économique, sociale et culturelle de Dubrovnik.

15 Gozzi,G., *La libera e sovrana Repubblica di Ragusa 634 – 1814,* Roma, 1981. L'auteur insiste surtout sur le statut de commune libre dont aurait bénéficié Dubrovnik au Moyen Age.

16 Harris, R., *Dubrovnik, A History,* London, 2003.

écrits par les érudits étrangers, en langues étrangères[17]. Au XXe siècle, l'intérêt de l'historiographie étrangère pour Dubrovnik s'explique davantage par un regain d'intérêt pour l'histoire économique et sociale de la commune, d'autant plus que celle-ci se prête, grâce aux riches fonds d'archives, à de nouvelles méthodes de recherches.

La deuxième particularité veut que les histoires de Dubrovnik, rédigées par des historiens issus de milieux académiques yougoslaves au XXe siècle, soient généralement intégrées dans de vastes projets, embrassant tous les territoires de l'ancienne Yougoslavie ou se présentant comme des entrées d'encyclopédies serbes, croates, et plus tard yougoslaves ; c'est le cas, notamment du chapitre consacré à l'histoire médiévale ragusaine dans le premier tome de *l'Histoire des peuples de la Yougoslavie*, paru en 1953, en rédaction serbe et en caractères cyrilliques à Belgrade, et en rédaction croate et en caractères latins à Zagreb ; C'est aussi le cas de *l'Encyclopédie populaire serbo-croato-slovène*, de Stanoje Stanojević parue entre les deux guerres[18], de *l'Encyclopédie croate*, parue en 1945, et enfin de plusieurs éditions de *l'Encyclopédie de la Yougoslavie*, dont la publication a été interrompue en 1991, à la suite du démembrement du pays[19].

Ces aperçus du passé ragusain, intégrés dans les histoires générales des peuples yougoslaves ou constituant des entrées encyclopédiques, accordent une place éminente à Dubrovnik, sont rédigés souvent par des historiens de renom, et accompagnés de bibliographies complètes ; cependant, du fait qu'ils s'adressent surtout à un large public, ils sont privés de notes, ne renvoient pas aux sources sollicitées et ne peuvent que rarement être mis à profit par les chercheurs.

Parmi les aperçus généraux de l'histoire de Dubrovnik qui se situent dans cette lignée de travaux issus du milieu érudit ragusain, à la fin du XXe siècle, il faut évoquer deux *Histoires de Dubrovnik*, rédigées en croate : la première, parue en 1973, de Josip Lučić, professeur à l'Université de Zagreb[20], la seconde, parue en 1980, de Vinko Foretić, ancien directeur des

---

[17] Nous verrons que cela ne sera nullement le cas des ouvrages historiques traitant les rapports de Dubrovnik avec les souverains ou seigneurs féodaux de l'arrière-pays slave.

[18] Grafenauer,B., PerovićD., Šidak., J. (dir.*), Istorija naroda Jugoslavije, Historija naroda Jugoslavije,* Beograd – Zagreb, 1953. Stanojević St., (dir.), *Narodna Enciklopedija srpsko-hrvatsko-slovenačka, I-IV*, Zagreb, 1929.

[19] Le tome V de *l'Encyclopédie croate*, paru à Zagreb en 1945, est devenu extrêmement rare mais il contient un bon aperçu de l'histoire de Dubrovnik, de même que le tome III de *l'Encyclopédie de la Yougoslavie*, dont la dernière édition est parue en 1984.

[20] Lučić, J., *Povijest Dubrovnika od VII stoljeća do godine 1205,* Zagreb, 1973. Une traduction française du même ouvrage a été publiée à Zagreb, l'année suivante.

archives de la ville[21]. Les deux ouvrages constituent de bonnes sources de renseignements généraux sur l'histoire de Dubrovnik, bien qu'ils situent l'auteur devant le problème déjà évoqué d'absence de référence directe aux sources documentaires consultées par les auteurs.

Les études de la commune de Dubrovnik au Moyen Age, n'auront donc que très modérément profité de l'émergence de l'historiographie critique, au cours du XIXe et du début du XXe siècle et cela, dans une ambiance générale qui pourtant exaltait le recours à la critique des sources, et à l'étude de l'histoire des républiques maritimes, comme en témoignent les cas de Venise et de Gênes notamment, amplement étudiées, en tant que centres urbains et en tant que pouvoirs politiques et économiques à l'échelle méditerranéenne. Cette lacune s'explique aussi par la situation géopolitique de Dubrovnik, à travers les siècles de l'histoire médiévale. A la différence de Venise, sa puissance tutélaire et plus tard, son âpre concurrente dans l'espace adriatique, Dubrovnik était immergée, depuis le début de son histoire, dans un milieu géopolitique, constitué de vastes Etats territoriaux, seigneuries, royaumes et plus tard empires, au sein desquels, la question de son indépendance, voire de son existence même, ne se posait pas en termes de règles de jeux stratégiques et politiques, de coexistence ou de guerre, avec des partenaires ou des adversaires, plus ou moins égaux en puissance, mais souvent en termes d'une âpre lutte pour la survie. A la fin du Moyen Age, Venise était une ville, devenue Empire, Dubrovnik demeurait une minuscule communauté urbaine, entourée d'un médiocre district et immergée dans un Empire : celui du sultan ottoman. La mémoire ragusaine s'en est ressentie, les sources documentaires et les chroniqueurs ragusains ont conforté cette image de Dubrovnik, ville qui survit en résistant, dont la longue réussite même était vécue par toute sa population, des plus puissants aux plus humbles, des patriciens aux citoyens, comme une résistance dans la solidarité. Revenons à Fernand Braudel qui a tant puisé dans les sources ragusaines et dont le discours a indirectement éclairé, tout autant la situation historique de la ville que l'absence jusqu'à l'extrême fin du XXe siècle, d'approches historiques globales et structurées consacrées à son Moyen Age. *A force d'être stables – écrit* Fernand Braudel, en citant l'ethnologue serbe Jovan Cvijić, qui évoquait le XIXe siècle ragusain, mais dont le discours pouvait tout aussi bien s'appliquer au Moyen Age – *ces sociétés sont comme*

[21] *Foretić V., Povijest Dubrovnika do 1808, I – II, Zagreb, 1980.* L'auteur a exercé, pendant vingt ans (1944-1963), la fonction de directeur des Archives de Dubrovnik : son omission volontaire d'intégrer les sources est d'autant plus difficile à comprendre ; il s'agit d'un ouvrage cohérent, de facture quelque peu traditionnelle, avec un hommage appuyé à l'histoire événementielle, articulé en un grand nombre de chapitres assez brefs.

figées, fixées une fois pour toutes[22]. *Au cœur du XVI*^e^ *siècle, Raguse est l'image vivante de Venise au XIII*^e^ *siècle, (...) les vieilles institutions urbaines sont en place intactes, et dûment rangés, aujourd'hui encore, les précieux papiers qui leur correspondent, (...). Mais à Raguse, l'inchangée tout est admirablement rangé, au palais des Recteurs : les papiers judiciaires, les registres d'attestations, les titres de propriété, les correspondances diplomatiques, les assurances maritimes, les copies des lettres de change (...). Raguse a accepté de payer le tribut au Turc. A cette seule condition, elle a sauvé ses boutiques disséminées à travers les Balkans, sa richesse et la mécanique précise de ses institutions*[23]. L'immobilisme social, doublé d'une grande rigueur dans la gestion du quotidien, telle est donc, selon Braudel, la formule de survie ragusaine au cours des siècles du Moyen Age et du premier âge moderne.

Bien qu'elle n'ait pas servi dans le discours braudelien, à justifier le désintérêt de l'historiographie pour des œuvres de synthèse consacrées à Dubrovnik médiévale, son approche nous paraît parfaitement à même d'expliquer le phénomène : puisque les sources documentaires ragusaines, merveilleusement conservées, couvrent presque sans interruption les siècles du Bas Moyen Age, pourquoi donc s'attarder sur cette histoire figée d'une ville qui a fait de l'immobilisme et de l'esprit conservateur, une formule réussie d'éternelle paix sociale sur le plan intérieur et de survie politique sur le plan international, bref une formule de longévité ? En tout état de cause, cette histoire pouvait être présentée, et elle le fut souvent d'une manière expéditive, dans les quelques ouvrages qui lui étaient consacrés.

Cependant, si la bibliographie des études médiévales sur la ville même de Dubrovnik paraît singulièrement réduite, l'histoire d'autres régions balkaniques, et méditerranéennes, à partir des recherches effectuées dans les archives ragusaines, présente une toute autre image. La mémoire vive de Dubrovnik, contenue dans les séries de ses archives historiques a été très tôt, et à juste titre, appréhendée, notamment par les historiens, comme la mémoire d'un espace dépassant, et de loin, le territoire de la ville et de son district. La mémoire historique de Dubrovnik intègre celle de vastes régions, appartenant, soit à l'arrière-pays balkanique, soit aux espaces maritimes méditerranéens : les deux ont été, au cours du XIXe et du XXe siècle amplement étudiés à partir des sources documentaires ragusaines. Les archives ragusaines sont ainsi devenues dépositaires de la mémoire d'un certain nombre d'Etats et de seigneuries du Moyen Age, dans lesquels les peuples affranchis ou en voie d'affranchissements des Empires multinationaux Ottoman et Habsbourg, principalement les Serbes et les

[22] Braudel, F., *La Méditerranée et le monde méditerranéen à l'époque de Philippe II,* Paris, 1990, T.1, 52.
[23] Ibid. 312.

Croates, se sont volontairement reconnus. L'histoire, et l'histoire médiévale singulièrement, a été ainsi entraînée dans un combat d'envergure qui engageait des historiens de différentes sensibilités, en fonction de leurs origines, serbe, croate, autrichienne, hongroise, italienne, ainsi que de leur culture historique. Quelles que fussent les voies empruntées, celle de la défense du légitimisme historique sur l'héritage des anciens Etats médiévaux par les Etats s'étendant sur leurs territoires respectifs, l'Autriche-Hongrie et l'Italie à la fin du XIXe siècle et au début du XXe siècle ou celle de l'exaltation de ces Etats médiévaux, en tant que précurseurs et moules pour les jeunes nations émergentes, les documents des archives ragusaines furent particulièrement sollicitées. Le XIXe et le début du XXe siècle constituaient donc la grande époque de la publication des sources ragusaines qui devaient plus tard sous-tendre d'importantes synthèses sur l'histoire médiévale de la Serbie, de la Croatie et de la Bosnie et sur leurs relations internationales.

A plusieurs reprises, au cours du XIXe et du XXe siècle, de grandes synthèses d'histoire médiévale serbe, croate, bosnienne ont été rédigées par d'éminents spécialistes de toutes origines, essentiellement à partir des sources documentaires ragusaines, sans que l'on puisse pour autant parler de contributions majeures à l'histoire médiévale ragusaine[24]. L'histoire de Dubrovnik y était abordée, dans la mesure où l'histoire de la Serbie, de la Croatie ou de la Bosnie ou de certains de leurs territoires, principautés et seigneuries vassales, entretenaient des rapports d'amitié ou de conflits avec la république maritime, et dans la mesure où les souverains et seigneurs de ces Etats ou leurs représentants diplomatiques visitaient Dubrovnik, pour y conclure des traités ou pour y trouver refuge, après avoir été chassés de leur pays, par des ennemis étrangers ou des puissances rivales intérieures.

Sans jamais atteindre le nombre d'ouvrages consacrés aux Etats médiévaux slaves inspirés directement par les archives ragusaines, l'histoire

---

[24] On évoquera ici les plus récentes synthèses d'histoire médiévale des peuples yougoslaves, parues essentiellement après la Seconde guerre mondiale et qui, toutes, reposent sur une lecture nouvelle et approfondie des sources ragusaines. Pour l'histoire médiévale serbe : Ćirković, S., (dir.), *Istorija srpskog naroda,I, Beograd, 1981*. Kalić,J., *(dir.), Istorija srpskog naroda II, Beograd, 1982*. Ćirković, S., *The Serbs,* Oxford, 2004. Ćirković S., *Les Serbes au Moyen Age*, Saint – Léger Vauban, 1992. Ćirković, S., *I Serbi nel Medio Evo,* Milano, 1992. Ćuk, R., *Srbija I Venecija u XIII I XIV veku,* Beograd, 1986 : les relations entre la Serbie et Venise sont étudiées dans cet ouvrage, grâce aux sources ragusaines. Pour l'histoire médiévale bosnienne, l'ouvrage classique de Sima Ćirković, bien que publié il y a presque un demi siècle, demeure incontournable : Ćirković, S., *Istorija Srednjovekovne Bosanske Države,* Beograd, 1964. Malcolm, N., *Bosnia : a short history,* New York, 1994. Pour l'histoire médiévale croate: Šišić, F., *Pregled povijesti hrvatskoga naroda,* Zagreb, 1976. Klaić, N., *Povijest Hrvata u razvijenom srednjem vijeku,* Zagreb, 1976. Raukar, T., *Hrvatsko srednjovjekovlje,* Zagreb, 1997.

des relations internationales de Dubrovnik a connu au XXe siècle un regain d'intérêt. Bien qu'ils ne se soient pas consacrés à la reconstitution globale du passé médiéval de Dubrovnik, d'éminents historiens yougoslaves et étrangers, portaient de plus en plus souvent leur regard sur la situation internationale de Dubrovnik. Fernand Braudel, sans avoir choisi l'étude de l'histoire médiévale de Dubrovnik, s'en est inspiré, selon ses propres mots : le plus éminent service, rendu par Braudel à l'histoire de Dubrovnik, fut précisément, d'avoir attiré le regard des historiens européens sur les archives de cette ville, d'avoir mis en exergue le rôle de ces archives, comme dépositaires de la mémoire collective de vastes espaces méditerranéens.

Ainsi, après avoir fait principalement l'objet d'éditions critiques au XIXe siècle, après que ces éditions critiques eussent servi de socle à de solides synthèses d'histoire médiévale des peuples yougoslaves au XXe siècle, les sources médiévales ragusaines sont, de nos jours, de plus en plus sollicitées dans la construction d'une histoire embrassant des espaces plus vastes, principalement l'ensemble de la Méditerranée, de la mer Noire à Gibraltar, et de l'arrière-pays balkanique, depuis Constantinople jusqu'aux abords des plaines hongroises. Les médiévistes yougoslaves s'attèlent davantage à ce que l'on pourrait définir comme les relations internationales de Dubrovnik, considérées d'un point de vue politique et économique, tandis que les historiens étrangers cherchent davantage, dans les sources ragusaines, les grands circuits de migrations et d'échanges dans l'espace méditerranéen.

Les relations de Dubrovnik avec d'autres Etats et communes de la Méditerranée au Moyen Age ont néanmoins fait l'objet de nombreuses recherches au XXe siècle, de la part des historiens yougoslaves. Ceux-ci, pour des raisons évidentes, s'intéressèrent désormais autant aux relations de Dubrovnik avec les Etats et seigneuries de l'arrière-pays – le royaume de Serbie de la dynastie des Nemanjić, le royaume de Bosnie de la dynastie des Kotromanić, ou les puissantes seigneuries des Šubić, des Hrvatinić, des Pavlović, des Kosače, des Altomanović ou des Balšić au sein de la Serbie ou de la Bosnie médiévale – qu'aux relations avec un certain nombre d'anciennes et de nouvelles puissances sur l'échiquier méditerranéen et européen, telles Byzance, l'Empire Ottoman, Venise, la Hongrie, le Royaume angevin puis aragonais de Naples, et en moindre mesure, la France et l'Angleterre. Tandis que les relations internationales de Dubrovnik avec les Etats et seigneuries slaves de l'arrière-pays, étaient étudiées presque exclusivement à partir des sources ragusaines – les seules en effet, dont pouvait disposer les historiens, après l'anéantissement progressif des Etats médiévaux slaves, par les Ottomans au cours de la deuxième moitié du XIVe et du XVe siècle – pour l'étude des relations ragusaines avec les autres puissances européennes évoquées ci-dessus, d'autres grandes archives méditerranéennes s'offraient aussi à l'attention des historiens, notamment celles de Venise, de Barcelone, de Naples, ainsi que les sources narratives, principalement vénitiennes. Les plus précoces parmi ces études concernaient les relations de Dubrovnik avec Venise et l'Empire Ottoman : les premiers travaux des historiens serbes et croates, datent de la seconde moitié du XIXe siècle et reprennent sans véritable esprit critique, le contenu des séries d'archives ou les récits des chroniqueurs ragusains. Pour les relations de Dubrovnik avec Venise, on retiendra les articles de l'historien croate Šime Ljubić (1822-1896), publiés dans la revue de l'Académie yougoslave des sciences et des arts, dont le principal mérite est de reposer en partie sur les séries des archives vénitiennes, demeurées inexploitées jusqu'à son époque[25], et pour les relations entre Dubrovnik et l'Empire Ottoman, une étude de Lujo Vojnović, publiée à Belgrade en 1898[26]. Entre les deux guerres, Jorjo Tadić publia à Belgrade une étude sur les relations entre l'Espagne et Dubrovnik qui, bien que très succincte pour la période précédant le XVIe siècle, époque de l'hégémonie espagnole en Méditerranée, met clairement en évidence l'importance capitale d'une étude comparative des sources d'archives de Dubrovnik et de Simancas en Espagne[27].

Mais, ce n'est qu'après la Seconde guerre mondiale que les études sur les relations internationales de Dubrovnik connurent un véritable essor[28]. Ivan Božić publia en 1952, une monographie sur les relations entre Dubrovnik et l'Empire Ottoman au XIVe et XVe siècle, fondée sur des

---

[25] Ljubić, Š., « O odnošajih dubrovačke sa mletačkom republikom tja do g. 1358 », *Rad JAZU,* 5, 1868. Ljubić Š., «O odnošajih medju republikom mletačkom i Dubrovačkom od početka XVI stoljeća do njihove propasti » , *Rad JAZU, 53/54,1880.*

[26] Vojnović L., *Dubrovnik i Osmansko carstvo. Prva knjiga : od prvoga ugovora sa Portom do osvojenja Hercegovine,* Beograd, 1898. Lujo Vojnović, juriste et secrétaire du prince puis roi de Monténegro, Nicolas I, précepteur des fils du roi Pierre I de Serbie, délégué du Monténegro à la conférence de paix de Londres, après la seconde guerre balkanique en 1913, est aussi l'auteur de plusieurs ouvrages historiques qui ont contribué à faire connaître l'espace yougoslave, au sein de l'opinion publique européenne, pendant et après la Première guerre mondiale.

[27] Tadić, J., *Španija i Dubrovnik u XVI veku,* Beograd 1932. Jorjo Tadić contribua, par ses œuvres et ses nombreuses conférences après la Seconde guerre mondiale, à mieux faire connaître en Occident l'impact international de Dubrovnik, à la fin du Moyen Age et au début de l'époque moderne. Il était proche de Fernand Braudel, qu'il tenait au courant des progrès des études ragusaines en Yougoslavie, en publiant des articles dans les revues internationales, notamment les « *Annales* ».

[28] Certes, les fonds vierges des archives ragusaines, représentaient, pour une nouvelle génération de jeunes historiens locaux, après la Seconde guerre mondiale, une véritable invitation au voyage. Mais on ne peut s'empêcher de penser que les conditions générales dans lesquelles se trouvait la Yougoslavie, plus ouverte au monde, après la rupture avec Staline en 1948, étaient aussi favorables à un regain d'intérêt pour les archives de Dubrovnik, notamment auprès des historiens occidentaux.

recherches dans les séries ragusaines, que son prédécesseur Lujo Vojnović n'avait pas consultées[29]. Bariša Krekić publia en 1961, dans les éditions de l'Ecole Pratique des Hautes Etudes, un ouvrage fondamental sur les relations politiques et économiques entre Dubrovnik et l'Orient méditerranéen, notamment Byzance, l'Egypte et la Syrie, avec en annexe, un excellent recueil de sources ragusaines, traduites en français[30]. L'historien soviétique et plus tard israélien, Maren Freidenberg est l'auteur d'une histoire des relations entre Dubrovnik et l'Empire Ottoman, qui couvre une période plus importante encore, depuis l'arrivée des Ottomans dans les Balkans, jusqu'à l'abolition de l'indépendance de la ville en 1808[31]. Les relations entre Dubrovnik et son dernier suzerain chrétien au Moyen Age, la Hongrie, furent étudiées par Dušanka Dinić – Knežević, dans un ouvrage sobre et bien documenté[32]. Momčilo Spremić s'est penché sur les rapports qu'entretenait Dubrovnik avec le pouvoir aragonais en Italie du sud et en Sicile, de 1442 à 1495[33] et l'auteur de ces lignes a consacré un livre aux échanges et aux voyages, entre Dubrovnik et l'Espagne au Moyen Age[34]. Veselin Kostić a étudié les relations entre Dubrovnik et l'Angleterre de 1300 à 1650[35]. Les relations entre Dubrovnik et la France au Moyen Age n'ont pas fait, à ce jour, l'objet d'une monographie à part entière : il est vrai que ces relations ne s'intensifièrent qu'au début de l'époque moderne, encouragées notamment par le rapprochement entre la France de François Ier et l'Empire Ottoman de Soliman le Magnifique, dans leur hostilité partagée contre les Habsbourg. L'époque médiévale a été partiellement évoquée dans l'ouvrage du linguiste Mirko Deanović[36].

Les documents d'archives ragusains n'auront donc pas uniquement servi, en cette deuxième partie du XXe siècle, à étayer les histoires des Etats territoriaux des Balkans, dont ils étaient devenus la seule mémoire survivante, après des siècles de domination ottomane : l'histoire ragusaine passionne une nouvelle génération, celle qui cherche dans le monde méditerranéen d'autres espaces de communications et de rassemblements, au-delà de ceux, définis par les frontières politiques des villes, de leurs

---

29 Božić, I., *Dubrovnik i Turska,* Beograd, 1952.

30 Krekić, B., *Dubrovnik et le Levant,* Ecole Pratique des Hautes Etudes – Sorbonne, Paris – La Haye, 1961.

31 Freidenberg, M.M., *Dubrovnik i Osmanskaya Imperiya,* Mosva, 1989² : l'ouvrage repose cependant sur un fonds d'archives plus restreint que celui consulté par Ivan Božić.

32 Dinić- Knežević – D., *Dubrovnik i Ugarska u srednjem veku,* Novi Sad, 1986.

33 Spremić, M., *Dubrovnik i Aragonci 1442 – 1495*, Beograd, 1971.

34 Fejić, N., *Španci u Dubrovniku u Srednjem veku,* Beograd, 1988.

35 Kostić, V., *Dubrovnik i Engleska 1300 – 1650,* Beograd, 1975.

36 Deanović, M., *Anciens contacts entre la France et Raguse,* Institut français de Zagreb, 1950.

districts, des Etats et des empires, donc des frontières soumises aux aléas des conquêtes et des déplacements. Le bilan de cette génération d'historiens de Dubrovnik, apparue il y a une trentaine d'années est encore loin d'être fait, mais il est d'ores et déjà évident que, d'un point de vue épistémologique, elle se démarque sensiblement de la génération précédente. Elle ne cherche pas ses coordonnées dans un espace de Dubrovnik, reconstruit à travers une lecture exclusive et rigide des séries politiques et économiques de ses archives : elle part à la recherche d'une nouvelle grille de lecture des séries ragusaines, parfois de celles qui ont déjà alimenté les histoires traditionnelles de leurs aînés, parfois de séries négligées par les générations précédentes d'historiens. Mais ces médiévistes de la nouvelle génération posent surtout un nouveau regard sur le paysage ragusain, un regard nourri de connaissances puisées dans d'autres disciplines sœurs, notamment la géographie. Certes, il serait intéressant de rechercher les origines de cette nouvelle orientation épistémologique de l'histoire internationale ragusaine, particulièrement dynamique en France. Faut-il la trouver dans une prise de conscience de la grande relativité et de la fragilité des frontières terrestres ragusaines, conscience alimentée probablement, au cours de la dernière décennie par une nette remise en question de la validité des frontières relevant de la géopolitique régionale dans les Balkans, c'est-à-dire du vaste arrière-pays ragusain ? Les limites territoriales entre Dubrovnik et certaines seigneuries ayant appartenu au royaume médiéval de Bosnie, notamment l'Herzégovine de la famille féodale des Kosače, ont été établies au cours du Moyen Age ; or ces limites ont traversé les siècles, ayant servi tour à tour, à séparer une province ottomane, du territoire ragusain, une province autrichienne de la province ottomane voisine[37], pour en arriver à matérialiser, après la Seconde guerre mondiale, une partie des confins administratifs entre la République socialiste de Croatie et la République socialiste de Bosnie-Herzégovine, dans le cadre de la Yougoslavie entre 1945 et 1991, puis à partir de 1992, une frontière internationale, entre deux Etats souverains, la Croatie et la Bosnie- Herzégovine, pour être enfin contestée, dans la réalité des faits, par une grande partie de la population, habitant de nos jours des deux côtés de la frontière. Une nouvelle génération d'historiens, étrangers dans leur grande majorité à l'espace ragusain, aurait-elle ainsi pris conscience de la nécessité d'enraciner les études ragusaines dans un espace plus vaste que ne l'était l'ancien arrière-pays balkanique ?

Ainsi, après avoir nourri de ses sources médiévales les histoires des Etats nationaux nés à ses frontières, Dubrovnik a inspiré de nouvelles études, en encourageant les chercheurs à se tourner davantage vers l'espace maritime,

[37] La Dalmatie autrichienne, de l'Herzégovine ottomane au XVIII et XIX siècle jusqu'en 1878, année de l'occupation de toute la Bosnie-Herzégovine par l'Autriche- Hongrie en 1878.

si proche des ragusains au Moyen Age, si fréquenté par eux, et pourtant si peu présent dans les discours historiques, qu'ils soient teintés de légitimisme au XIXe siècle ou de l'analyse marxiste après la Seconde guerre mondiale. Selon Braudel, il s'agit en effet *de la plus cohérente des régions de la mer, (...) géographie, politique, économie, civilisation, religion, tout concourt à bâtir un monde adriatique homogène. Et ce monde déborde les contours de la mer : il va dans l'épaisseur du continent balkanique...*[38]. Braudel a posé les jalons de cette lecture maritime de l'histoire ragusaine, pour l'époque moderne; mais aux yeux de cette nouvelle génération de médiévistes, la grande époque de Dubrovnik, fut le XVe siècle. Ce fut aussi, pour la commune ragusaine, le grand siècle de la mer. Une *Histoire de l'Adriatique,* œuvre synthétique de quatre historiens français, débordant largement la période médiévale conforta cette lecture de l'histoire ragusaine[39]. Tandis que sous les coups de boutoirs ottomans, les Etats des Balkans se vassalisent et disparaissent progressivement, et que s'estompent même ces frontières que la République s'était évertuée à protéger et à négocier âprement au cours des siècles, Dubrovnik cherche à rétablir l'équilibre en se moulant dans un vaste espace maritime, moins familier au pouvoir des Ottomans qu'elle doit subir, au prix de lourds tributs, jusqu'aux pieds de ses remparts. A la différence des études traditionnelles de Dubrovnik, qui reposaient essentiellement sur le dépouillement des séries politiques et économiques, cette approche pose aux historiens de la nouvelle génération, des exigences épistémologiques autrement plus contraignantes. La place de Dubrovnik dans cet empire des flots n'est pas simple à circonscrire, au cours du dernier siècle du Moyen Age. Son envergure ne se mesure pas en termes de puissance ni de richesse, très aléatoires dans le cas de Dubrovnik, même lorsqu'il s'agit de les comparer à celles des puissances territoriales voisines. *L'Histoire de l'Adriatique*[40] propose d'autres critères discriminatoires, ceux de la mobilité, de la présence et de la compétence et met en exergue une solide maîtrise maritime et commerciale de l'espace méditerranéen, que Dubrovnik est en passe d'établir au XVe siècle, et qu'elle confirme, presque au même degré que Venise au XVIe siècle. La mobilité entraîne les Ragusains jusqu'aux confins les plus éloignés de la Méditerranée, ce qui n'était certainement pas le cas au cours des siècles précédents, la mobilité leur permet d'établir leur présence dans les îles et terres lointaines, mais une fois constatés, cette présence et cet engagement demandent à être sans cesse confirmés par de nouvelles sources d'archives. Les frontières mobiles sont composées d'hommes compétents qui partent vers des destinations plus lointaines et

---

[38] Braudel, Ph., *La Méditerranée et le monde méditerranéen à l'époque de Philippe II,* Paris 1990, T. 1, 122.

[39] Cabanes, P., Chaline, O., Doumerc, B., Sivignon, M., *Histoire de l'Adriatique,* Paris 2001.

[40] Voir note précédente

plus incertaines, que ne l'étaient les petites seigneuries du proche arrière-pays, et leur compétence demeure une solide garantie de la pérennité de leur présence au-delà des mers. Leur situation était rendue plus difficile par le simple fait que la vaste Méditerranée, à la différence de l'arrière-pays, réuni et soumis, depuis la fin du XVe siècle à la *Pax Ottomana*, n'offrait aux Ragusains qu'un semis d'escales et de comptoirs peu surs. Apprivoiser les espaces maritimes était une tâche autrement plus contraignante qu'apprivoiser le plus exigeant des petits potentats ottomans aux frontières. Mais quel défi pour les Ragusains ! Plus ils étaient surveillés, limités et parfois brimés, dans leur environnement balkanique immédiat, plus ils vivaient la Méditerranée comme un espace d'initiative et de liberté. Dans l'Adriatique d'abord : Venise, au fil des avancées ottomanes dans les Balkans au cours du XVe siècle, des échecs subis sur le littoral albanais et malgré la récupération de la Dalmatie au début du XVe siècle, renonce à l'arrogance qu'elle manifestait au siècle précédent, et s'achemine vers une politique de tolérance toute relative à l'égard des Ragusains, en attendant l'installation dans l'Adriatique de deux nouvelles puissances maritimes, bienveillantes à l'égard de Dubrovnik, celle du Roi Catholique et celle de l'Etat Pontifical. Dans l'approche de cette nouvelle génération d'historiens, l'espace méditerranéen est donc présenté comme un nouvel espace de liberté et d'initiative pour les Ragusains, une compensation pour leur fragilité et leur vulnérabilité par rapport au pouvoir ottoman dans l'arrière-pays balkanique.

Un autre aspect de cette approche mérite particulièrement d'être souligné, car il a ouvert au public international, il n'est pas exagéré de le dire, un nouveau volet d'études de relations internationales de Dubrovnik au Moyen Age : les migrations et les déplacements volontaires ou forcés des populations. Son véritable manifeste fut un ouvrage collectif des médiévistes français, publié en 1992, sous le titre *Les Chemins de l'exil*[41]. En se déplaçant vers l'Italie du sud et vers la Sicile, les Slaves, d'origine ragusaine ou simplement autorisés à passer par Dubrovnik, ainsi que les Albanais, ont

[41] Ducellier, A., Doumerc, B., Brünehilde, I., De Miceli, J., *Les Chemins de l'exil, Bouleversements de l'Est européen et migrations vers l'Ouest à la fin du Moyen Age, Paris,* 1992. Il s'agit là d'un cas intéressant et hautement stimulant de convergence entre la réalité politique et sociale du moment – migrations des Albanais en Italie, dans les années quatre-vingt-dix – et une excellente réflexion historique. Mais il faut rendre justice à de nombreux historiens, serbes, croates et slovènes, qui se sont intéressés à ces phénomènes migratoires au Moyen Age, avant qu'ils ne deviennent tristement évocateurs de la réalité balkanique à la fin du XXe siècle. Voir par exemple : Dinić – Knežević, D., *Migracije stanovništva iz južnoslovenskih zemalja u Dubrovnik tokom srednjeg veka,* Novi Sad, 1995 ; Krekić, B., « Dubrovnik as a Pole of Transition for the Hinterland Population in the Late Middle Ages », *Variorum XVII,* Aldershot, 1997.

disséminé des fragments d'identité slave et albanaise, loin de leur terre d'origine. Loin d'une approche traditionnelle de l'histoire de Dubrovnik, on s'engage ici dans la recherche de fragments d'identité ragusaine en terres étrangères, fragments qui méritaient d'être étudiés, comme ils l'ont été dans l'ouvrage évoqué des médiévistes français. La présence de Dubrovnik ne se mesure pas ainsi, uniquement en terme d'impacts politiques et économiques, si souvent sollicités dans les traitements des thèmes ragusains, mais aussi en terme d'influence de ces déracinés, d'origine ragusaine qui ont essaimé au-delà des mers, avec leurs mentalités, leurs sensibilités ou leurs préjugés Un autre avantage de cette approche est qu'elle sollicite davantage les sources des milieux d'accueil, souvent semblables par leur structure aux sources ragusaines, en l'occurrence les séries vénitiennes et celles des communes italiennes se situant sur la côte opposée de l'Adriatique, permettant ainsi des études comparatives sur le sort réservé aux étrangers, Slaves ou Albanais, de passage à Dubrovnik et accueillis dans les villes de l'autre rive de l'Adriatique et de la Sicile. L'intégration des études ragusaines dans les études méditerranéennes, annoncée par Fernand Braudel, et évoquée dans quelques ouvrages cités plus haut, n'a malheureusement pas abouti, à ce jour, à une véritable ouverture épistémologique, si l'on en juge par le fait que Dubrovnik ne s'est pas imposée dans la série d'ouvrages publiés au cours des vingt dernières années, résultant d'une série de colloques réunis autour des thèmes de la colonisation et des migrations[42].

Les séries d'archives de Dubrovnik ont ainsi été à l'origine, outre de publications de sources, d'histoires des Etats et des seigneuries des Balkans, d'histoires générales de la commune et d'histoires des relations de la commune avec les villes et Etats d'outre-mer, de nombreux travaux sur l'économie, la société et la culture urbaine, publiés au cours des trente dernières années. Ces travaux reposent sur des études de stratifications sociales, de catégories professionnelles, de structures familiales ou d'encadrements culturels du milieu ragusain. Ils résultent d'une lente et laborieuse investigation des sources, et la méthode est souvent présentée, par les historiens qui l'adoptent, comme une remise en question des vérités, depuis longtemps établies et reconnues comme telles, celle par exemple, du dévouement absolu des élites patriciennes ragusaines à leur patrie, de leur sens du devoir, de leur respect de la religion et des valeurs familiales, vérités qui ont été mises à mal par les recherches récentes[43].

---

[42] Balard, M., (dir.), *Etat et colonisation au Moyen Age et à la Renaissance,* Lyon, 1989. Balard, M., Ducellier, A., (dir.), *Coloniser au Moyen Age*, Paris, 1995. Balard, M., Ducellier, A. (dir.), *Le Partage du monde*, Paris 1998. Balard, M., Ducellier, A., (dir.), *Migrations et diasporas méditerranéennes (X – XVI siècles),* Paris, 2002.

[43] Recherches menées surtout au sein de l'Université de Californie de Los Angeles (UCLA), par le meilleur spécialiste de Dubrovnik médiévale Bariša Krekić.

Ainsi le champ de l'histoire économique ragusaine a été enrichi d'importantes contributions de Bariša Krekić, sur la présence des Vénitiens et des Toscans et sur leurs affaires à Dubrovnik au XIIIe et XIVe siècle. Les activités des agents de quatre grandes banques florentines à Dubrovnik, les Bardi, les Peruzzi, les Acciaiuoli et les Buonaccorsi ont été étudiées, souvent jusqu'au moindres détails, ainsi que les entreprises des verriers de Murano dans la ville slave[44]. Le volume global des crédits consentis par les hommes d'affaires vénitiens et toscans à Dubrovnik, pendant la même époque, a fait l'objet de plusieurs études d'une grande pertinence, fondées sur le dépouillement rigoureux de séries correspondantes des archives ragusaines[45]. La production de laine par les artisans toscans a été étudiée avec un égal succès[46].

Les études prosopographiques sur les Vénitiens à Dubrovnik furent menées avec le même soin et le même souci pour le détail que les études économiques, à cette différence près, que le foisonnement de données quantitatives sur la monnaie, le crédit, les matières premières, les produits manufacturés, fut ici remplacé par un déploiement tout aussi impressionnant de détails généalogiques et biographiques sur les Vénitiens, répertoriés dans les différentes séries d'archives ragusaines. Lorsque ces recherches furent complétées d'investigations dans les archives de Venise, on aboutît à de véritables traités de prosopographie, dont la richesse et le soin du détail ne le cèdent en rien à des études semblables menées sur les grandes familles vénitiennes ou florentines de l'époque. Les vies et les parcours de maints Vénitiens, marchands aux multiples talents ou diplomates engagés au service de leur ville, y sont abordés ainsi que, moins souvent mais avec la même prédilection pour le détail, quelques carrières mal engagées ou terminées, qui ont laissé des traces dans les séries judiciaires des archives de Dubrovnik[47].

---

[44] Krekić, B., « Four Florentine Commercial Companies in Dubrovnik (Ragusa) in the First Half of the Fourteenth Century », *Variorum I,* London, 1980. Krekić, B., « Trois fragments concernant les relations entre Dubrovnik (Raguse) et l'Italie au XIV siècle », *Variorum II,* London, 1980. Voje, I., *Kreditna trgovina u srednjovekovnom Dubrovniku,* Sarajevo 1976. Voje, I., *Poslovna uspešnost trgovcev v srednjeveškem Dubrovniku,* Ljubljana 2003.

[45] Krekić, B., « Trois fragments concernant les relations entre Dubrovnik (Raguse) et l'Italie au XIVe siècle », *Variorum II,* Aldershot 1997. Krekić,B., « Italian creditors in Dubrovnik (Ragusa) and the Balkan trade, thirtheenth through fifteenth Centuries », *Variorum VIII,* London, 1980. Krekić B., « Contribution of foreigners to Dubrovnik's economic growth in the late Middle Ages », *Variorum XIX,* London, 1980.

[46] Krekić, B., « I mercanti produttori di lana a Dubrovnik (Ragusa) nella prima metà del Quattrocento », *Variorum IX,* London, 1980.

[47] Krekić B., « Venetians in Dubrovnik (Ragusa) and Ragusans in Venice as real estate owners in the Fourteenth Century », *Variorum XI,* Aldershot, 1997. Le même article est publié dans : Krekić, B., *Unequal rivals,* Zagreb – Dubrovnik , 2007.

Les mentalités de différentes composantes de la société urbaine à l'égard des patriciens, des citoyens, des Juifs, des marginaux et démunis, les attitudes quotidiennes à l'égard des femmes, des jeunes, des enfants notamment, des personnes âgées, sont évoquées grâce à une analyse minutieuse des séries ragusaines[48]. Les répercussions de ces attitudes générales dans la gestion quotidienne des affaires urbaines sont étudiées au travers des mesures pratiques votées dans différents conseils de la ville[49].

Dans le champ des recherches sur la culture urbaine, les approches sérielles se sont aussi avérées fructueuses, surtout lorsqu'il s'agissait de mesurer le degré d'acculturation et d'adaptation de la société urbaine ragusaine aux messages de l'humanisme italien, vénitien au premier chef, mais aussi toscan ou napolitain, que diffusaient les étrangers et les Ragusains, de plus en plus nombreux à fréquenter les universités italiennes. On se serait attendu, en effet, à ce que les documents d'archives, de nature publique ou privée, s'avèrent relativement peu utiles, dans tout ce qui s'apparente à la définition de l'identité culturelle ragusaine, déjà fissurée par des lignes de fractures, en fonction de ses différentes composantes. Cependant, même dans ce domaine sensible, où les témoignages des historiens et des chroniqueurs contemporains sont généralement considérés comme plus éloquents que les séries d'archives, celles-ci, dûment interrogées, se sont avérées tout aussi riches en renseignements[50].

Krekić, B., « Alcune note sulla famiglia Querini a Ragusa nel Duecento e nel Trecento », *Studi Veneziani 49,* 2001. Le même article est publié dans : Krekić, B., *Unequal rivals*, Zagreb – Dubrovnik, 2007. Krekić, B. « Some Venetians in Dubrovnik in the Fourteenth Century », *Unequal rivals,* Zagreb – Dubrovnik, 2007. Krekić, B., « Ser Basilius de Basilio, a less than commendable Ragusan patrician », *Variorum III,* Aldershot, 1997.

48 Krekić, B., « Images of urban life; Contributions to the study of daily life in Dubrovnik at the time of Humanism and Renaissance », *Variorum V,* Aldershot, 1997.

49 Krekić, B., « L'Abolition de l'esclavage à Dubrovnik (Raguse) au XVe siècle – mythe ou réalité ? », *Variorum IV, Aldershot, 1997.* Krekić, B., « Dubrovnik's struggle against fires (13th to 15th centuries) », *Variorum VI,* Aldershot, 1997. Krekić, B., « Abominandum crimen : punishment of homosexuals in Renaissance Dubrovnik », *Variorum VII,* Aldershot, 1997. Janeković – Remer, Z., *Okvir slobode,* Zagreb – Dubrovnik, 1999.

50 Bariša Krekić a ainsi relevé de nombreuses décisions des conseils de la ville, exigeant une bonne maîtrise du latin, et de l'écriture pour tout exercice de fonction publique à Dubrovnik, des décisions votées dans les conseils pour recruter les maîtres d'école, pour construire ou réparer le bâtiment abritant l'école communale, pour accorder les bourses d'études aux étudiants ragusains dans les universités italiennes ou françaises, ainsi que pour accueillir des libraires au service de la commune. Krekić, B., « Miscellanea from cultural life of renaissance Dubrovnik », *Variorum IX,* Aldershot,1997.

Dubrovnik, un espace menacé

Une enquête approfondie sur les mesures de sécurité prises à Dubrovnik au cours du Moyen Age, visant à faire face aux différents dangers auxquels était confrontée la Commune, risque au premier abord de s'avérer décevante. La ville était certes exposée à toutes sortes de menaces, parmi lesquelles les guerres occupaient une place privilégiée, accompagnées d'autres malheurs qui s'abattaient sur elle avec une sinistre régularité, tels les tremblements de terre et les épidémies de peste. Cependant, au fil des lectures de sources ragusaines, qu'elles soient d'origine administrative, judiciaire ou privée, on s'aperçoit que dans ces sources, le danger était assez souvent réduit à sa forme conjoncturelle, presque événementielle. Y a-t-il, dans les documents d'archives, autant de traces de mesures de sécurité, qu'il y eut de manifestations réelles de dangers pour la Commune ? Parfois les énumérations, les inventaires interminables de mesures à prendre, afin de conjurer le danger, au lieu d'évoquer une efficacité à toute épreuve, suggèrent une certaine lassitude, une absence de mémoire presque, au sein des élites urbaines. Est-ce pourtant vrai ? Est-ce que ces élites étaient capables de conceptualiser le danger ou évitaient-elles de lui donner corps, le réduisant volontiers à sa forme la plus évanescente ? La question nous paraît légitime, tout particulièrement lorsqu'il s'agit des guerres qui ont émaillé trois siècles d'histoire ragusaine, de la fin du XIIe, à la fin du XVe siècle.

L'historiographie du XXe siècle a évoqué les guerres auxquelles Dubrovnik a pris part au Moyen Age, dans le cadre des relations de la ville avec les Etats et seigneuries de l'arrière-pays et les puissances maritimes, Venise et Gênes en premier lieu[51]. Depuis le début du XIVe siècle, les décisions des conseils gouvernementaux concernant les mesures de sécurité, à l'intérieur et à l'extérieur de Dubrovnik sont, en grande partie conservées[52]. Cependant, toutes les mesures de sécurité, décidées par le gouvernement de Dubrovnik ne résultaient pas directement d'un état de

---

[51] Depuis la fin du XIIe siècle jusqu'à la seconde moitié du XVe siècle, les sources font état des guerres suivantes, auxquelles participa la Commune : guerres contre les souverains serbes, Stéphane Némanja (1184-1185), Stéphane Vladislav (1234), Stéphane Ouroš I (1252-1254) et (1266-1268), Stéphane Ouroš II Miloutine (1301-1302) et (1317-1318), et Stéphane Ouroš III Dečanski (1327-1328). Guerres maritimes, aux côtés de Venise contre Gênes (1351-1355), *guerre de Zadar* , et aux côtés de la Hongrie et de Gênes (1378-1381) contre Venise, *guerre de Chioggia/Ténédos* , guerres contre les seigneurs de l'arrière-pays, Vojislav Vojinović (1359-1362), Nikola Altomanović (1370-1371), contre le roi de Bosnie Stéphane Ostoja (1403-1404), contre les seigneurs bosniens, Radoslav Pavlović(1430-1432) et Stéphane Vukčić-Kosača (1451-1454).

[52] Les plus anciennes décisions conservées des trois conseils, datent de l'année 1301.

guerre déclarée et ouverte. Souvent, les mesures restrictives de tout genre, étaient votées bien en amont, avant que le moindre danger de conflit armé ne se manifestât, précisément pour écarter toute menace éventuelle contre la ville. On ne peut donc limiter une étude des mesures de sécurité dans la Dubrovnik médiévale aux seuls temps de guerres et de conflits.

Votées et appliquées pour écarter les dangers d'un conflit qui ravageait déjà le district ragusain ou qui menaçait d'éclater dans sa proximité, les mesures de sécurité étaient néanmoins, pendant tout le Moyen Age, des indicateurs précis des menaces auxquelles la Commune était exposée, au même titre, par exemple, que son intense activité politique et diplomatique auprès des pouvoirs étrangers. Avant même d'aborder l'étude de ces mesures, nous devons nous poser la question sur la notion de guerre à Dubrovnik au Moyen Age. Certes, les conflits armés auxquels Dubrovnik a pris part ou dans lesquels, elle a été indirectement impliquée, étaient fort nombreux à l'époque médiévale. Evoqués dans l'historiographie, ces conflits ne sont cependant pas tous étudiés au même degré, à cause de l'état inégal de préservation des sources documentaires[53]. Cet état inégal a pu diminuer ou occulter l'importance de certains conflits armés ou des mesures de protection intérieure, introduites par la Commune, lors des conflits[54]. Ces lacunes ont pu être partiellement comblées par les données des sources narratives, dont le point faible était cependant, leur caractèr tardif, ainsi que, la documentation souvent incomplète à laquelle avaient accès les historiens et chroniqueurs de Dubrovnik[55].

Peut-on, dans ces circonstances dégager une typologie des guerres ragusaines au cours des trois derniers siècles du Moyen Age, avant d'aborder les mesures de sécurité qui les accompagnaient ? Les données géopolitiques

---

[53] Pour l'histoire des guerres de Dubrovnik, les sources les plus abondantes sont, sans aucun doute, les séries de décisions des trois conseils gouvernementaux, Le Grand conseil *(Consilium Maius* , le Petit conseil *(Consilium Minus)* et le Sénat *(Consilium Rogatorum).* De 1301à 1415, les décisions des trois conseils gouvernementaux n'étaient pas enregistrées dans des volumes séparés. Ce fut le cas après 1415, lorsque chaque conseil disposa de son propre registre. Les trois séries couvrent sans interruptions majeures, toute la période médiévale. La série des Lettres et Instructions du Levant, *(Litterae et Commissiones Levantis),* capitale pour la connaissance des activités diplomatiques de Dubrovnik, au Moyen Age, s'ouvre en 1359.

[54] On peut, en effet, regretter quelques lacunes dans les sources, précisément pour les périodes où la ville était engagée dans les conflits armés : jusqu'en 1415, ces lacunes concernent particulièrement les décisions des trois conseils de 1307 à 1310, de 1337 à 1342, de 1354 à 1355, de 1369 à 1377, de 1393 à 1394, de 1400 à 1401 et de 1405 à 1407. Après la séparation des registres, ces lacunes se font plus rares : elles concernent notamment les décisions du Sénat de 1479 à 1480 et de 1483 à 1484, et les décisions du Grand Conseil de 1439, de 1473 à 1476, et de 1484.

[55] Voir note 1.

n'étaient certes pas étrangères aux menaces de guerre que subissait Dubrovnik. Située au bout d'un chapelet d'îles qui longe la côte orientale de l'Adriatique, occupant à l'apogée de son développement médiéval une étroite bande de terre d'à peine quatre-vingt kilomètres de long[56], sans arrière-pays, Dubrovnik, à l'exception de son périmètre urbain délimité par ses enceintes, et en moindre mesure de la localité fortifiée de Ston, dans la presqu'île de Pelješac, au nord de son district, ne pouvait, en cas de danger, offrir un refuge digne de ce nom à sa population[57].

C'est précisément tout son passé de refuge, choisi d'abord par la population fuyant l'ancienne colonie d'Epidaure, détruite par les Slaves au début du VIIe siècle[58], puis de communauté de pêcheurs et de marins se consacrant au cabotage, qui prédisposait Dubrovnik à une politique empreinte de prudence et de pacifisme : à la différence de Venise, à laquelle les chroniqueurs ragusains aimaient la comparer, la situation géopolitique de Dubrovnik n'a pas évolué au fil des âges. L'élargissement progressif de son territoire ne pouvait en aucun cas se mesurer à celui de Venise ni dans l'arrière-pays ni, à fortiori, dans un outre-mer, auquel la ville n'a jamais accédé, exception faite de trois petites îles de l'archipel avoisinant et de deux îles plus éloignées de la côte[59].

Le statut politique même de Dubrovnik excluait d'emblée toute initiative belliqueuse. Certains historiens, peu nombreux parmi les médiévistes, impressionnés par les succès économiques de la Commune, et davantage peut-être par sa pérennité dans l'ombre du puissant Empire Ottoman, lui accordaient volontiers les attributs d'une Cité-Etat, indépendante de droit. Rien cependant ne vient conforter cette hypothèse. Il n'y a pas de solution de continuité dans l'exercice du pouvoir souverain étranger sur la Commune : certes, elle reconnaissait au cours de son histoire, tour à tour, plusieurs

---

[56] Depuis la pointe septentrionale de la presqu'île de Pelješac (Sabioncello), jusqu'à l'entrée des Bouches de Kotor (Cattaro), à l'époque de sa plus grande expansion territoriale.

[57] On ne peut évaluer avec précision la population de Dubrovnik et de son district à la fin du Moyen Age, malgré l'évocation de plusieurs recensements de la population, ordonnés par les autorités ragusaines à des fins militaires ; nous ne connaissons, en effet, aucun résultat de ces recensements. Le grand historien de Dubrovnik, Jorjo Tadić, évaluait la population de la ville, entre 5000 et 6000 habitants et celle de l'ensemble du district, entre 20 000 et 25 000 habitants, à la fin du XVe siècle. Grafenauer, B., Perović D., Šidak,J., (Dir.), *Historija naroda Jugoslavije,* Zagreb 1953. Krivošić, S., *Stanovništvo Dubrovnika i demografske promjene u prošlosti,* Dubrovnik, 1990.

[58] L'ancienne colonie grecque puis romaine d'Epidaure, occupait le site de l'actuelle ville de Cavtat, au sud de Dubrovnik.

[59] L'archipel des Elaphites (Koločep, Šipan, Lopud) et les îles de Mljet (Meleda) et Lastovo (Lagosta), plus au large.

autorités souveraines[60] : celle de l'Empereur byzantin, jusqu'à la fin du XIe siècle, puis brièvement, celle des Normands, pendant l'offensive de Robert Guiscard contre l'Albanie byzantine (1081-1085), puis à nouveau celle de Byzance au cours du XIIe siècle, sauf pendant les années d'une nouvelle offensive normande contre Byzance et la période consécutive (1183-1190). Dubrovnik rentra ensuite, pour la dernière fois, dans le giron byzantin et y resta jusqu'à la Quatrième croisade, lorsqu'elle fut prise, en 1205, par les Vénitiens. Elle rejeta définitivement l'autorité suprême de celle-ci en 1358, pour reconnaître l'autorité du roi de Hongrie Louis I d'Anjou. L'autorité souveraine de la Hongrie se doubla, à partir de 1458 d'une suzeraineté ottomane, reconnue par le paiement régulier d'un tribut annuel ; cependant, la souveraineté formelle du roi de Hongrie ne cessa qu'en 1526, année de l'effondrement du royaume sous les coups de boutoir ottomans à Mohacz[61].
L'usage modéré de la notion même de *guerre* dans les sources ragusines a de quoi étonner, surtout au regard de l'importance bien réelle des conflits armés dans l'histoire de Dubrovnik. Le *Statut* de la ville, dont la version définitive a été rédigée en 1272, mentionne, il est vrai, des cas de guerre[62]. Il en va de même du *Livre Vert*, recueil de lois postérieures à la rédaction du Statut, qui couvre la période entre 1358 et 1460[63]. Cependant, les registres des trois conseils gouvernementaux de Dubrovnik offrent le plus grand nombre d'exemples de l'incidence des guerres dans la vie de la Commune. Les décisions des conseils, votées en temps de paix, et davantage en temps de guerre, abondent en mesures de sécurité et de protection de toutes sortes[64]. Une lecture suivie de ces séries suggère que la guerre a été, le plus souvent,

---

[60] Les Vénitiens, après avoir été contraints de renoncer à la souveraineté sur Dubrovnik en 1358, et tout particulièrement au début de l'époque moderne, lorsque la ville slave sut avec habileté préserver son autonomie entre l'Empire Ottoman, l'Espagne, et la Sérénissime, la surnommaient par dérision *La république des sept bannières*, allusion aux lettres SB (Saint Blaise), qui figuraient sur la bannière de la Commune, mais aussi à sa tendance à reconnaître, par opportunisme, plusieurs pouvoirs souverains à la fois.

[61] Il y eut quelques tentatives antérieures de reconnaissance ottomane et d'imposition de tribut, mais elles ne furent pérennisées qu'à partir de 1458.

[62] En un seul chapitre expressément, où il est question de l'obligation des moines du couvent bénédictin de l'île de Lokrum, de porter des messages au service de la Commune en cas de guerre. Bogišić, V., Jireček, K., (ed.), *Liber Statutorum Civitatis Ragusii compositus anno 1278-1282, lib. I, cap. XXI,* Zagrabiae, 1904

[63] Nedeljković, B., *Liber Viridis,* Beograd, 1984. Les chapitres suivants : 258 (finances publiques en temps de guerre) ; 361 (fonctionnement des services douaniers en cas de guerre) ; 427 (augmentation des douanes en cas de guerre) ; 431 (mesures contre les débiteurs fugitifs en cas de guerre) ;

[64] Ces mesures interviennent, comme nous le verrons sur de nombreux exemples, dans un contexte beaucoup plus large que celui des conflits armés, violents mais ponctuels.

envisagée comme un dérèglement brutal et douloureux des activités économiques, mais aussi de la convivialité urbaine, entraînant son lot de mesures sécuritaires, en fonction de l'origine des attaques ennemies, et du lieu où se déroulaient les hostilités.

Dans les guerres qui émaillent l'histoire ragusaine depuis la fin du XIIe siècle jusqu'à la fin du XVe siècle, on distingue assez nettement trois grandes périodes. La première, depuis la fin du XIIe, jusqu'à la fin du premier tiers du XIVe siècle, au cours de laquelle la ville a été souvent l'objet d'attaques du grand joupan puis des rois serbes de la dynastie des Nemanjić : Stéphane Nemanja[65] (1184-1185), Stéphane Vladislav[66], Stéphane Ouroš I[67] (1252-1254 et 1266-1268), Stéphane Ouroš II Miloutine[68] (1301-1302 et 1317-1318), Stéphane Ouroš III Dečanski[69] (1327-1328). Aux yeux des souverains serbes, dont les terres se trouvaient dans l'arrière-pays immédiat de Dubrovnik, il s'agissait de conflits avec les puissances tutélaires de Dubrovnik, les Normands dans le cas du grand joupan Stéphane Nemanja[70], et les Vénitiens, dans les cas de ses successeurs[71]. La politique d'expansion au détriment de Byzance que pratiqua le plus puissant souverain serbe, roi puis empereur, Stéphane Doušan (1331-1355), éloigna le danger immédiat. La politique de ce dernier à l'égard de Dubrovnik était même bienveillante. Il alla jusqu'à céder à la ville, en 1333, la grande presqu'île de Pelješac, contribuant ainsi au plus grand élargissement de Dubrovnik depuis sa fondation[72]. A l'exception, dans une certaine mesure, du premier conflit avec le grand joupan Stéphane Némanja (1184-1185), les guerres de cette première période étaient des conflits terrestres, ayant pour théâtre

---

[65] Grand joupan serbe (1166-1196)

[66] Roi de Serbie (1234-1243)

[67] Roi de Serbie (1243-1276)

[68] Roi de Serbie (1282-1321)

[69] Roi de Serbie (1322-1331)

[70] Dans le traité de paix entre Stépahne Némanja et Dubrovnik, conclu en 1186, on trouve, parmi les témoins, le nom de *Tassiligardus, camerarius* du roi normand de Sicile, Guillaume II : Dubrovnik reconnaissait à cette époque la suzeraineté normande.

Pour le traité de paix entre Dubrovnik et le grand joupan serbe, voir : Novaković, St., *Zakonski spomenici srpskih država srednjega veka, 132-133,* Beograd, 1912.

[71] Dans les traités entre les rois de Serbie, successeurs de Stéphane Némanja et les Ragusains, les noms des comtes vénitiens de Dubrovnik sont régulièrement mentionnés.

[72] Stéphane Doušan menait une politique de bonne entente avec Venise, dont il sollicita l'aide navale, pour réaliser ses projets de conquête de Constantinople, et de renouveau de Byzance, au sein d'un grand Empire des Serbes et des Grecs, dont il se voyait le restaurateur. Ćuk, R., *Srbija i Venecija,* Beograd, 1986. Tadić, J., *Promet putnika u starom Dubrovniku,* Dubrovnik, 1939.

d'opérations militaires, principalement l'arrière-pays immédiat de Dubrovnik.

Une deuxième période s'ouvre, avec les grands conflits entre Venise et Gênes au XIVe siècle, conflits auxquels Dubrovnik s'est trouvée impliquée, bien malgré elle : le premier, connu sous le nom de *Guerre de Zadar (Zara)* entre 1351 et 1355, le second, sous celui de *Guerre de Chioggia ou de Ténédos* entre 1378 et 1381[73]. La ville eut à souffrir, pendant cette période, de vraies menaces de siège maritime, de la part de Gênes, au cours de *la Guerre de Zadar*, et de la part de Venise au cours de *la Guerre de Chioggia.* Dans l'arrière-pays ragusain par contre, le progressif affaiblissement de l'Empire serbe, après la mort de Stéphane Doušan en 1355, favorisa l'émergence d'un certain nombre de seigneurs locaux, indépendants de fait, qui essayaient de s'ériger en partenaires ou adversaires de Dubrovnik, tout en étant trop faibles pour s'emparer de la ville[74].

La troisième période concerne la première moitié du XVe siècle, au cours de laquelle les menaces qui pesaient sur la ville, bien que moins fréquentes, furent plus importantes. Cette période correspond à l'affaiblissement de tous les pouvoirs voisins : de la Hongrie en premier lieu, suzeraine de Dubrovnik, frappée par l'anarchie féodale après la mort de Louis I en 1382, de la Bosnie, après la mort du roi Tvrtko I en 1391, suivi de l'éclatement du pays en plusieurs seigneuries indépendantes du pouvoir central. Les Ottomans font alors jouer les seigneurs locaux, les uns contre les autres, et tous ensemble contre le pouvoir central de Bosnie, mais aussi contre les Ragusains, pour leur faire saisir la mesure de leur impuissance, et les obliger ainsi à recourir à l'arbitrage du sultan[75]. C'est l'époque de la montée en puissance des Ottomans dans les Balkans, dont la présence se fait de plus en plus pesante aux frontières du district ragusain, au cours du demi-siècle qui sépare la croisade de Nicopolis (1396) de celle de Varna (1444).

---

[73] Krekić, B., « Dubrovnik (Ragusa) and the war of Tenedos/Chioggia (1378-1381) », *Variorum VI,* London, 1980.

[74] En particulier Vojislav Vojinović, (mort en 1363) et son neveu Nikola Altomanović, (mort après 1373).

[75] En particulier, lors des deux dernières guerres de Dubrovnik au Moyen Age, contre les seigneurs bosniens, Radoslav Pavlović (1430-1432) et Stéphane Vukčić-Kosača (1451-1454).

Conflits et mesures de sécurité à la fin du XIIe siècle

Lorsque la poussée méridionale du grand joupan[76] serbe Stéphane Nemanja mit fin à l'Etat médiéval de Dioclée, au sud de Dubrovnik, la princesse Desislava veuve de son dernier roi, Michel, accompagnée de l'archevêque d'Antivari Grégoire, trouva refuge auprès des Ragusains en 1189. Bien que l'asile offert à la princesse de Dioclée fut probablement ultérieur aux premières campagnes de Stéphane Nemanja et de ses frères Miroslav et Stracimir contre Dubrovnik, la politique d'asile et de soutien implicite des élites ragusaines à l'ancienne dynastie de Dioclée, explique l'irritation du fondateur de l'Etat médiéval serbe contre les Ragusains, ainsi que sa détermination à soumettre leur commune. A peu près à la même époque, Stéphane Nemanja s'empara de la ville de Kotor (Cattaro) au sud de Dubrovnik, au fond du golfe du même nom, et en fit la capitale de ses provinces maritimes, et le principal débouché du jeune Etat serbe sur l'Adriatique[77]. Il est fort probable que la proximité de Dubrovnik, ainsi que sa préférence affichée pour la dynastie déchue de Dioclée, en fit le prochain objectif de la politique d'expansion du grand joupan Stéphane Nemanja. Tout ce que nous connaissons sur les combats autour de Dubrovnik, ainsi que sur les mesures défensives des Ragusains, repose sur les anciennes chroniques qui mettent en exergue la supériorité numérique des assaillants ainsi qu'une meilleure maîtrise de l'art de la guerre chez les Ragusains[78].

L'offensive de Stéphane Nemanja et la résistance des Ragusains s'articulent en deux temps. En 1184 la ville fut soumise à un double siège, maritime et terrestre : *trois galères, deux galions et huit sayettes se présentèrent sous les murs de la ville, fort bien armées*[79]. En même temps, la ville fut assiégée du côté de l'arrière-pays, par un puissant contingent serbe. Les Ragusains jugèrent qu'il était plus important d'affronter les Serbes sur mer, *avant que ceux-ci ne s'accoutument à la marine, sachant que, si l'on*

---

[76] Titre princier que prit Stéphane Nemanja, à partir de 1168.
[77] Ćirković, S., (dir.), *Istorija srpskog naroda I,* Beograd, 1981, 252-253.
[78] Nos connaissances sur les attaques de Stéphane Nemanja contre Dubrovnik reposent uniquement sur les sources narratives, en particulier les chroniques de Junije Rastić et de Ivan Gundulić ainsi que sur les Annales anonymes complétées par celles de Nicolas Ragnina : *Chronica Ragusina Junii Restii ab origine urbis usque ad annum 1451, item Joannis Gundulae (1451-1484),* digessit Speratus Nodilo, Zagrabiae, 1893 (plus loin : *Chronica Ragusina Juii Restii item Joannis Gundulae) ; Annales Ragusini Anonymi item Nicolai de Ragnina,* digessit Speratus Nodilo, Zagrabiae, 1883 (*plus loin : Annales Ragusini Anonymi item Nicolai de Ragnina).*
[79] *Annales Ragusini Anonymi item Nicolai de Ragnina,* p. 218.

permettait à cette nation de s'habituer à la mer, avec la puissance qu'elle avait sur terre, tous ses voisins seraient réduits en servitude[80]. Ils armèrent donc trois grosses naves, un galion et sept navires et les envoyèrent à la rencontre de l'escadre serbe. Les Ragusains, *expérimentés en questions maritimes, détruisirent sans grande difficulté l'escadre slave, en partie séquestrant et en partie brûlant leurs vaisseaux et galères, et leur commandant Miroslav* – frère du joupan Stéphane Nemanja – *eut toutes les peines du monde à avoir la vie sauve*[81]. Voyant la défaite de son escadre dans les eaux de Dubrovnik, Stéphane Nemanja aurait, selon les chroniqueurs, abandonné le siège terrestre, *non sans avoir saccagé tout le district de la ville*[82].

L'année suivante, l'armée serbe, forte de trente mille chevaliers selon Ragnina, de cinquante mille hommes selon Rastić, équipée de machines de siège, se présenta sous les murs de Dubrovnik[83]. Elle mena plusieurs attaques contre la ville, mais fut chaque fois rejetée, en subissant de grosses pertes. Les sorties ragusaines s'avérèrent particulièrement meurtrières, et lors de l'une de ces sorties, les Ragusains brûlèrent plusieurs machines de siège, que Stéphane Nemanja avait fait construire pour faciliter la prise de la ville. Dans l'impossibilité de mettre à exécution son projet, Stéphane Nemanja, selon le chroniqueur, leva le siège et se retira dans son pays[84].

Du point de vue de la stratégie de défense ragusaine, le conflit avec le grand joupan serbe Stéphane Nemanja est intéressant à plusieurs égards. Il est le premier d'une série de conflits avec les souverains serbes de la dynastie des Nemanjić. Bien que présenté par les chroniques locales très sommairement et à la gloire des défenseurs de la ville, en l'absence des séries d'archives qui ne s'ouvrent qu'un siècle plus tard, ce conflit met néanmoins en évidence les deux principaux recours de la défense et de la politique sécuritaire de Dubrovnik au Moyen Age : la protection de ses puissantes enceintes et le soin accordé à la force navale. Il semblerait que ce conflit annonce, de surcroît, une autre constante de la politique de défense ragusaine : les autorités éviteront, dans la mesure du possible, dans toutes les circonstances et jusqu'à épuisement de tous les autres recours, d'entreprendre des campagnes loin des murs et du port de Dubrovnik. La politique défensive et sécuritaire de la ville évoluera en effet, dans le proche

[80] *Chronica Ragusina Junii Restii item Joannis Gundulae,* 60.
[81] Ibid.
[82] Ibid.
[83] *Annales Ragusini Anonymi item Nicolai de Ragnina,* p. 219, *Chronica Ragusina Junii Resti item Joannis Gundulae*, p. 60.
[84] *Chronica Ragusina Junii Restii item Joannis Gundulae,* 61. Ćirković, S., (dir.), *Istorija srpskog naroda,* 254. Le traité de paix entre le grand joupan serbe et Dubrovnik fut conclu en 1186, et il prévoyait d'importants avantages pour les marchands ragusains en Serbie.

environnement. Elle se construira au fil des âges, dans l'espace limité des enceintes et des parages maritimes, où elle pourra déployer sans risques excessifs, ses multiples avantages.

Le récit du chroniqueur ragusain Junije Rastić confirme l'existence déjà à la fin du XIIe siècle d'un puissant système de fortifications à Dubrovnik, que les autorités communales ne cesseront d'améliorer pendant tout le Moyen Age[85]. Cependant, le même chroniqueur nous confirme, en l'absence des séries de décisions gouvernementales qui nous accompagnera encore pendant tout un siècle[86], que la défense de la liberté et de l'ordre intérieur de Dubrovnik, ne dépendait pas uniquement de l'épaisseur de ses murs. La menace d'une usurpation du pouvoir par une minorité, au détriment des intérêts du patriciat urbain, fut à l'origine d'une politique de sécurité intérieure non moins efficace. La défense contre la menace extérieure et la protection de la paix intérieure constituèrent au fil des âges, les deux volets d'une même politique sécuritaire ragusaine[87].

Vingt ans à peine, après la première attaque menée par le grand joupan Stéphane Nemanja, Dubrovnik changea de souverain. Après une période trouble, où le pouvoir passa plusieurs fois des Byzantins aux Normands d'Italie du sud, la ville dut reconnaître la suzeraineté vénitienne en 1205, après la Quatrième croisade. Cet événement capital, qui fit de Dubrovnik, pendant plus d'un siècle, le principal appui de l'Empire vénitien dans l'espace adriatique, est mentionné dans la chronique ragusaine mais, d'une manière assez significative, comme produit de la seule volonté des Ragusains, et en aucun cas d'un changement global du rapport de forces dans la Méditerranée : il s'agirait là, selon la chronique, d'un acte visant à rétablir l'ordre public et le bon fonctionnement des institutions ragusaines. Tout comme la défense de la ville des attaques du *barbare* slave s'inscrivait dans les mesures de protection extérieure, l'avènement du premier comte vénitien était présenté dans la chronique comme une mesure de protection intérieure. Rien en effet ne prédisposait les Vénitiens à s'emparer du gouvernement de Dubrovnik, si ce n'était la ferme intention des Ragusains eux-mêmes, d'en découdre avec l'ancien comte Damien Juda, issu de leurs propres rangs : *non seulement celui-ci avait exercé le mandat bien au-delà de son terme, mais il refusait de réunir le conseil pour faire élire son successeur, et envisageait même de rendre son mandat héréditaire, ayant*

---

[85] Rastić donne très peu de renseignements précis sur les grands travaux de fortification de Dubrovnik au XIIe et XIIIe siècle, époque non couverte par les registres d'archives.

[86] Jusqu'en 1301, année de conservation des plus anciennes séries de décisions des conseils.

[87] Dubrovnik, comme Venise, connaîtra quelques tentatives d'usurpation du pouvoir, notamment au début du XVe siècle, qui se solderont par des échecs devant la réponse solidaire du patriciat.

ouvert la ville à une soldatesque à ses ordres, pour le protéger et ayant semé la terreur non seulement parmi les gens ordinaires, mais aussi parmi les sénateurs[88]. Ayant écarté le projet de s'en remettre aux Grecs, projet peu crédible après la conquête de Constantinople par les croisés ou aux Serbes ou Bosniens qu'ils écartèrent comme *schismatiques,* les sénateurs ragusains, sur proposition de l'un d'entre eux, le propre gendre de l'usurpateur, attirèrent celui-ci, avec la complicité des Vénitiens, dans un guet-apens, et l'embarquèrent à bord d'une galère, qui conduisait à Constantinople le nouveau patriarche latin Thomas Morosini[89]. L'histoire du coup de force des Ragusains, sensé rétablir la liberté, participe certes d'une volonté d'atténuer, dans la mémoire collective, les conséquences d'un assujettissement durable aux Vénitiens, en transformant celui-ci en un acte voulu et non subi. Il ne s'inscrit pas moins dans une démarche sécuritaire que les sources documentaires du siècle suivant traduiront dans un langage, moins fleuri certes mais plus crédible.

Le fait même que le chroniqueur préfère d'emblée s'en tenir aux descriptions de la défense de Dubrovnik, dans ses aspects les plus dramatiques – utilisation des machines de siège par les contingents du grand joupan serbe puis destruction de celles-ci par les Ragusains – situe le lecteur dans un tout autre registre, comparé à celui que présente le XIVe siècle, lorsque s'ouvrent les riches séries des décisions de conseils. La lecture de ces séries qui couvrent le XIVe et le XVe siècle, réduira à sa plus simple expression l'extraordinaire foisonnement de mesures prises par les Ragusains et décrites dans les œuvres des chroniqueurs. Certes, on peut se demander si le chroniqueur, Junije Rastić, lecteur assidu des registres médiévaux, n'aurait au XVIIe siècle volontairement contourné une certaine aridité des registres officiels, tout en profitant de leur richesse, pour reconstruire à sa manière, en puisant dans la tradition orale, une histoire à même de retenir davantage l'attention du lecteur ragusain et de flatter son patriotisme urbain[90]. En privilégiant largement, dans son récit, les issues heureuses des mesures de sécurité, et en négligeant quelque peu les conditions de la mise en place souvent difficile de ces mesures, le chroniqueur aura réussi à rendre ce récit plus intéressant, mais l'historien ne pourra en aucun cas faire l'impasse sur l'étude précise de ces mesures, discutées et votées au sein des conseils, alors que l'heureux dénouement était encore lointain.

---

[88] *Chronica Ragusina Junii Restii item Joannis Gundulae*, p. 70.
[89] Ibid., p. 72.
[90] C'est particulièrement vrai lorsqu'il décrit la résistance de ses concitoyens à l'hégémonie vénitienne que Dubrovnik subit jusqu'en 1358.

Menaces et mesures de protection au XIIIe et au début du XIVe siècle

Le XIIIe siècle ragusain se place dans son intégralité sous le signe des guerres récurrentes contre les rois serbes de la dynastie des Nemanjić. Ces guerres étaient régulièrement suivies de périodes d'apaisement, émaillées souvent de traités de paix et de commerce entre les souverains et la Commune[91]. Les origines de ces conflits, présentées sommairement dans les chroniques ragusaines, ne sont pas toujours claires. Les chroniqueurs insistent souvent sur la détermination des souverains serbes à ruiner la ville : thèse difficilement défendable, dans un contexte de croissance du commerce ragusain en Serbie, surtout après l'ouverture de nombreuses mines d'argent, au cours de la seconde moitié du XIIIe siècle[92]. Les historiens qui ont étudié ces conflits essentiellement dans le cadre de l'histoire de la Serbie médiévale, étaient enclins à les situer dans le contexte de vastes coalitions d'intérêts politiques et militaires qui se constituaient et se défaisaient autour de la commune ragusaine, et qui avaient comme protagonistes, outre la Serbie et la Bulgarie, les Etats grecs et latins, successeurs de Byzance après 1204 et les pouvoirs italiens, en particulier après la conquête du Royaume de Naples par Charles d'Anjou en 1266[93].

Petit fils du grand joupan Stéphane Nemanja et fils du roi Stéphane le Premier couronné [94](1217-1227), le roi Stéphane Vladislav (1234-1243), avait de bonnes raisons d'en vouloir aux Ragusains. Arrivé au pouvoir après avoir détrôné son frère aîné Stéphane Radoslav (1227-1234), gendre de l'empereur d'Epire Théodore Ange détrôné lui-même par l'empereur de Bulgarie Jean II Assène en 1230, Stéphane Vladislav était mécontent de l'accueil amical que les Ragusains avait fait en 1234, à son frère déchu[95]. Au début de son règne, Stéphane Vladislav engagea donc les hostilités contre

[91] Pour les traités de paix et les privilèges de commerce accordés aux Ragusains voir surtout : Miklosich, F., (ed.), *Monumenta Serbica Spectantia Historiam Serbiae, Bosnae et Ragusii,* Wien, 1858, éd. Reprographiée, Graz, 1964. Novaković, St., (ed.), *Zakonski spomenici srpskih država srednjega veka,* Beograd, 1912.

[92] Kovačević, D., « Dans la Serbie et la Bosnie médiévales : les mines d'or et d'argent », *Annales, Economies, Sociétés, Civilisations*, II, 1960, p. 248-258.

[93] Pour une présentation synthétique du rôle de la Serbie dans ces conflits, voir : Ćirković, S., (dir.), *Istorija srpskog naroda*, Beograd, 1981.

[94] Premier roi couronné, de la dynastie des Nemanjić. Il reçut la courone en 1217, du pape Honorius III.

[95] Stéphane Radoslav, le roi déchu, promit aux Ragusins, en signe de reconnaissance pour l'asile qu'ils lui ont accordé, d'importants privilèges au cas où il serait rétabli sur le trône. Miklosich, F.,(ed.), *Monumenta Serbica*, 19.

Dubrovnik, dont quelques détails seulement nous sont connus, grâce à la chronique ragusaine. Cette fois-ci, le roi ne s'attaqua pas aux enceintes de la ville, mais pilla le district de Dubrovnik[96]. Il fut donc interdit aux citoyens de sortir de la ville et, fait plus significatif encore, tous les citoyens qui se trouvaient en territoire ennemi reçurent l'ordre de rentrer à Dubrovnik, sous peine d'être privés de la citoyenneté ragusaine. Nous sommes là, pour la première fois, en présence des mesures de rétorsion auxquelles la Commune aura souvent recours contre les rois et seigneurs de l'arrière-pays[97].

La mort soudaine de l'empereur bulgare Jean Assène II en 1241 et la terrible invasion mongole qui déferla sur les Balkans, privèrent le roi serbe Stéphane Vladislav de son principal soutien, et il fut évincé à son tour, en 1243, par son frère, Stéphane Ouroš I (1243-1276). Tout au long de son long règne, celui-ci fut un adversaire implacable de Dubrovnik, obligeant la ville à mobiliser toutes ses ressources défensives[98]. Le chroniqueur Junije Rastić lui reprochait amèrement sa versatilité *qui interdisait aux Ragusains de lui accorder la moindre confiance*[99]. Au mois de juillet 1252, il était sous les murs de la ville, prêt à activer ses machines de siège ; en même temps, il s'en prenait aux troupeaux et aux vignes des Ragusains. A l'heure du plus grand danger, ceux-ci étaient de surcroît, engagés dans un processus d'extension du périmètre urbain par la construction de nouvelles enceintes : le chroniqueur Junije Rastić précise que cette extension était rendue nécessaire *par l'augmentation du nombre de citoyens*[100]. Les Ragusains eurent recours aux moyens traditionnels de défense : ils enjoignirent à tous les citoyens de se mobiliser, interdirent aux marchands de fréquenter les terres du roi de Serbie, mais la menace réelle les obligea cette fois-ci à recourir au soutien politique et diplomatique direct de Venise. Ils demandèrent donc au comte vénitien de Dubrovnik de se rendre auprès du roi de Serbie, *qui était apparenté aux Vénitiens*[101], pour le prier de ne plus persécuter les Ragusains. Le comte vénitien de Dubrovnik, refusa de s'exécuter, *soit parce qu'il avait peur de se rendre à une cour semi-barbare, soit parce qu'il était conscient qu'en tant que dignitaire vénitien, il n'avait plus aucune autorité réelle à Dubrovnik*[102]. Abandonnés par leur pouvoir

[96] *Chronica Ragusina Junii Restii item Joannis Gundulae*, 77.
[97] Ibid.
[98] Ćirković, S., (dir.), *Istorija srpskog naroda I,* 341-356.
[99] *Chronica Ragusina Junii Restii item Joannis Gundulae*, 90.
[100] Ibid : *Il s'inquiétait, car il ne voulait pas permettre la construction de nouveaux remparts, ni permettre la jonction de la vieille ville avec le bourg nommé Gariscte, que la République voulait integrer, à la suite de l'accroissement de sa population.*
[101] Ibid. Le roi de Serbie Stépahne Ouroš I était issu du mariage de son père Stéphane le Premier Coronné avec Anne Dandolo, petite fille du grand doge de Venise, l'un des chefs de la Quatrième croisade, Henri Dandolo.
[102] Ibid.

suzerain, les Ragusains eurent recours à une alliance de revers. En effet, ils conclurent en 1253 un traité avec l'empereur bulgare Michel Assène, par lequel ce dernier leur promettait de préserver, en cas de conflit avec Stéphane Ouroš I, tous les avantages qu'ils avaient acquis par le passé, grâce aux privilèges des rois de Serbie[103]. Le roi de Serbie dut alors faire face à une attaque bulgare, mais les Ragusains ne bénéficièrent d'aucun avantage réel de leur distant allié et ils conclurent en 1254 un nouveau traité de paix avec le roi Stéphane Ouroš I, qui reprenait les termes des anciens traités entre la Commune et les souverains serbes.

Au cours des onze dernières années de son règne, en 1265, en 1266, en 1275, le roi Stéphane Ouroš I revint à sa traditionnelle politique d'hostilité à l'égard de Dubrovnik : aux anciens reproches adressés au roi, son impiété, son iniquité, sa violence, la chronique ragusaine ajoutait un nouveau, celui de persécuter les adversaires dans son propre entourage, reproche qui accréditait l'image de Dubrovnik, comme cité d'asile : *en effet, celle-ci accueillait en son sein de nombreux Rassiens, parmi les meilleurs, qui aimaient la paix et la vie tranquille et se rendaient à Dubrovnik avec leur famille et leurs biens*[104]. Cette politique d'asile pratiquée à l'égard des adversaires du roi, serait à l'origine de la colère de Stéphane Ouroš I contre la ville. Les Ragusains furent en même temps inquiétés par la Bosnie voisine, poussée à l'action selon le chroniqueur, par l'empereur Michel Paléologue, ami des Génois, et adversaire implacable des Vénitiens, suzerains de Dubrovnik[105]. Venise et Gênes étaient engagées, entre 1256 et 1270, dans une série de conflits navals, et il est fort probable que les Génois, déjà présents dans l'espace adriatique, aient envisagé d'attaquer Dubrovnik

La double menace, terrestre et maritime, ainsi que l'accroissement constant du nombre d'habitants, expliqueraient une activité fiévreuse de construction et de protection que la ville déployait, au moment même où de nouvelles attaques du roi de Serbie menaçaient sa liberté. En cette période furent amorcés le renforcement et la reconstruction des murs vers l'arrière-pays. Les membres de l'élite patricienne, se sentant en danger, se divisèrent quant aux mesures à prendre pour la protection de la ville : une partie du patriciat opta à nouveau pour une demande urgente de l'aide à Venise, malgré la tiédeur de son soutien, lors de la précédente attaque de Stéphane

---

[103] *Chronica Ragusina Junii Restii item Joannis Gundulae,* 92. Ćirković, S., (dir.) *Istorija srpskog naroda,* 348.

[104] *Chronica Ragusina Junii Restii item Joannis Gundulae*, 96.

[105] Ibid. *De surcroît, les Bosniens commencèrent à les harceler, avec l'approbation de l'empereur Michel Paléologue, qui s'était uni avec les Génois, contre la République de Venise.* La thèse d'une cooperation entre Michel VIII Paléologue, les Génois et les Bosniens au détriment de Dubrovnik, semble au demeurant, peu vraisemblable.

Ouroš I, au début de son règne[106]. Mais au sein même de la ville attaquée, un autre parti, décida de se soumettre au roi, conseillé paraît-il, par un de ses proches, *bienveillant à l'égard de la république et qui s'était confié sous sceau du secret, que le roi n'accepterait pas de signer la paix, tant que les Ragusains n'auraient pas chassé le comte vénitien, pour le remplacer par l'un de ses ministres à la tête de la république et se mettre sous sa protection, car il était nécessaire pour son gouvernement de maintenir Raguse sous sa dépendance*[107]. Le coup de force perpétré sous la menace du contingent serbe, ne reussit qu'à moitié, le vice-comte vénitien de Dubrovnik fut assassiné, quelques membres de l'entourage du comte blessés, et lorsque celui-ci fit condamner à mort l'un des conjurés, il fut lui-même chassé de Dubrovnik, et après avoir campé cinq jours devant la porte fermée de la ville, il rentra à Venise[108]. Le conflit de 1265-1266 fut officiellement interrompu deux ans plus tard, lorsque les délégués de la Comune promirent au roi une augmentation du traditionnel tribut annuel à 2000 hyperpères[109]. Il paraît cependant que, pendant ces années difficiles, Dubrovnik put compter sur le soutien tout relatif, de la reine Hélène d'Anjou, femme de Stéphane Ouroš I et cousine du roi de Naples, Charles I d'Anjou, qui avait promis à la Commune de la tenir au courant de toute initiative belliqueuse ourdie par son mari.[110].

Sept ans plus tard, en 1275, tandis que l'ordre vénitien semblait rétabli, et que la fonction de comte à Dubrovnik était exercée par Pierre Tiepolo, fils du doge de Venise en exercice, Laurent Tiepolo, le roi Stéphane Ouroš I campa à nouveau sous les murs de la ville. Il s'attaquait davantage, selon les chroniqueurs ragusains, aux vignes et aux troupeaux des Ragusains, qu'à la ville même, bien protégée par ses enceintes. Selon le chroniqueur vénitien Martin da Canal, à la nouvelle de la mort du doge Laurent Tiepolo, les Serbes donnèrent en août 1275 un assaut général, avec la ferme intention de prendre la ville, mais le jeune comte vénitien, surmontant le deuil de son père et faisant sonner les cloches de la ville, organisa une sortie et repoussa l'assaillant vers la montagne[111]. La guerre contre Dubrovnik en 1275 fut la

[106] Ibid. *La République, aidée uniquement par les Vénitiens, qui la soutenaient du bout des lèvres, vaine protection pour quelqu'un qui se voit harcelé.*
[107] Ibid.
[108] Smičiklas, T., (ed.), *Codex Diplomaticus Regni Croatiae, Dalmatiae et Slavoniae, V,* 399, Zagreb, 1907.
[109] Versé tous les ans aux rois de Serbie, le jour de la saint Démetrius le 26 octobre. Bien que son origine soit inconnue, on considérait à partir du XIIIe siècle à Dubrovnik, que le tribut était payé au roi de Serbie afin que les marchands de la ville puissent circuler librement dans les terres du roi, Ćirković, S., (dir.), *Istorija srpskog naroda I,* 344.
[110] Ibid. 356.
[111] Jireček, K., *Istorija Srba I,* 185, Beograd, 1952.

dernière action militaire du vieux roi Stéphane Ouroš I qui fut détrôné l'année suivante par son fils aîné, Stéphane Dragoutine[112].

Les conflits entre les rois de Serbie et Dubrovnik ne s'arrêtèrent pas à la fin du règne de Stéphane Ouroš I en 1276. Ce qui change cependant, s'agissant des guerres entre la Commune et les rois de la dynastie Nemanjić au XIVe siècle, c'est que nos connaissances ne reposent plus uniquement sur les témoignages de la chronique ragusaine, et sur quelques chartes royales clairsemées, confirmant à la fin de chaque conflit les anciens privilèges des Ragusains. Le XIVe et surtout le XVe siècle sont en effet les grands siècles de l'activité notariale à Dubrovnik. Les plus anciens registres notariaux privés y datent de la fin du XIIIe siècle[113] tandis que les premiers registres des conseils gouvernementaux ne s'ouvrent qu'au tout début du XIVe siècle[114], précisément par une série de décisions concernant une guerre entre la Commune et le roi Stéphane Miloutine, fils de Stéphane Ouroš I[115].

Nous reconnaîtrons dans les conflits entre les souverains serbes et Dubrovnik au XIVe siècle, une série de constantes, présentes depuis le premier conflit avec Stéphane Nemanja à la fin du XIIe siècle : le conflit avec le souverain serbe constitue sur l'échelle des valeurs des chroniqueurs ragusains, en tout premier lieu une opération de défense de la ville et du district[116]. Pour qualifier ce conflit, les chroniqueurs useront sans modération de la notion de *guerre*, parfois de *guerre générale*[117]. Une lecture comparée des chroniques ragusaines et des séries de décisions gouvernementales au XIVe et XVe siècle, semble accréditer les récits des chroniqueurs : les conseils gouvernementaux de Dubrovnik votaient en effet, des mesures de défense, de protection militaire, de réarmement, ainsi que de restriction de circulation et de convivialité urbaine, caractéristiques des temps de guerre.

En évoquant les conflits de la Commune avec les rois de Serbie, les chroniques ragusaines passent cependant sous silence, toutes ces mesures qui constituaient le quotidien peu glorieux de la guerre, et s'en tiennent aux

---

[112] Ćirković, S., (dir.), *Istorija srpskog naroda I*, Beograd, 1981. Jireček, K., *Istorija Srba I*, 186, Beograd, 1952.

[113] Les plus anciens actes de la chancellerie privée ragusaine datent de l'année 1278.

[114] Les plus anciens registres des conseils ragusains datent de l'année 1301.

[115] Frère du roi Stéphane Dragoutine qu'il détrôna en 1282.

[116] Aux yeux des chroniqueurs, la raison principale des attaques perpétrées contre Dubrovnik par les rois serbes, était leur volonté affichée de s'emparer de la ville. Si, sur le fond, cette raison ne semble pas contestable, les conditions politiques ou militaires, dans lesquelles se déroulent les conflits sont présentées par les chroniqueurs d'une manière partiale et souvent superficielle.

[117] On trouve la notion de « guerre générale » - *guerra generalis* – déjà dans les plus anciens registres ragusains de la fin du XIIIe siècle : apparemment il s'agirait là de conflits de grande ampleur qui permettraient aux partis ayant conclu des contrats devant les notaires de s'affranchir de leurs obligations sans pénalités.

grandes idées générales, simples et répétitives, plus à même d'impressionner le lecteur : les guerres y sont évoquées, comme voulues et déclenchées par les rois de Serbie, et ceux-ci présentés comme des souverains *impies, injustes et schismatiques*, qui s'employaient à conquérir Dubrovnik, et qui mettaient son district à *feu et à sang*. Les descriptions des opérations militaires sont cependant chez les chroniqueurs, brèves, presque évasives, évoquant des sièges, des recours aux machines de guerre et aux chevauchées, portant préjudice au district urbain. Tout cela paraît bien peu pour les chroniqueurs, qui selon leurs propres dires, avaient accès aux séries documentaires des archives[118]. Il en va de même des agissements des Ragusains, dont les chroniqueurs vantent sans mesure, l'audace et la persévérance dans l'infortune. Mais les descriptions de ces agissements s'apparentent davantage à des exercices de rhétorique, qu'à de sobres démarches d'historiens, qui auraient à cœur d'évoquer les grandes épreuves que traversait la Commune, sujette aux attaques des souverains de la Serbie médiévale.

Le XIVe siècle s'accompagne donc de deux évolutions parallèles, dont il s'agit de ne pas confondre les enjeux : la première correspond à l'apparition de nouveaux types de conflits, différents de ceux qui opposaient Dubrovnik aux rois de Serbie, au XIIIe siècle. Il s'agissait de guerres multilatérales, dans lesquelles la Commune était entraînée, par les liens de dépendance qui l'attachaient aux puissances protectrices, Venise dans un premier temps, jusqu'en 1358, puis le Royaume de Hongrie. Les conflits avec les puissances de l'arrière-pays ne connaissaient cependant pas de répit[119].

La deuxième évolution interpelle l'historien, l'obligeant désormais à tenir compte, non seulement des affirmations du chroniqueur, mais aussi des témoignages de la plus ancienne série de décisions des conseils de la Commune conservée de nos jours, qui s'ouvre précisément au début du XIVe siècle[120]. La naissance d'un nouveau type de conflits, auxquels Dubrovnik sera invitée à participer, s'accompagne donc au XIVe siècle d'un enrichissement de sources auquel l'historien ne saurait rester insensible.

Cependant, le dépouillement des séries de décisions des conseils, met en évidence, dès le début du XIVe siècle, certaines mesures de défense et surtout de politique sécuritaire de la Commune, que le discours du

---

[118] Il ne peut y avoir de doute, que les registres d'archives existaient même pour les périodes antérieures à la fin du XIIIe siècle, comme le laisse entendre Junije Rastić, en accompagnant son récit de références chronologiques précises, tout au long de son œuvre.

[119] Les conflits notamment avec les rois de Serbie, ne disparaissent pas tout à fait au cours de la première moitié du XIVe siècle, comme on aura l'occasion de voir plus loin.

[120] La série *Reformationes*, publiée dans Gelcich, J., *Monumenta Ragusina I-V*, Zagreb, 1879-1897, (plus loin *Mon. Rag.)* .

chroniqueur passait sous silence : est-ce dire, que ces mesures ne furent appliquées qu'au XIVe siècle, et qu'elles n'étaient pas connues lors des conflits de Dubrovnik avec la Serbie au siècle précédent ? Le véritable risque qu'encourt l'historien de nos jours, est de ne pas prendre en considération parallèlement les sources narratives et documentaires. S'agissant des mesures en temps de guerres, et particulièrement de la politique sécuritaire, les connaissances pour le XIIIe siècle reposent uniquement sur les données des chroniqueurs, alors que les recherches sur ces mesures au XIVe et XVe siècle doivent reposer sur un effort constant de vérification des récits des chroniqueurs par les sources documentaires contemporaines aux événements. Difficile équilibre toutefois : aussi différents soient-ils, les témoignages des chroniqueurs et des registres gouvernementaux, s'apparentent au regard de l'historien, aux sources du premier degré. Les témoignages des chroniqueurs parce qu'ils reposent précisément sur une interprétation des registres entre-temps perdus, et les registres gouvernementaux, parce qu'ils témoignent, en temps réel et avec profusion de détails, des décisions prises par la Commune, face à une menace de guerre imminente.

Mais, il y a plus : les registres des conseils ragusains, Grand conseil, Petit conseil et Sénat constituent, à partir du XIVe siècle, une série presque ininterrompue de procès-verbaux des délibérations ayant eu lieu au sein de ces conseils, confirmant donc l'existence de réels débats, suivis de décisions, mais ne représentant en aucun cas un inventaire exhaustif des dilemmes, des déchirements, des rudes discussions qui précédaient généralement ces prises de décisions ; à tel point que les historiens, comme les journalistes, chroniqueurs parlementaires de nos jours, évaluent le degré de consensus qui réunissait le patriciat ragusain autour de certaines propositions, uniquement au nombre de voix favorables ou défavorables lors du vote au sein des conseils. Les discussions préalables, contrairement aux délibérations des assemblées modernes n'étaient jamais enregistrées. Les décisions des conseils s'apparentent donc à des inventaires clairs et **à** des instructions précises concernant les mesures à prendre, en particulier dans les moments difficiles de conflits avec les puissants voisins. Le chroniqueur, quant à lui, fort de ses lectures, peut se faire l'interprète des registres. Sa légitimité est indéniable : elle est supérieure à celle de l'historien moderne aussi appliqué soit-il, car elle repose sur une connaissance des registres antérieurs au début du XIVe siècle, dont il n'est pas resté de traces, mais dont l'existence ne peut faire de doute, et peut-être aussi sur une connaissance des registres ultérieurs, eux-aussi perdus.[121]

---

[121] Nos connaissances des mesures de sécurité à Dubrovnik en temps de guerre, que les chroniqueurs continueront pourtant à alimenter, reposeront davantage, pour le XIVe et XVe siècle, sur les sources des registres d'archives.

Les séries d'archives ragusaines s'ouvrent donc à l'aube du XIVe siècle, avec une nouvelle guerre du roi de Serbie contre Dubrovnik. A la différence des guerres antérieures, celle-ci ne fut pas déclenchée directement par le souverain serbe, mais plutôt par une malheureuse tentative des Ragusains de se montrer obéissants à la Sérénissime, en lui prêtant main forte au moment où celle-ci était engagée dans une guerre contre les Génois[122]. Sollicités par les Vénitiens, ils mirent à la disposition de ceux-ci quatre galères, mais uniquement au cas où le doge en personne, se trouverait à la tête des galères vénitiennes. Mesure salvatrice, car un peu plus tard, le 8 septembre 1298, la marine vénitienne subit près de l'île de Curzola l'une des plus terribles défaites de son histoire[123]. Les Ragusains, bien qu'ils ne fussent pas directement concernés par cette défaite, avaient de bonnes raisons de se méfier. L'affaiblissement de leur puissance tutélaire, Venise, face à Gênes, les exposait aux appétits d'autres alliés génois, et donc adversaires de Venise, en premier lieu du roi de Serbie, Stéphane Ouroš Miloutine, depuis peu gendre de l'Empereur byzantin Andronic II Paléologue[124]. D'ailleurs, les Ragusains n'avaient pas attendu le début des hostilités pour renforcer les défenses de la ville : les couvents des ordres mendiants qui étaient laissés à l'extérieur du périmètre urbain par le plus ancien tracé des murs, furent alors, soit intégrés au sein de nouvelles enceintes – ce fut le cas du couvent des dominicains – soit détruits, comme cela fut le cas du couvent des franciscains, car les deux, selon le chroniqueur Junije Rastić, pouvaient servir d'abris aux guerriers du roi, lors de leurs incursions sur le territoire ragusain[125]. A la suite de la défaite vénitienne de Curzola en 1298, les Ragusains décidèrent de renforcer les défenses, et toujours selon le chroniqueur, *assignèrent aux citoyens des postes de défense en cas d'une attaque soudaine*[126]. Le conflit devait d'ailleurs bientôt éclater, par une attaque du roi Stéphane Miloutine, *qui mena contre les Ragusains une guerre si cruelle et leur porta de tels préjudices [...] que de nombreux citoyens songèrent à abandonner complètement leur domicile, et à aller*

---

[122] Il s'agit de la guerre de Curzola (Korčula), 1294-1298.

[123] Des 95 galères vénitiennes, 14 seulement furent sauvées. Zorzi, A., *La République du Lion*, 88, Paris, 1996.

[124] Ostrogorsky,G., *Histoire de l'Etat byzantin,* 511, Paris, 1996 ; Laiou, A., *Constantinople and the Latins, The Foreign Policy of Andronicus II, 1282-1328,94-99,* Harvard University Press, 1972. Krekić, B., « Zašto je vodjen i kada je završen rat izmedju Dubrovnika i Srbije 1301-1302 », *Zbornik radova Vizantološkog Instituta* (plus loin, *ZRVI), Beograd, 17, 1976, 417-423.*

[125] *Chronica Ragusina Junii Restii item Joannis Gundulae,* 105.

[126] *Ibid. 103.* C'est la dernière mesure de sécurité de grande envergure à Dubrovnik qui ne peut pas être confirmée par les registres gouvernementaux.

s'installer en des endroits plus paisibles en Italie, moins exposés aux attaques des princes si infidèles et barbares[127].

La guerre éclata en 1301, et elle est confirmée par les plus anciennes décisions du Grand conseil de Dubrovnik, qui datent effectivement de cette année. Le Grand conseil décida le 6 août d'élire 300 personnes aptes à porter les armes, pour aller protéger les vignes sur le territoire du district. Le comte vénitien fut autorisé le même jour à dépenser de 300 à 400 hyperpères de l'argent communal pour les *frais de guerre contre les Slaves*[128]. Ces deux plus anciens procès-verbaux de réunions de conseils conservés, confirment les récits des chroniqueurs sur l'implication des Ragusains dans un conflit qui engageait la liberté et la sécurité de leur Commune. Nous relevons la présence au sein du pouvoir ragusain d'un élément nouveau qui ne nous abandonnera plus dans l'évaluation des mesures de protection à Dubrovnik : l'effort de quantifier. Qu'il s'agisse des effectifs des hommes de guerre, de l'argent dépensé, des armes, de matériaux de construction, tout est soumis à un effort de quantification. L'engagement des moyens financiers ainsi que le taux de participation des effectifs, de plus en plus importants, dans la défense de la ville, ne sont certes pas les seuls à éclairer la perception du degré de menace par les autorités de la ville, mais ils sont certainement un des meilleurs indicateurs de cette perception.

La décision du Grand conseil d'appeler sous les armes 300 hommes et de les confier à un capitaine de guerre, sollicite toute notre attention. Pour une ville de la taille de Dubrovnik, dont la population *intra muros,* selon les estimations les plus vraisemblables, devait évoluer au XIVe siècle entre 3000 et 4000 habitants[129], l'engagement de près d'un dixième de sa population, et d'un taux sensiblement plus important de sa population mâle, considérée comme apte à porter les armes, témoigne d'une véritable prise de conscience du danger. Qui est-ce qui faisait partie de cette milice urbaine et par qui était-elle commandée ? Ce sont des questions auxquelles les décisions des conseils au fil des siècles et de multiples guerres que subit la Commune, ne donnent pas toujours des réponses simples et cohérentes. Un fait est certain : le gouvernement menait une comptabilité des effectifs disponibles en cas de guerre, et cette comptabilité reposait sur des recensements périodiques, mais il est impossible d'établir aujourd'hui, à quels intervalles on procédait à ces recensements. De surcroît, les résultats de ces recensements ne figurent pas

---

[127] Ibid. 103.

[128] *Mon. Rag. V, 1.* L'Hyperpère était une monnaie de compte ayant une valeur fixe de 12 gros d'argent. En observant les variations du taux de change entre le gros d'argent et le ducat vénitien à Dubrovnik, on peu se rendre compte de la dévaluation progressive de l'hyperpère ragusain au cours du XIVe et du XVe siècle. Jusqu'au milieu du XIVe siècle, un ducat valait 24 gros, donc deux hyperpeères : 400 hyperpères correspondaient donc à 200 ducats.

[129] Krivošić, S., *Stanovništvo Dubrovnika*, Dubrovnik 1990.

dans les registres des conseils qui les ont ordonnancés. Le premier recensement confirmé est postérieur à la guerre de 1301 contre le roi de Serbie, et provient de la chronique ragusaine : en effet, le gouvernement ordonna en 1323 de recenser tous les Ragusains de 15 à 70 ans, de les répartir en douze bataillons et de nommer autant de capitaines qu'il y aurait de bataillons, tout cela afin de les armer plus facilement en cas de nécessité[130]. Les dispositions semblables devaient déjà être en vigueur, lors de la guerre contre Stéphane Miloutine en 1301-1302.

A quelles catégories sociales appartenaient les citoyens mobilisés ? Il n'y a aucun doute que les postes de commandement étaient confiés aux patriciens, membres du Grand conseil de Dubrovnik : cela fut déjà le cas en août 1301, lorsque le commandement fut confié à Ursachius de Bodaça, et ce fut le cas lors de toutes les guerres ragusaines du XIVe et du XVe siècle[131]. Quant aux mobilisés, il s'agissait, soit de citoyens résidants à Dubrovnik même, soit de ceux qui se trouvaient sur l'ensemble du district, ce qui était précisé dans divers recensements ultérieurs, organisés à des fins militaires. Dans les mesures ponctuelles de mobilisations générales, à l'image de celle de 1301, cela n'est malheureusement jamais précisé. Il est évident, qu'il était plus facile de mobiliser les résidents de la ville, que ceux éparpillés sur l'ensemble du district, surtout en cas d'attaque soudaine de l'ennemi. Il faut cependant noter que les registres ne font pas état d'autres critères que territoriaux, ni pour les recensements préalables, ni pour la convocation aux armes ; aucune trace, par exemple, de rassemblement en fonction de l'appartenance aux confréries ou corporations, pourtant actives à Dubrovnik. Une exception de taille est cependant à signaler, qui annonce en 1301 déjà, une pratique à laquelle les Ragusains auront recours plus tard : le recrutement des mercenaires étrangers. Le Grand conseil décida le 27 septembre 1301 de recruter, au service de la Commune et pour une durée de deux mois, huit *balistiers*[132], originaires probablement de la péninsule ibérique, pour un salaire mensuel de cinq hyperpères[133]. Les Ragusains

---

[130] *Chronica Ragusina Junii Restii item Joannis Gundulae,* 113.

[131] Les noms des familles patriciennes sont répertoriés dans leur forme latine. La tradition locale a cependant plus souvent véhiculé les formes slaves. Quelques exemples de cette adaptation : Sorgo=Sorkočević, Mence=Menčetić, Bodaça=Bodačić. Voir à ce sujet le livre de référence : Manken, I., *Dubrovački patricijat* I, Beograd, 1960.

[132] « Balesterii », dans les registres ragusains : manipulateurs des machines de guerre servant à lancer des projectiles.

[133] *Mon. Rag. V*, 7. Dinić, M., « Španski najamnici u srpskoj službi », *ZRVI,* 6, 1960,16. Un peu moins de trois ducats selon le cours du gros ragusain de l'époque : voir note 124. Bernardus de Cardona, Jacobus Fozar, Bernardus Martino, Raymundus Carboner, Ferrando, Petrus Remer, Jacobus de Villa Sira, Guillelmus Patar : il s'agissait peut-être de mercenaires catalans, recrutés en Sicile.

fréquentaient en ces temps-là, la Sicile et ils pouvaient y recruter de redoutables guerriers qui étaient alors engagés dans l'interminable guerre entre Aragonais et Angevins, déclenchée après les Vêpres siciliennes en 1282. Cette guerre devait s'achever en 1302 par la paix de Caltabelotta, libérant les *Almugavares* pour leur sinistre équipée byzantine[134].

La *guerre cruelle*, menée selon le chroniqueur Junije Rastić, par le roi Stéphane Miloutine, contre les Ragusains en 1301, ne les prit donc pas au dépourvu. Renchérissant sur leur démarche de mobilisation générale du début du mois d'août, ils dotèrent le comte vénitien d'un comité de trois patriciens, préposés aux armements et à la surveillance de la ville, comité aux vastes prérogatives, directement attaché au comte, dont les décisions n'ont pas laissé de traces précises dans les registres[135]. Il est cependant certain qu'au temps de la suzeraineté de la Sérénissime, jusqu'en 1358, les armes provenaient exclusivement de Venise[136]. En même temps furent élues par le Sénat *des personnes appropriées qui enverraient des éclaireurs partout où cela leur semblerait utile, pour obtenir des nouvelles, à l'intérieur ou à l'extérieur de la ville, et pour informer le comte de ces nouvelles*[137]. Pour compléter ce vaste dispositif qui n'avait rien d'exclusivement défensif, le Grand conseil décida de nommer, *au sein du Petit conseil trois personnes chargées de trouver entre elles, comme bon leur semblerait, les moyens pour porter la guerre à l'extérieur, chez nos ennemis, et d'en référer au comte et à son Petit conseil*[138].

Sur le déroulement des hostilités, outre l'appréciation générale du chroniqueur qui considère évidemment cette guerre comme imposée par le roi de Serbie, Stéphane Miloutine, il nous reste très peu de renseignements précis. Les contingents serbes avaient, comme par le passé, occupé le district, assiégeant la ville pendant toute l'année 1301 et les premiers mois de 1302. Les Ragusains, profitant de leur évidente supériorité navale, occupèrent l'île de Mljet (Melita), y imposèrent leur vice-comte et ordonnèrent sous peine d'amende à tous les habitants des îles appartenant à

---

[134] Setton, K., *Catalan domination of Athens 1311-1388,* Cambridge, 1948.

[135] *Mon.Rag. V,* 2. L'absence de retour d'informations particulièrement gênante, fait penser à une possible existence d'une série de registres où les mesures concrètes auraient été consignées. Dans les registres officiels, cela est extrêmement rare et nous aurons souvent l'occasion de le regretter.

[136] Pour les armes ragusaines voir l'ouvrage exhaustif : Petrović, Dj., *Dubrovačko oružje, Beograd, 1976.*

[137] *Mon. Rag. V,* 2. Pour mener ce genre d'opérations sur les terres appartenant au roi de Serbie, les Ragusains, qui connaissaient la langue slave des habitants de l'arrière pays, auxquels certains étaient liés par des attaches familiales, avaient un avantage considérable sur les Vénitiens, de langue italienne et de culture latine.

[138] *Mon. Rag. V,* 6.

la Commune, de se munir d'une épée, d'un bouclier, d'un casque et d'une fronde[139].

On n'en sait pas davantage sur les mesures de protection des Ragusains pendant la guerre de 1301-1302. La paix avec le roi Stéphane Miloutine fut conclue déjà au mois de mai 1302, les prisonniers ragusains furent relâchés et les marchands de la ville furent à nouveau autorisés à fréquenter les terres du roi de Serbie[140].En septembre 1302, le roi octroya à Dubrovnik une nouvelle charte, garantissant les droits des marchands ragusains en Serbie avec plus de précision que dans toutes les chartes précédentes[141].

Une guerre dont les origines ne sont pas très claires opposa à nouveau les Ragusains au roi Stéphane Miloutine en 1317-1318 : le district subit des incursions de l'armée royale, les Ragusains s'adressèrent à Venise, leur puissance tutélaire pour obtenir le soutien militaire ainsi qu'une intervention diplomatique en leur faveur auprès du roi serbe. Une trêve fut conclue en 1317, mais les relations commerciales ne furent pleinement rétablies qu'en 1318[142].

Par rapport aux guerres du XIIe et du XIIIe siècle, dont la chronique ragusaine est notre unique source d'informations, le progrès accompli dans la connaissance des mesures de protection à l'aube du XIVe siècle est évident. On n'en est plus aux vagues appréciations du chroniqueur, mais aux évaluations précises et aux mesures concrètes pour combattre l'ennemi, votées par les conseils de la ville. Au début du XIVe siècle, l'horizon politique de Dubrovnik s'élargit. La Serbie de la dynastie des Nemanjić n'est plus la seule puissance à menacer la Commune. La Bosnie, sous la dynastie des Kotromanić et surtout la Hongrie, qui sous la maison des Anjou depuis 1301, mène une politique ambitieuse en soutenant les villes dalmates dans leur rébellion contre l'autorité vénitienne, sont des voisines dangereuses qui à tout moment peuvent jeter leur dévolu sur Dubrovnik, d'autant plus que la suzeraineté de Venise y est de plus en plus mal vécue, et qu'un fort courant anti-vénitien anime le patriciat ragusain bien avant 1358.

Jusqu'au règne du roi, puis empereur Stéphane Doušan (1331-1355)[143], la Serbie demeure pourtant le plus dangereux voisin des Ragusains. Les

---

[139] Il s'agit des îles de l'archipel des Elaphites (Lopud, Kalamota, Šipan) et des îles de Mljet et de Lastovo, plus éloignées de la côte.

[140] Krekić, B., « Zašto je vodjen i kada je završen rat izmedju Dubrovnika i Srbije 1301-1302 », *ZRVI*, Beograd, 17, 1976, 417-423.

[141] Miklosich, F., *Monumenta serbica spectantia historiam Serbiae, Bosnae, Ragusii, 51-53,* Wien, 1858.

[142] *Chronica Ragusina Junii Restii item Joannis Gundulae, 106.* Ćirković, S., (dir.), *Istorija srpskog naroda I*, 473, Beograd, 1981. Krekić, B., « O ratu Dubrovnika i Srbije 1327-1328 », ZRVI, Beograd, 11, 1968, 193-204.

[143] Stéphane Douchan, roi de Serbie (1331-1346), puis Empereur des Serbes et des Grecs (1346-1355) .

mesures de protection se multiplient et ne répondent pas uniquement aux menaces extérieures directes : Dubrovnik développe au cours de la première moitié du XIVe siècle une véritable culture sécuritaire, allant bien au-delà de tout ce qui a été fait au siècle précédent.

Lorsqu'en 1318 dans l'arrière-pays de Dubrovnik, un conflit opposa le roi de Serbie Stéphane Miloutine au gouverneur (ban) de Bosnie, le seigneur croate Mladen Šubić, le gouvernement ragusain décida de garnir le fort de Lovrijenac, à l'avant-poste occidental de la ville, de deux détachements de gens armés, composés chacun de six personnes et commandés par un capitaine. Les deux détachements devaient se relayer sur place, jusqu'à nouvel ordre : plutôt que d'un poste de défense, il s'agissait d'un poste d'observation, la Commune n'étant pas directement concernée par le conflit[144].

Un an plus tard, en 1319, des vigiles furent élus pour surveiller la porte donnant sur l'ancien port de Dubrovnik : ils devaient inscrire les noms de tous les étrangers armés qui entraient dans la ville par cette porte, en leur demandant de remettre les armes, afin que celles-ci ne pénètrent pas à l'intérieur des murs. En même temps, il fut interdit, aussi bien aux Ragusains qu'aux étrangers, quelle que fût leur condition, de porter à l'intérieur de la ville, toute arme offensive, sauf celle autorisée par le Statut de Dubrovnik[145]. Celui-ci, promulgué en 1272, interdisait en effet le port des armes offensives, parmi lesquelles n'était spécifiquement mentionné que le *couteau propre à porter des blessures*[146]: quiconque était pris en flagrant délit de port d'armes, devait payer, de jour une amende de deux hyperpères (un ducat) et de nuit, de cinq hyperpères (deux ducats et demi), le port nocturne entraînant de surcroît la confiscation de l'arme par l'autorité publique. Cependant, dans le Statut de la ville de 1272 nous n'avons pas trouvé le texte énumérant les armes offensives autorisées, auxquelles se réfère la décision du Petit conseil de 1319. Cette décision fut proclamée en langue slave, *in sclavonesca lingua.* A bon entendeur salut : les porteurs d'armes et les fauteurs de

---

[144] *Mon. Rag. V,* 111.

[145] *Mon. Rag. V,* 117. Les chapitres 24 et 25 du Livre VI du Statut. Bogišić,V., Jireček, K.,(ed) : *Liber Statutorum civitatis Ragusii compositus anno 1272,* Zagrabiae 1904 : chap. 24 : *De portantibus arma per civitatem : Qui portaverit cultellum feritorium vel alia arma facta ad offendendum per civitatem in die solvat pro banno yperpera duo, qui autem in nocte solvat yperpera quinque et perdat arma ;* chap. 25 : De foresteriis portantibus arma : Foresterius comorans in civitate Ragusii, non tamen habitans ibi, si arma fraudulenta portaverit, solvat pri banno yperperum unum ; sit tamen hoc in providentia domini comitis.

[146] Littéralement : *Cultellus feritorius*

troubles potentiels étaient, aux yeux des Ragusains, des Slaves qui pourtant, sauf en cas de guerre, entraient librement dans la ville[147].

Un dernier conflit opposa Dubrovnik au roi de Serbie Stéphane Ouroš III Dečanski en 1327-1328, mais il resta jusqu'à très récemment inconnu des historiens, et la chronique ragusaine ne le mentionne pas non plus. C'est grâce à ce conflit que nous connaissons les plus anciennes décisions du Petit conseil concernant les vigiles de nuit à Dubrovnik. Douze personnes devaient être élues pour une durée de deux mois, assumant cette fonction à tour de rôle, par groupe de six personnes, pendant six heures chaque nuit. Parmi les six personnes de chaque groupe, une devait être nommée au rang de capitaine[148].

A partir du début du XIVe siècle, on observe un net élargissemnt des horizons politiques et économiques de Dubrovnik, qui aura certainement quelque influence sur sa politique sécuritaire. La découverte des mines d'argent en Serbie, à la fin du XIIIe siècle, puis en Bosnie, au cours du premier tiers du XIVe siècle[149], dans l'exploitation desquelles les Ragusains assumèrent un rôle de premier plan, eut certainement une incidence sur l'ouverture de la Commune aux étrangers de toutes origines[150]. La ville connut à cette époque, une nette croissance de sa population. D'autre part,

---

[147] La notion de « Slave » dans le vocabulaire ragusain médiéval fut l'objet de nombreuses controverses dans l'historiographie moderne et contemporaine, qui ne peuvent être l'objet de ce travail. Mais dans la mesure où, à l'époque que nous envisageons, l'arrière-pays ragusain faisait partie des terres du roi de Serbie ou de ses vassaux, et dans la mesure où, dans les documents ragusains, les rois de la dynastie des Nemanjić et leurs sujets, étaient désignés presque exclusivement sous le nom de *Slaves*, il est historiquement justifié de considérer que les *Slaves* des sources ragusaines, étaient Serbes. Cependant, pour éviter tout soupçon d'anachronisme, nous préférons nous tenir au concept de *Slaves* que confirment directement les sources, et qui ne peut donc en aucun cas être contesté. Le même problème du respect du concept d'origine se pose à propos des habitants de la Commune. Bien qu'une large majorité de sa population, toutes catégories sociales confondues était fortement métissée (slavisée), au point de vue de l'origine (metissage des populations, du fait de l'affluence ininterrompue slave au sein de la ville) et de la langue (le slave était une langue parlée, jusqu'au sein des conseils ragusains), l'acculturation slave, n'avait pas encore atteint, au Moyen Age, les catégories les plus lettrées, sinon les plus élevées de la société ragusaine, et notamment le clergé qui baignait encore, et jusqu'à la fin du Moyen Age, dans la langue et la culture latine et italienne.

[148] Krekić, B., «O ratu Dubrovnika i Srbije 1327-1328 », *ZRVI*, Beograd, 11, 1968, 193-204.

[149] Kovačević, D., « Dans la Serbie et la Bosnie médiévales : les mines d'or et d'argent », *Annales, Economies, Sociétés, Civilisations*, 2, 1960, 248-258.

[150] Voir à ce sujet surtout l'article : Krekić, B., « Contribution of foreigners to Dubrovnik's economic growth », *Variorum,* 19, 1980.

comme il a été déjà noté, elle devint avec son district, l'enjeu d'une politique qui n'évoluait plus uniquement dans le triangle Dubrovnik-Venise-Serbie, mais engageait d'autres puissances émergeantes dans l'espace méditerranéen et dans l'arrière-pays balkanique, principalement Gênes, l'âpre concurrente de Venise, ensuite la Bosnie et la Hongrie. S'ils étaient prêts à profiter des avantages de leur nouvelle situation, les Ragusains ne devaient pas être inconscients des multiples dangers que suscitait l'élargissement du périmètre urbain et la forte croissance de la population, d'où une politique sécuritaire qui se détachait progressivement des simples contingences et dont on peut mesurer les incidences à moyen et à long terme, aussi bien dans l'activité législative que dans la gestion quotidienne.

Il est donc légitime de chercher à dégager une typologie des mesures sécuritaires à Dubrovnik à partir du début du XIVe siècle et d'essayer de comprendre pourquoi, dans certaines circonstances, ces mesures concernaient davantage l'espace urbain – auquel cas on peut parler plutôt de mesures d'ordre public et de sécurité intérieure – et en d'autres circonstances, l'ensemble du district de la Commune, face à un ennemi potentiel ou réel – auquel cas on peut parler plutôt de mesures de sécurité extérieure. Les deux séries de mesures pouvaient tout aussi bien être combinées et votées par les conseils en même temps.

C'est ainsi qu'au tout début du XIVe siècle, à la suite de la rude épreuve qu'imposa aux Ragusains, le roi serbe Stéphane Miloutine, il fut décidé au sein du Petit conseil, *de créer un registre, où seraient inscrits les noms de tous les Slaves qui serviraient ou desserviraient la commune de Dubrovnik, afin que chacun soit récompensé ou puni selon son dû et que personne ne puisse se glorifier de ses mauvaises œuvres*. On ne peut s'empêcher de voir dans cet acte, une véritable mesure de dissuasion pour tous ceux qui oseraient se rendre à Dubrovnik en marchands, artisans ou simples visiteurs, après s'être rendus, en assiégeants, au pied de ses murs[151]. D'ailleurs, une mesure d'interdiction générale de séjour à Dubrovnik et sur le territoire de son district, aux sujets du roi de Serbie, *excepté aux seigneurs du roi Stéphane Miloutine,* fut votée la même année et transformée un peu plus tard, en une autorisation de séjour limitée à cinq ans, *à condition qu'il s'agisse d'une personne convenable, qui assume toutes les obligations qu'assument les autres citoyens de Dubrovnik, et qu'elle puisse fournir des garants, au sein de la population locale, qu'elle se conformerait à ces obligations*[152].

[151] *Mon. Rag. II, 303.* Une exception spéciale fut votée pour faire en sorte que la politique d'asile que pratiquait la Commune, puisse s'appliquer aux adversaires du roi qui, trouveraient refuge à Dubrovnik.
[152] *Mon. Rag. II*, 300-301.

Les premières mesures de sécurité publique et militaire à grande échelle, furent votées à l'occasion d'un conflit qui ne concernait pas directement Dubrovnik, mais plutôt le roi de Serbie, avec lequel la Commune avait finalement rétabli des relations de tolérance mutuelle sinon de franche amitié[153]. La ville accueillit en effet, en 1330 et 1331 un certain nombre de mercenaires, recrutés par le roi de Serbie, en vue d'un imminent conflit de celui-ci avec le Tsar de Bulgarie, Michel et l'Empereur byzantin Andronic III[154]. Le chroniqueur Junije Rastić affirme même que ce furent les Ragusains qui envoyèrent *la soldatesque italienne*, pour se concilier les bonnes grâces de leur ennemi d'antan, Stéphane Dečanski[155]. La ville accueillit en effet, en 1330 et 1331 une trentaine de mercenaires originaires de la péninsule ibérique. Bien que nous n'ayons pas de preuves formelles d'un comportement délictueux de leur part – les seules preuves certaines de leur présence à Dubrovnik étant de nombreux contrats d'endettement auprès des notaires ragusains et florentins présents à Dubrovnik qui en firent une bonne affaire – il apparaît évident que la présence même de ces hommes de guerre castillans, catalans, navarrais et autres, dans leur ville qui avait déjà subi des attaques du roi de Serbie, avait de quoi inquiéter les autorités ragusaines. D'où probablement toute une panoplie de mesures de sécurité militaire et publique, votées pendant ces années-là. Ces mesures étaient essentiellement de deux natures : en premier lieu, elles visaient à renforcer le contrôle sur les étrangers, surtout en leur interdisant le port d'armes et les déplacements nocturnes, et en second lieu, elles augmentaient le nombre des vigiles de nuit au sein du périmètre urbain.

La première décision, liée probablement à l'arrivée de cette troupe de mercenaires fut votée au Petit conseil, en mars 1330 ; elle prévoyait la création d'un corps de douze vigiles *afin que personne ne circule après le trosième son de cloche et pour empêcher les vols*. Il est précisé que les

[153] Rappelons cependant qu'après la guerre avec Stéphane Ouroš III Dečanski en 1327-1328, il n'y eut plus de conflits armés entre les souverains serbes et Dubrovnik.

[154] Dinić, M., « Španski najamnici u srpskoj službi », *ZRVI,* 6, 1960, 15-28. Les mercenaires dont les noms furent enregistrés : Petrus Semino, Petrus Lopes, Lodricus de Spurie de Aragonia, Petrus Ferantus de Yspania, Johannes Martini de Ponte partibus Yspanie, Prosimene de Villa Alba de Aragonia, Ferandus Laenus de Ragona, Odoricus Sanci de Vegaes, Martinus Lupus de Coa, Garcia Gulteri de Toledo, Rodoricus de Casseda de Navarra, Ferandus Alfonso de Quintana, Botetus de Chatelogna, Egidius de Lasano, Bartholomeus de Partales, Symenlopes de Ragona, Alemanus de Frasineto, Michael Navarus, Dalmao de Cruce Cathelanus, Petrus Sanci de Rues, Ricardo Macio de Bulgarino, Eriego Ortusii de Aragonia, Petrus Buscano de Vila Nova, Petrus Borgognonus.

[155] Erreur du chroniqueur : il s'agussait bel et bien de mercenaires originaires de la péninsule Ibérique, sollicités par le roi de Serbie.

vigiles ne seraient pas rémunérés pour leur travail[156]. Au cours des mois qui suivirent, plusieurs décisions furent votées pour renforcer les effectifs des postes de défense *à cause du grand nombre d'étrangers qui sont à Dubrovnik et qui y affluent en permanence*[157] .Par décision du Petit conseil, les hommes furent répartis en deux détachements de 50 personnes *aussi bien nobles que non nobles*, sous le commandement de deux patriciens, se relayant d'une nuit à l'autre. Cette mesure devait paraître insuffisante, car un peu plus tard, le même conseil nomma quatre patriciens à la tête d'un détachement de 100 hommes armés, avec pleins pouvoirs *d'aviser comment protéger au mieux cette ville, aussi bien de jour que de nuit, et de répartir les vigiles aux portes de la ville comme bon leur semblerait*[158].

Toutes ces mesures, eurent-elles un effet dissuasif sur les mercenaires étrangers de passage à Dubrovnik ? Etaient-elles exécutées d'une manière ostentatoire ou discrète, pour ne pas éveiller la méfiance ? Pour ce qui est des mesures de protection militaire, il est difficile de le dire. Certaines mesures étaient certainement destinées à demeurer secrètes. Le chroniqueur ne les évoque pas, lui qui pourtant avait un droit de regard dans les registres officiels de la Commune. Les registres secrets, s'ils existaient à l'époque, ne se sont pas conservés[159]. Quant à une mesure, votée au Grand conseil de Dubrovnik, le 10 avril 1330, elle était probablement destinée à demeurer secrète, ne serait-ce que pour pouvoir être exécutée avec plus d'efficacité : elle prévoyait l'élection d'une commission de cinq patriciens, appartenant à cinq familles différentes, *autorisée à faire tout ce qu'elle considérerait bon et utile pour la ville, et à éliminer et tuer toute personne qui agirait au détriment de la ville.* Pour parvenir à ses fins, la commission avait droit de puiser sans limites dans les fonds publics, et tout ce que cette commission entreprendrait devait être considéré *comme si cela avait été entrepris par toute la commune de Dubrovnik*[160]. On ne saura jamais si la mesure a été appliquée, ni quel groupe de personnes avait été visé par elle, mais il n'en demeure pas moins, que le seul danger présent au moment du vote, était celui que présentaient les mercenaires espagnols au service du roi de Serbie.

Certaines mesures concernant la sécurité publique, auxquelles les étrangers devaient se conformer, quel que fût leur rang et la raison de leur présence à Dubrovnik, étaient proclamées par le crieur public, aussitôt après avoir été votées par les conseils. Ainsi, le Sénat délibérait le premier août

---

[156] *Mon. Rag. V,* 282.
[157] *Mon. Rag. II,* 328.
[158] *Mon. Rag. V,* 295.
[159] Les registres secrets des décisions des conseils existaient sans aucun doute, mais ils sont aujourd'hui perdus : cinq registres seulement de décisions secrètes du Sénat (Secreta Rogatorum) sont parvenus jusqu'à nous, mais ils datent de la fin du XVe siècle.
[160] *Mon. Rag. I,* 326.

1330 sur l'opportunité de la présence des étrangers dans la ville ; à un moment on envisageait même de les expulser tous, à l'exception des marchands, seuls étrangers jugés utiles. Une décision moins rigoureuse fut alors adoptée, celle de confisquer uniquement leurs armes *de sorte que personne parmi eux ne puisse en abuser, ainsi que de bien les surveiller*[161]. Les mesures à long terme pouvaient être étayées par des décisions ponctuelles, fruits peut-être de quelques comportements indélicats de ces étrangers : ainsi le 14 septembre 1330, ils furent tous, sans exception, expulsés pour la durée d'une journée, après que le port d'armes leur eut été à nouveau interdit[162]. Par la même occasion, il fut interdit à tout Ragusain de transporter sur son navire tout mercenaire qui devait se rendre à la cour du roi de Serbie ou qui en reviendrait[163]. Finalement, quelques jours plus tard, il fut interdit à tout habitant de la ville, *Ragusain, Vénitien ou étranger, de se promener en ville, avec ou sans armes, après le troisième son de cloche, sous peine de prison*[164].

Le fait que les décisions des trois conseils ragusains concernant le statut des étrangers aient été constamment renouvelées pendant les deux années de séjour des mercenaires espagnols à Dubrovnik, indique soit que celles-ci n'étaient pas vraiment appliquées, soit que la perception même du danger évoluait au fil des mois, en fonction des agissements de ces hôtes encombrants. Une des toutes dernières décisions du Petit conseil de Dubrovnik, votée au temps de leur séjour à Dubrovnik, n'interdisait-elle pas à toute personne déguisée, et particulièrement, déguisée en Juif, de porter des armes offensives, bâtons de bois ou de pierre, sous peine du doublement de la peine prévue pour ce délit dans le Statut de la ville[165] ?

[161] *Mon. Rag. V,* 291.
[162] *Mon. Rag. II,* 329.
[163] *Ibid.* Les mercenaires s'y rendaient par voie maritime, de Dubrovnik à Kotor (Cattaro), dans la baie du même nom, ville qui était sous le pouvoir du roi de Serbie.
[164] A noter que les Vénitiens, qui bénéficient d'un statut particulier, en vertu des accords négociés avec la Sérénissime, ne sont assimilés ni aux Ragusains ni aux autres étrangers.
[165] Il s'agit du chapitre 97, du LivreVIII du Statut de Dubrovnik : Bogišić, V, Jireček, K., (ed.) *Liber Statutorum Civitatis Ragusii, compositus anno 1272,* Zagrabiae, 1904.

La Sécurité, enjeu des grandes coalitions maritimes à la fin du XIVe siècle

La progressive diminution de la pression exercée par les souverains serbes depuis l'arrière-pays, ne fit que raviver les velléités d'indépendance chez les Ragusains. En effet, les avantages que pouvait présenter la dissuasion économique et politique des Vénitiens auprès des souverains de la dynastie Nemanjić[166], lorsque ceux-ci menaçaient Dubrovnik, étaient amplement contrebalancés par une politique d'étranglement commercial, que pratiquait la Sérénissime à l'égard des Ragusains[167]. Les années entre l'arrêt des attaques terrestres contre Dubrovnik en 1331 et la paix de Zadar (Zara) en 1358, qui mit fin à un long conflit entre la Hongrie et Venise et qui changea le destin des Ragusains, fut une période au cours de laquelle le pouvoir des Vénitiens à Dubrovnik était progressivement poussé vers la sortie par une série de mesures discrètes mais tenaces, votées par l'élite patricienne locale. Celle-ci, confortée par les succès obtenus dans la défense de la liberté, se rendait compte que cette liberté était peut-être due moins à la protection, tout sauf désintéressée de Venise, qu'à l'application d'une politique de vigilance à toute épreuve contre les menaces d'incursions hostiles sur le territoire de la Commune. Le chroniqueur synthétise cette politique dans l'extrait suivant : *les Ragusains souhaitaient d'une part remercier le comte vénitien, et d'autre part, pour ne pas devenir la proie de*

---

[166] Venise qui était la puissance suzeraine de Dubrovnik, était concurrencée par celle-ci sur les marchés intérieurs de la Serbie. Les Ragusains étaient en effet, de par leur meilleure connaissance de l'arrière-pays, et notamment de la langue de ses habitants, en position de force à l'égard des marchands vénitiens, dont « les parts de marché » en Serbie, étaient toujours sensiblement inférieures. Les Vénitiens s'en souvenaient toujours, lorsqu'il fallait défendre la cause des Ragusains auprès du roi de Serbie, et ne le faisait qu'à contre-cœur, en demandant en contrepartie des compensations économiques substantielles pour leurs propres marchands à Dubrovnik.
Voir : Krekić, B., « Venetian Merchants in the Balkan Hinterland in the Fourtenth Century », *Variorum XIV*, 1980.

[167] Politique qui découle des obligations imposées à Dubrovnik par les traités de 1232, 1236 et 1252. Ces traités imposaient notamment aux Ragusains la limitation de fréquentation du port de Venise à quatre petits navires par an, l'interdiction du commerce entre marchands ragusains et d'autres marchands étrangers à Venise, ainsi que l'obligation de payer des taxes sur un certain nombre de produits importés à Venise par leurs navires. Fejić, N., « La Chronique ragusaine de Junije Rastić et la politique de Venise dans la mémoire collective de Dubrovnik », *Les Chemins d'outre-mer, études sur la Méditerranée médiévale offertes à Michel Balard I-II*, t. I, 293-310, Paris, 2004.

la jalousie de cette puissante république, ils souhaitaient voir toute la Dalmatie libérée de sa domination, grâce à l'appui et à la protection du royaume de Hongrie, dont la puissance et la réputation s'étaient accrues sous le règne de Louis le Grand : mais ils craignaient en même temps, que si les Vénitiens apprenaient non seulement l'application de telles pratiques, mais la simple mise au point de tels projets, ils seraient capables de soumettre Dubrovnik avec les forces dont ils disposaient déjà en Dalmatie, avant que les Hongrois ne lui viennent au secours ou, sans en arriver jusque là, qu' ils pourraient nuire au commerce des Ragusains à Venise[168].

Au cours de cette période, les décisions des conseils ragusains concernant le réarmement de la Commune deviennent plus nombreuses et plus précises dans leurs énoncés, même par rapport au premier tiers du XIVe, où la ville était directement exposée aux menaces terrestres. Il est important de souligner que, vers le milieu du XIVe siècle, les mesures concernant le renforcement des défenses maritimes de la ville se font aussi nombreuses que celles concernant la construction et la réparation des défenses terrestres, pourtant plus menacées par le passé. La chronique ragusaine évoque la construction en 1347, d'une jetée dans l'ancien port de Dubrovnik, et d'une chaîne à l'entrée du port, entre la tour Saint-Jean et la tour Saint-Luc[169].

Quatre ans plus tard, en 1351, on procéda au renforcement des enceintes urbaines et à la création d'un *Conseil de dix sages*, indépendant de toute autre autorité communale qui, aidé de deux patriciens, commandant des forces ragusaines, devait agir au cas où la ville serait attaquée par les Génois. C'était un bon prétexte pour procéder au réarmement mais, observe le chroniqueur, *les sages se méfiaient autant des Génois que des Vénitiens, car ceux-ci étaient fort mécontents de n'avoir pas été affranchis de toutes les taxes à Dubrovnik, comme ils l'avaient souhaité*[170]. Le chroniqueur précise que le comte vénitien était tenu à l'écart de la véritable raison de la création de ces postes. Les dix sages de la guerre n'apparaissaient pas dans les registres officiels de la Commune, mais l'existence de deux patriciens préposés à la surveillance de l'arsenal et du dépôt d'armes est bel et bien confirmée, et il est fort probable que le chroniqueur ait puisé dans les registres du Grand conseil de 1347, qui évoquent l'élection au sein de celui-ci, de deux patriciens *sachant lire et écrire*, qui devaient assumer les mêmes fonctions pour un mandat de deux ans, de 1347 à 1349. Si, à la différence du

[168] *Chronica Ragusina Junii Restii item Joannis Gundulae*, 130.

[169] Voir annexe, Plan de la ville de Dubrovnik. Krekić, B., « Le Port de Dubrovnik (Raguse), entreprise d'Etat, plaque tournante du commerce de la ville (XIII-XVI siècle) », *Variorum XIV*, 1997. Fejic, N., « Construire et contrôler : le gouvernement de Dubrovnik (Raguse) face au défi de la construction et de la protection des infrastructures portuaires (XIV-XV siècles) », *Actes du XXXV Congrès de la SHMES de la Rochelle, 2004*, Paris, Publication de la Sorbonne, 2005, 117-129.

[170] *Chronica Ragusina Junii Restii item Joannis Gundulae*, 133.

chroniqueur, les registres ne mentionnent pas la véritable raison de cette élection, qui est la double menace vénitienne et génoise, les modalités d'exercice de leurs fonctions y sont évoquées avec bien plus de détails. Tandis que dans le récit du chroniqueur, les deux patriciens sont présentés comme *commandants des troupes ragusaines*, dans les registres du Grand conseil, ils assument une fonction différente, mais tout aussi importante pour la sécurité de la Commune, celle de *préposés à la sécurité de l'arsenal et du dépôt d'armes*[171]. Dans l'exercice de leurs fonctions, ils devaient veiller tout particulièrement à ce que l'arsenal soit toujours approvisionné en armes et en gréements, et se mettre à la disposition du comte vénitien et de son Petit conseil au moins trois fois par an, pour leur faire visiter le dépôt d'armes et l'arsenal de la ville. On ne peut que relever cette nuance, entre le contenu du registre officiel qui associe le comte vénitien à l'approvisionnement de la Commune en armes et en gréements, et le récit du chroniqueur qui le tient à l'écart des décisions concernant directement la défense de la ville : encore un indice qui illustre que le renversement d'alliances, opéré d'une manière définitive par les Ragusains après la paix de Zadar en 1358, s'est mis en place progressivement. Au cours de ce processus, le comte vénitien devait se sentir de plus en plus isolé dans l'exercice de ses fonctions à Dubrovnik. Les patriciens ragusains, devenaient-ils conscients que leur ville, du fait de son site stratégique et de son intérêt économique, serait à nouveau l'objet de menaces extérieures ? Dans un premier temps, en tout état de cause, les mesures qu'ils votent au sein des conseils ne semblent pas répondre à des menaces précises.

Au mois de février 1348, lors d'une réunion du Grand conseil, qui rassembla 98 patriciens, celui-ci investit à une écrasante majorité de 94 voix, le comte et son Petit conseil des travaux de défense, et leur enjoignit de nommer *cinq sages* qui devaient se consacrer au recrutement des défenseurs, aussi bien parmi les patriciens que parmi les simples citoyens, ainsi qu'aux tâches liées au réarmement de la Commune[172]. Il ne s'agissait pas uniquement d'assurer le recrutement des défenseurs, mais aussi leur armement en *cuirasses, balistes, lances et en autres armes, car aucune de ces armes n'est actuellement présente en quantité suffisante à Dubrovnik*[173]. A cette liste furent ajoutés l'année suivante *les lanceurs de pierre (armorum manganorum)*, qu'une personne missionnée devait aller récupérer, avec d'autres armes, à Padoue et à Venise. D'ailleurs, au cours de ces années

---

[171] *Mon. Rag. I*, 252-253.

[172] *Mon. Rag. II*, 11-12. Le travail de réflexion sur les mesures de défense est donc confié à un comité de patriciens, mais leur application incombe tout autant aux citoyens ordinaires : à Dubrovnik comme ailleurs, les mesures de défense participent donc de la question fondamentale de la répartition du pouvoir et des responsabilités, entre les différentes catégories sociales d'une commune médiévale.

[173] Ibid.

d'extrême tension dans l'espace adriatique, le Grand conseil avait à plusieurs reprises mandaté le comte vénitien d'écrire au gouvernement de la Sérénissime, au sujet de l'armement de la ville[174]. Alors qu'au XIVe siècle aucune force mercenaire conséquente n'est encore recrutée au service de la Commune, les étrangers sont de plus en plus sollicités, pour manier certaines armes auxquelles les Ragusains semblent encore peu habitués. En 1358, alors que le conflit entre la Hongrie et Venise dans le bassin adriatique touche à sa fin, le comte vénitien et son Petit conseil sont mandatés par le Grand conseil *à inviter par lettre un maître en balistes et à lui proposer un salaire qu'ils jugeraient convenable*[175].

Les armes à feu, contrairement aux armes traditionnelles sont rarement mentionnées dans des contextes précis, se rapportant à la défense et à la protection de la ville. Il est cependant certain que la première mention d'une arme à feu à Dubrovnik coïncide avec la politique de renforcement des défenses urbaines, entreprise entre les années trente du XIVe siècle et la paix de Zadar en 1358. En effet, le 22 novembre 1351, un certain Nicolas l'Allemand (Nicolas Teutoncus), présent à Dubrovnik, promet aux membres du Petit conseil de fournir à la Commune une *spingarde,* bouche à feu de petite dimension, dont devaient être munies les enceintes de la ville, à partir de la seconde moitié du XIVe siècle[176]. En mettant en place une politique de réarmement de la ville, les pouvoirs à Dubrovnik agissent encore, malgré les doutes émis par le chroniqueur Junije Rastić, en parfaite harmonie avec la puissance souveraine, Venise, représentée sur place par la seule personne du comte.

Le réarmement ne constitue qu'un volet, parmi les mesures de protection prises par les pouvoirs à Dubrovnik, probablement le volet dont les sources témoignent de la manière la plus discrète au cours de cette période-là. La majorité parmi ces mesures concernent cependant le renforcement des murs de la ville, aussi bien vers la mer que vers l'arrière-pays, y compris le renforcement de l'arsenal et la constitution d'un corps plus ou moins constant de citoyens sous les armes ; mesures accompagnées d'une vigilance accrue à l'égard de nombreux étrangers qui visitaient la ville.

---

174 *Mon. Rag. II*, 20, 78.

175 *Mon. Rag. II*, 220. Les mercenaires constitueront la majorité au sein des contingents armés ragusains au XV siècle, lors des guerres avec les seigneurs bosniens, Radoslav Pavlović (1430-1432) et Stéphane Vukčić-Kosača (1451-1454).

176 Državni Arhiv Dubrovnik - Archives d'Etat de Dubrovnik (plus loin DAD), série *Diversa Cancellariae (plus loin Div. Canc.),* 17, 8'. C'est apparemment la plus ancienne mention d'une arme à feu à Dubrovnik. Nicolas l'Allemand n'exécuta pas la commande jusqu'à la fin, car au mois de décembre de la même année, on savait à Dubrovnik, qu'il était en fuite ! *Beritić, L., Utvrdjenja starog Dubrovnika,* 25, Dubrovnik, 1955.

Une grande partie de ces mesures qui auront une influence durable sur le paysage urbain de Dubrovnik, et qui vont mettre la ville à l'écart de toute menace directe de conquête par un pouvoir étranger au cours des siècles, seront cependant votées par les conseils ragusains pendant une courte période d'accalmie vers le milieu du XIVe siècle. Cela est particulièrement vrai pour les mesures de renforcement des enceintes urbaines. Les sièges consécutifs imposés à Dubrovnik au cours du XIIIe et au début du XIVe siècle ont probablement laissé des traces dans la mémoire collective et conforté la détermination des Ragusains à s'occuper des enceintes.

Par l'ampleur et la précision des travaux annoncés, la décision du Sénat ragusain, votée en août 1345 revêt une singulière importance. Les travaux concernaient le tracé oriental des enceintes, celui qui séparait l'ancien port et l'arsenal, de l'intérieur de la ville. Vers le milieu du XIVe siècle et bien plus tard encore, ce tracé n'était pas encore achevé. Cette partie de l'enceinte était en fait constituée d'un alignement de maisons individuelles des Ragusains, parsemées de portes et de fenêtres, ouvertes vers l'ancien port. Celles-ci devaient être, par une décision du Sénat, obstruées dans les meilleurs délais, pour éloigner toute menace d'attaque venant du port. Pour la même raison, l'arsenal qui occupait la partie centrale de l'ancien port devait être *fortifié avec du bois ou de toute autre manière*, de même que la tour Saint-Luc qui contrôlait l'accès au port du côté septentrional, et dont les meurtrières devaient être obstruées jusqu'à une hauteur convenue *pour la sécurité du port et la préservation de la ville*[177]. Cinq années plus tard, en 1350, le Petit conseil nomma deux patriciens ragusains *proviseurs à la fortification de la ville* et les chargea de *construire ou réparer les enceintes et de boucher les fentes partout où cela leur semblerait nécessaire*[178]. La même mesure fut renouvelée l'année suivante, *avec autorisation d'accepter l'argent de quelque part que ce soit, et de procéder à cet effet aux emprunts, si nécessaire*[179].

Au moment où la rupture avec Venise semblait imminente, en 1357, le Grand conseil autorisa le Petit conseil, le comte, toujours vénitien ainsi qu'un conseil de dix sages élus à cet effet, d'envisager toutes les dépenses indispensables, y compris des emprunts publics, pour fortifier Dubrovnik[180].

Vers le milieu du XIVe siècle, la construction et la sécurisation du port et de l'arsenal attirent de plus en plus l'attention des pouvoirs publics, jusqu'à devenir un domaine privilégié de la vaste politique de fortification et de protection de la ville. Deux raisons, étroitement liées, expliquent ce choix. Au fil des décennies du XIVe siècle Dubrovnik, dont la vocation maritime

---

177 *Mon. Rag. I*, 184-185. Voir annexe « Plan de la ville de Dubrovnik ».
178 *Mon. Rag. II*, 103.
179 *Mon. Rag II*, 128.
180 *Mon. Rag.II*, 188.

s'imposait, devenait de plus en plus, une plaque tournante du commerce du bassin adriatique, entre divers pôles d'échange, parmi lesquels les plus importants étaient les ports de l'Albanie vénitienne, des Pouilles, des Marches, de la Dalmatie, et tout naturellement, Venise, comme point de convergence des axes qui partaient des pôles évoqués. Les patrons des navires ragusains fréquentaient activement ces ports, en véhiculant de plus en plus, au cours du XIVe siècle, les produits de l'arrière-pays balkanique, en particulier les métaux précieux de Bosnie et de Serbie, que leurs concitoyens marchands, acheminaient de l'intérieur des Balkans vers Dubrovnik[181]. Il fallait donc prévoir un espace, de plus en plus important, pour accueillir et décharger les navires ragusains, un espace bien abrité des intempéries, ce qui n'était pas le cas de l'ancien port de Dubrovnik, exposé aux vents et à la houle, et il fallait surtout prévoir un espace où ces navires pourraient être réparés, calfatés et approvisionnés en gréements, ce qui n'était pas possible dans l'ancien petit arsenal[182].

En assumant avec un franc succès, sa vocation de ville de marchands et de marins et en cherchant à desserrer l'étau vénitien qui entravait son économie au travers de nombreux traités restrictifs, imposés par la Sérénissime au cours du XIIIe siècle[183], Dubrovnik devait se doter d'un port bien protégé, non seulement contre les intempéries, mais aussi contre toute menace maritime : l'avenir, et en particulier le traitement infligé à Dubrovnik par Venise au cours de la Guerre de Ténédos/Chioggia (1378-1381), devait confirmer le bien-fondé de la politique sécuritaire des Ragusains dans les affaires maritimes, entamée vers le milieu du XIVe siècle.

Occupant la partie orientale et évasée de l'ancien bras de mer, comblé au XIe siècle, qui séparait le rocher *Laus* au sud, premier habitat des Ragusains, des contreforts du Mont Srdj au nord, le port de Dubrovnik épousait le tracé concave des enceintes, et permettait à celui qui y pénétrait, de se retrouver à quelques dizaines de mètres à vol d'oiseau du cœur même de la ville, symbolisé par le palais des recteurs ; celui-ci n'était en effet séparé du port, à la hauteur de l'arsenal, que par l'épaisseur de l'enceinte urbaine[184].

---

[181] Voir à ce sujet surtout les articles : Krekić, B., « La Puglia tra Dubrovnik e il Levante nell'epoca angioina », *Variorum IV*, 1980 ; id. « La navigation ragusaine entre Venise et la Méditerranée orientale aux XIVe et XVe siècles », *Variorum XIII*, 1997, id. « Ragusa (Dubrovnik) e il mare : aspetti e problemi (XIV-XV secolo) », *Variorum XV*, 1997.

[182] L'ancien arsenal, situé à l'extrémité septentrionale du port, avait l'inconvénient d'être trop petit et mal protégé, aussi bien des intempéries que d'éventuelles attaques ennemies venues du large.

[183] Voir note 167.

[184] Voir *annexe : plan de la ville de Dubrovnik. On emploie ici volontairement l'appellation « palais des recteurs » qui restera en vigueur jusqu'à nos jours, bien que l'appellation « recteur » n'entrât officiellement en vigueur qu'après la fin de la*

Il fallait donc réaménager l'ancien port, l'agrandir et surtout faire en sorte qu'il ne soit plus le maillon faible de la protection urbaine en cas d'une menace navale, d'où les mesures évoquées, visant à sécuriser toutes les portes et fenêtres sur la rangée de bâtiments faisant face au port, par obturation ou imposition des barreaux de fer, d'où le déploiement de la chaîne à l'entrée du port et la construction d'une jetée qui ne devait pas servir uniquement à briser la houle, mais aussi à empêcher les manœuvres d'approche des vaisseaux ennemis. L'année même où prit fin la souveraineté vénitienne sur Dubrovnik, l'arsenal fut doté d'une autorité de tutelle, en la personne du *recteur de l'arsenal*, nommé par le Grand conseil et responsable devant ce conseil de la sécurité des lieux, autorité qu'il ne faut pas confondre avec le *protomagister* de l'arsenal, qui organisait et surveillait les travaux de construction et de réparation des navires[185].

La protection de l'arsenal fut, à partir de 1358, dissociée des mesures de sécurité concernant les enceintes en général, et traitée dans les chapitres particuliers des textes législatifs ou des procès-verbaux de réunions des conseils. L'année 1358 où cessa de s'exercer la souveraineté vénitienne, coïncide avec l'ouverture du troisième grand recueil législatif ragusain, après le *Statut* de 1278, et le *Livre de toutes les réformations,* du XIVe siècle[186] : il s'agit du *Livre Vert (Liber Viridis)*, où furent consignées les décisions du Grand conseil à caractère législatif, de 1358 à 1460[187]. Bien que les patriciens ragusains eussent à cœur de ne pas froisser l'amour-propre de la Sérénissime, en accompagnant, selon le chroniqueur ragusain, le comte remercié jusqu'à Venise sur leur propre navire, ils étaient conscients que cette mesure leur vaudrait à long terme, une rancune tenace de leur ancienne puissance suzeraine, et que par conséquent les mesures de protection devraient désormais inclure l'espace maritime, et en premier lieu, le port et ses installations.

Entre le port de Dubrovnik qui abritait l'arsenal et la ville même, la communication fut réduite au minimum et soumise à un strict contrôle des autorités urbaines. En octobre 1358, une décision du Grand conseil ordonna la fermeture de toutes les portes de la ville, donnant sur le port, excepté une, qui se trouvait près de la tour du clocher, celle-ci devant être fermée à clef chaque nuit par le capitaine des vigiles et ensuite ouverte ou fermée

---

suzeraineté vénitienne en 1358, pour désigner la personne élue au Grand conseil par les patriciens à la tête de la Commune. Fejić, N., « Construire et contrôler », *Actes du XXXV Congrès de la SHMES, La Rochelle 2004,* Paris 2005.

185 *Mon. Rag. II*, 235.

186 Solovjev, Aleksandar (ed.), *Liber Omnium reformationum Civitatis Ragusii*, Beograd, 1935. Il s'agit d'un recueil législatif du XIV siècle complétant le Statut de 1272.

187 L'édition critique de ce recueil : Nedeljković, B., *Liber Viridis,* Beograd, 1984. (plus loin : Nedeljković, B., *Lib. Viridis*).

ponctuellement, selon les besoins de ceux qui se rendraient au port ou en reviendraient. En même temps, toutes les fenêtres sur les demeures des Ragusains, faisant face au port, et assez basses pour être atteintes par des échelles, devaient être obstruées ou munies de barres de fer, aux frais des propriétaires[188]. L'année suivante, lorsque le Grand conseil autorisa l'ouverture d'une porte donnant sur le port, sous la demeure du patricien Nicéphore Ragnina, il assortit nénmoins cette autorisation d'une condition : *la porte devait être en bois de bonne qualité et munie d'une bonne serrure*[189].

La suite des événements devait, à plusieurs reprises, donner raison aux mesures ragusaines, lorsque les navires, avec les équipages dont on ne connaissait pas trop les intentions, pénétraient dans le port ragusain : cela apparaît par exemple, dans une décision du Sénat de 1366 qui stipulait que, dès qu'il y aurait dans le port de Dubrovnik plus d'une galère, toutes les portes de la ville, à l'exception de la porte *Pile*, et des poternes près des *portes de la Douane* et de *Saint-Luc*, devaient être fermées[190]. Des trois portes qui devaient rester ouvertes dans ces circonstances, deux donnaient sur le port et l'arsenal. Elles devaient être surveillées *chacune par un vigile de nuit, l'arme à la main, interdisant l'accès à toute personne armée qui débarquerait des galères avec l'intention de pénétrer dans la ville*[191]. Ils avaient cependant le droit de laisser pénétrer à l'intérieur des enceintes les marchands sans armes ; par contre, il leur était ordonné de réduire au plus petit nombre les mercenaires *(stipendiarios)* qu'ils laisseraient entrer en ville. Formulée de cette façon, la décision suggérait que les équipages de certains navires étaient armés, même s'il s'agissait de toute évidence, des galères marchandes qui visitaient le port en temps de paix[192].

Les registres des conseils, et à partir de 1358 le *Livre Vert*, témoignent des soins particuliers que les autorités communales consacraient au recrutement et au déploiement des hommes armés, chargés de protection urbaine. Certes, comme cela a été évoqué, l'état actuel de conservation des registres de conseils permet de conforter les récits des chroniqueurs, parfois de les étayer par quelques données précises, mais il ne permet pas de faire coïncider la mise en place d'une milice urbaine permanente à Dubrovnik

---

[188] Nedeljković, B., *Lib. Viridis*, cap. 4, p.4.

[189] Nedeljković, B., *Lib. Viridis,* cap. 11, p.8.

[190] Les portes de *Pile* et de Ploče, constituent aujourd'hui les deux principaux accès à la ville, aux deux extrémités d'un axe qui relie les enceintes dans une direction sud-est nord-ouest. Voir annexe : plan de la ville de Dubrovnik.

[191] *Mon. Rag. IV*, 52.

[192] Les conseils ragusains n'omettaient jamais de signaler, et nous aurons l'occasion de le constater à maintes reprises, la présence dans le port des galères armées génoises ou vénitiennes. Celles-ci n'y pénétraient jamais sans autorisation bien enregistrée des autorités communales.

avec ces plus anciens procès-verbaux des conseils communaux : en effet, le plus ancien exemple d'une mesure de recensement de la population ragusaine pour les besoins de la défense, nous est fourni par la chronique ragusaine, et n'est pas encore confirmé par les registres des conseils[193]. Le chroniqueur Junije Rastić précise qu'en l'année 1323, l'ordre fut donné de recenser tous les sujets ragusains de 15 à 70 ans et de les répartir en douze bataillons, à l'occasion d'une expédition punitive contre certains pirates venus *de la côte opposée du Golfe*, qui firent d'importants dégâts dans l'île ragusaine de Lastovo. La rapidité de la mobilisation en cette circonstance et l'envoi des navires qui mirent en fuite les pirates, fit naître chez les Ragusains l'idée de l'opportunité d'un pareil recensement, de la répartition des hommes armés en douze bataillons, et de la dotation de ces bataillons d'autant de capitaines, ce qui permettrait, selon le chroniqueur, de procéder à une riposte rapide et efficace si de pareils dangers se reproduisaient. Ce passage du chroniqueur ragusain est d'autant plus intéressant, qu'il met en rapport la naissance d'une milice chargée de la défense et de la protection de la ville, avec une expédition maritime, entreprise à une certaine distance de la ville ; en effet, force est de constater que les mesures de sécurité et de protection concernent, au fil des siècles, principalement le noyau urbain et le district, et que la constitution d'escadres et d'équipages n'est pas le principal souci des autorités communales. Pour contrôler les îles de leur modeste domaine maritime, les Ragusains ne disposaient pas d'une escadre permanente : tout juste si des dangers ponctuels, principalement des actes de piraterie venant de la côte opposée de l'Adriatique, les obligeaient de temps en temps à mobiliser une galère communale, qui était désarmée, aussitôt le danger écarté[194].

Les mesures visant le recrutement, l'entretien et le déploiement d'une force armée sont un miroir fidèle de la réalité sociale. La reconstitution de la politique de défense et de protection intérieure ragusaine pose cependant un problème de méthode : outre l'intervention relativement tardive des registres de conseils, au moment où la Commune avait déjà traversé de dures épreuves, et dont les témoignages nous ont été transmis par la seule chronique, même parmi les sources officielles, issues des séances des trois conseils, il n'est pas facile de démêler un écheveau, constitué de documents fort nombreux et s'apparentant à deux types de sources différentes par leur nature même.

Un premier type est constitué de sources que l'on peut définir comme *législatives*, inscrites dans des recueils de textes ayant force de loi dans une commune médiévale. A Dubrovnik c'est le cas du *Statut* de la ville, rédigé sous sa forme actuelle en 1272, du *Livre de toutes les réformations de la*

---

193 *Chronica Ragusina Junii Restii item Joannis Gundulae*, p.113.

194 Pour les îles du domaine maritime de Dubrovnik voir note 139.

ville de Dubrovnik[195] compilé au XIVe siècle, et de deux recueils, le *Livre Vert*[196], constitué de décisions du Grand conseil votées entre 1358 et 1460, et le *Livre Jaune*[197], dans lequel furent consignées les décisions du Grand conseil entre 1460 et 1803.

Un second type de sources, est constitué de décisions des trois conseils ragusains, résultant de leurs activités quotidiennes au fil des siècles et qui, en principe devaient être strictement conformes, aux normes des quatre recueils législatifs cités. On sait cependant, à quel point il est risqué de croire, s'agissant d'une commune médiévale, à une adéquation parfaite entre les normes imposées par des recueils législatifs et la pratique quotidienne. Certaines pratiques pouvaient très bien prospérer, en dépit des dispositions législatives, et la prolifération de ces dispositions témoignaient précisément du peu de cas que l'on faisait d'elles dans la pratique quotidienne[198].

La mise en place à Dubrovnik d'une force armée chargée de la protection urbaine en temps de guerre et de la surveillance de l'ordre public à l'intérieur du périmètre urbain en temps de paix, s'est faite progressivement, et les plus grandes avancées ont été accomplies durant le XIVe siècle. Pour saisir pleinement l'importance de ce processus séculaire, plusieurs éléments d'appréciation doivent être pris en compte, parmi lesquels deux nous paraissent d'une singulière importance : l'espace à protéger et le milieu social d'où étaient recrutés les contingents chargés de la défense et de la protection urbaine.

L'espace à protéger était constitué de la superficie urbaine et du district ragusain. Le périmètre urbain, depuis le comblement du bras de mer qui séparait l'ancien rocher de *Laus* des contreforts du Mont Srdj[199] n'a pas sensiblement augmenté au XIVe et XVe siècle. Le district de Dubrovnik par contre, s'est considérablement agrandi, grâce aux cessions, de la presqu'île de Pelješac à l'extrémité septentrionale, par le roi de Serbie Stéphane Doušan en 1333 et de l'étroite bande de terre reliant Dubrovnik à la presqu'île de Pelješac, connue sous le nom de *Littoral de Slano*, par le roi de Bosnie Stéphane Ostoja, en 1399 ; grâce aussi à l'acquisition par la Commune, de la plaine fertile de Konavli (Canal) au sud-est du district,

---

[195] Voir note 186.
[196] Voir note 187
[197] Nedeljković, B., *Liber Croceus*, Beograd, 1997.
[198] Le commerce des esclaves illustre bien cet écart entre les dispositions législatives et la réalité quotidienne ; malgré de nombreuses interdiction prononcées par les conseils ragusains, et même son interdiction solennelle au début du XVe siècle, ce commerce prospérait jusqu'à la fin du Moyen Age. Voir à ce sujet : Krekić, B., « L'abolition de l'esclavage à Dubrovnik (Raguse) au XVe siècle – mythe ou réalité ? », *Variorum IV*, 1997.
[199] Voir l'Annexe *Plan de la ville de Dubrovnik.*

achetée en deux temps, en 1419 et en 1426, aux seigneurs de Bosnie, Sandalj Hranić et Radoslav Pavlović[200].

La protection du périmètre urbain a mobilisé davantage d'énergie, de moyens et surtout d'effectifs que la défense de l'ensemble du district ragusain[201]. Les plus anciennes décisions, consignées dans les registres ragusains concernent précisément la protection du périmètre urbain : il est vrai que la ville, en tant que siège du pouvoir politique et de la richesse économique fut, par le passé, l'objet de plusieurs sièges et des plus virulentes attaques de divers adversaires : il en sera de même tout au long du XVe siècle.

Pour comprendre l'organisation de la défense de Dubrovnik, il est important de rappeler brièvement l'aménagement de l'espace urbain. En effet, l'espace compris à l'intérieur des murs se présente sous forme de pentagone, dont trois côtés font face à la mer et deux à l'arrière-pays[202]. La ville était, à l'image de Venise, partagée au XIVe siècle déjà, en six quartiers – sesterces – dont cinq se trouvaient sur l'ancien rocher, *Laus*, au sud de l'ancien bras de mer, et un seul, le plus grand, au nord de ce bras, sur les contreforts du Mont Srdj[203]. A quelque distance des enceintes, vers le Ponant et vers le Levant, les Ragusains avaient bâti entre le XIVe et la fin du XVIe siècle, deux forts, respectivement, Lovrijenac et *Revelin*, qui constituaient les points avancés de la protection urbaine.

Les plus anciennes mesures d'envergure, en vue de la constitution d'une force de défense urbaine étaient consignées dans les registres de décisions des conseils et elles répondaient davantage aux nécessités du moment qu'à une volonté délibérée de légiférer : celle-ci ne se développa que plus tard, à partir du milieu du XIVe siècle, en particulier après l'ouverture du *Livre Vert* en 1358, qui poursuivait l'œuvre de législation entamée dans le *Statut* de Dubrovnik de 1272.

Tandis que la ville de Zadar était en révolte contre les Vénitiens en 1346, encouragée par le roi de Hongrie Louis I, qui accusait la Sérénissime d'occuper une ville croate, possession légitime du roi de Hongrie, Dubrovnik se sentait directement menacée par la puissance navale vénitienne dans l'Adriatique. Le chroniqueur Junije Rastić note cependant que *les Ragusains, bien que souhaitant tout le contraire*[204]*, envoyèrent à l'aide des Venitiens*

---

[200] Pour les rapports entre Dubrovnik et la Bosnie médiévale voir l'étude classique de Sima Ćirković, *Istorija srednovekovne bosanske države*, Beograd, 1964.

[201] Ceci est évident, aussi bien à la lecture des décisions des conseils de Dubrovnik, que des différents dispositions législatives, rassemblées notamment dans le *Livre Vert* et le *Livre Jaune* de la Commune.

[202] Voir annexe : plan de la ville de Dubrovnik.

[203] Les sesterces de Pustierna, Sainte-Marie, Castello, Saint-Pierre, Saint-Blaise, au sud de l'ancien bras de mer et le sesterce de Saint-Nicolas, au nord.

[204] D'une conquête définitive de Zadar par les Vénitiens (N.F.) .

une galère patronnée par un patricien et un fort contingent militaire pour renforcer leur camp[205].

Le Sénat ragusain, réagissant aux nouvelles inquiétantes qui affluaient, nomma cinq patriciens au rang de *proviseurs à la sécurité, à la fortification et à la surveillance de la ville et du district de Dubrovnik,* avec ordre de référer au Petit conseil et au comte vénitien, sur toutes les mesures utiles à prendre. Le Petit conseil et le comte étaient autorisés à *disposer de biens communaux en quantité qu'ils jugeraient utile, en vue de la fortification et de la surveillance de la ville et de son district*[206]. En même temps, les effectifs du contingent préposé à la défense furent relevés à 40 personnes, réparties sur dix tours faisant face à la mer, et accueillant chacune quatre personnes[207]. L'éventuelle direction d'attaque contre Dubrovnik était ainsi clairement identifiée et elle menaçait cette fois-ci, les défenses maritimes de la ville. Pour faciliter le guet, le Grand conseil ordonna par la même occasion de munir toutes les tours de guet faisant face à la mer, de plateaux surélevés en bois et de guérites[208]. Afin de faciliter l'exécution de toutes ces mesures, le Grand conseil autorisa le comte et le Petit conseil à puiser librement dans les fonds des dépôts du sel et du blé de la Commune[209].

Le profil social de la milice urbaine de Dubrovnik était affiché dès les premières décisions des conseils, bien avant que les modalités de son recrutement et de son action sur le terrain ne fussent consignées dans les recueils législatifs. La décision même de procéder à l'armement d'un certain nombre de citoyens, tout comme la décision de renforcer les enceintes ou l'arsenal, ou de les approvisionner en armes, appartenait au Grand conseil ou au Sénat, et les modalités opérationnelles étaient du ressort du comte ou du Petit conseil. Le Grand conseil pouvait, soit transmettre sa décision directement au Sénat ou au petit conseil, soit autoriser le comte et le Petit conseil à créer un conseil *ad hoc* de sages avec mission de décider en matière de constitution et de déploiement d'un contingent armé, préposé à la défense ou d'un contingent préposé à la police urbaine.

---

205 *Chronica Ragusina Junii Restii item Joannis Gundulae*, 131.

206 *Mon. Rag. I*, 224-225.

207 Ibid.

208 Ibid.

209 Les marchands de sel et de blé, ragusains et étrangers, vendaient leur marchandise directement au dépôt, aux prix déterminés par le gouvernement qui constituait ainsi des réserves stratégiques ou à d'autres marchands, en versant un pourcentage de profit, fixé d'avance à l'Etat. Celui-ci constituait de cette façon, des réserves de blé et de sel, ainsi que des réserves monétaires pour de futurs achats. Le dépôt du sel et du blé constituaient ainsi d'importantes réserves de liquidités pour la Commune, en cas de besoin.

Les modes de déploiement de cette milice, aussi bien à l'intérieur du périmètre urbain que sur l'ensemble du district, à Astarea[210] et dans les îles Elaphites jusqu'au milieu du XIVe siècle, tant que certaines décisions ne furent pas pérennisées dans les recueils législatifs de la Commune, montrent cependant plus de souplesse. Ils dépendent notamment de l'appréciation de la menace, maritime ou terrestre, par les conseils ragusains, de l'origine de la menace et de la direction d'attaque, et de ce fait, ils accusent une grande diversité. Mais on relève néanmoins une constante : les postes de commandement sont aux mains du patriciat. La distinction est clairement affichée entre les *nobili,* capitaines de la milice urbaine et les *homini*, recrues populaires de cette même milice.

La trêve intervenue entre le roi de Hongrie et Venise, en 1348, permit à Dubrovnik de revenir au régime normal de protection urbaine, en tout cas de supprimer pour un temps, les postes de guet, installés sur les tours faisant face à la mer. La vigilance ne devait pas diminuer pour autant, car en cette même année, Dubrovnik tout comme Venise, fut la proie d'une épidémie de peste qui, partie des côtes de la Mer d'Azov, portée par les navires génois, déferla sur le monde méditerranéen[211]. Pendant toute l'année 1348, les trois registres gouvernementaux sont émaillés de décisions visant à renforcer la protection des enceintes et donc à empêcher l'entrée des pestiférés à l'intérieur du périmètre urbain : ces mesures étaient pourtant contrebalancées par d'autres, qui visaient précisément à repeupler la ville, dont une partie de la population avait été emportée par la maladie. Certaines mesures de protection sanitaire furent aussi à l'ordre du jour, ainsi que des actions de grâce visant à calmer l'angoisse collective dont Dubrovnik était la proie en ces mois de grande mortalité.

Ainsi, le Grand conseil décida au mois de mars 1348, d'autoriser le comte et un conseil de *sept sages*, élu par le comte et le Petit conseil, à prendre les décisions nécessaires concernant la surveillance de la ville et la protection des remparts, toutes les mesures décidées devant rester en vigueur jusqu'à la Saint-Michel[212]. Deux jours plus tard, le Petit conseil, secondé du conseil des *sept sages* instaura de nouvelles mesures de sécurité renforcées. Les effectifs des vigiles de nuits devaient être doublés, et aucun patricien ou simple citoyen n'avait plus le droit de se soustraire à ce service[213]. Quatre

---

210 Partie la plus ancienne du district urbain, qui entoure le périmètre urbain

211 *Chronica Ragusina Junii Resti item Joannis Gundulaei*, 131: le chroniqueur évoque 273 décès parmi les patriciens et 6000 au sein du peuple, chiffre sans doute exagéré au regard de la population totale de Dubrovnik à cette époque.

212 *Mon. Rag. II*, 18.

213 L'amende pour les contrevenants était fixée à huit gros pour le patricien et pour le citoyen qui refuseraient de se soumettre à ce service. Pour les *pauvres*, issus des deux catégories sociales, l'amende était réduite à quatre gros. Au milieu du XIVe siècle, à Dubrovnik, un ducat vénitien valait 24 gros.

capitaines de nuit devaient être nommés et assumer leur service, par groupes de deux, à tour de rôle, chaque groupe commandant les vigiles pendant une nuit. Les deux capitaines se partageant le temps de garde d'une nuit devaient assumer à tour de rôle leur fonction pendant la moitié de la nuit. Cependant, le capitaine qui n'était pas de service pendant la moitié de la nuit ne devait en aucun cas, sous peine de blâme et d'amende d'un ducat par nuit, abandonner son poste, pour aller dormir chez lui. Si un citoyen de garde se soustrayait à son obligation, il devait payer une amende d'un hyperpère, amende deux fois inférieure à celle que devait payer son capitaine en pareille circonstance[214]. Tout capitaine des vigiles devait être élu par au moins deux tiers du Petit conseil et du Conseil *ad hoc* des *sages*, tandis que les vigiles sous ses ordres devaient tous être citoyens ragusains[215]. Ce renforcement de la surveillance ne pouvait être dû à une menace militaire dont il n'est nulle part mention à cette époque, mais plutôt à une volonté affichée de contrôler les échanges de population entre le district et la ville en temps de peste.

Cependant, si les enceintes et les portes de la ville étaient étroitement surveillées, les citoyens ragusains non seulement n'étaient pas empêchés de regagner leur ville, mais ils y étaient même astreints. Une décision du Grand conseil votée au mois d'avril 1348, obligeait les patriciens et les citoyens ragusains, s'ils se trouvaient sur le territoire du district, à rejoindre la ville dans les plus brefs délais, sous peine de 500 hyperpères d'amende pour les patriciens et de 100 hyperpères pour les citoyens, en cas de refus[216]. Par la même décision du Grand conseil, aucun Ragusain, patricien ou citoyen ne pouvait quitter la ville ou le district, par voie maritime ou terrestre, si ce n'est pour cause de commerce, une dérogation ne pouvant être accordée que par le comte et les deux tiers des membres de son Petit conseil[217]. Deux mois plus tard, le dépeuplement de la ville devait susciter une grande inquiétude parmi les membres du Grand conseil, qui l'attribuaient à la *mortalité pestilentielle et au jugement divin*. Ceux-ci décidèrent d'autoriser même les particuliers qui se sont absentés à cause d'une condamnation pécuniaire, à revenir à Dubrovnik dans un an au plus tard, sans être inquiétés, *afin de pourvoir la ville en citoyens*[218].

Même si, à la suite de la trêve conclue entre Venise et le roi de Hongrie, la menace extérieure contre Dubrovnik semblait temporairement écartée, la tension à l'intérieur de la ville était telle que certaines mesures d'apaisement

---

[214] L'hyperpère était une monnaie de compte à la valeur permanente de douze gros. Au milieu du XIVe siècle un ducat valait 24 gros, un hyperpère correspondait donc à un demi ducat.

[215] *Mon. Rag. II*, 18.

[216] De très fortes amendes, respectivement de 250 ducats pour le patricien et 50 ducats pour le citoyen !

[217] *Mon. Rag. II*, 20.

[218] *Mon. Rag. II*, 27.

s'imposaient : le comte reçut ainsi l'autorisation du Grand conseil de disposer de fonds communaux pour organiser des processions et des litanies et pour *implorer la miséricorde divine*[219] .

Vers la fin de la même année, les mesures de surveillance furent encore une fois renforcées *à cause des Slaves qui arrivent à Dubrovnik*[220] : cet afflux des Slaves de l'arrière-pays était peut-être occasionné par un de ces nombreux accès de détresse collective, suscités le plus souvent par des campagnes militaires, mais dû cette fois-ci probablement à la virulence de l'épidémie[221]. Le contingent chargé de la défense de Dubrovnik fut porté à 50 personnes, commandées par quatre capitaines et réparties en deux groupes de 25 personnes placées sous le commandement de deux capitaines, se relayant à tour de rôle, chaque groupe assumant la garde pendant un jour et une nuit. Les quatre capitaines, issus des rangs du patriciat, devaient à leur tour choisir des *capitaines issus du peuple*, et les disposer près des portes de la ville, afin de surveiller les entrées et les sorties, en particulier pour chercher les armes auprès de ceux qui pénétraient à l'intérieur des enceintes et pour les confisquer le cas échéant. Cette distinction, au demeurant assez rare dans les sources, entre les capitaines nobles – *nobili* – et les capitaines issus du peuple – *populares* – n'attribuait à ceux-ci aucun pouvoir décisionnaire : tout au plus, s'agissait-il peut-être, de confier aux gens du peuple une tâche où une meilleure connaissance personnelle des humbles habitants du district et de l'arrière-pays slave, pouvait rendre service à la défense de la ville. Cette mesure fut complétée un peu plus tard par une autre, visant à identifier, à l'intérieur des enceintes, tous les étrangers reconnus pour avoir porté préjudice à la commune de Dubrovnik et à les arrêter le cas échéant, ainsi que les membres de leur famille. Même pendant l'année terrible de 1348, à en juger d'après les registres gouvernementaux, Dubrovnik n'était pas une ville interdite. Les Ragusains étaient même astreints à regagner leur patrie, s'ils se trouvaient à l'étranger et ils pouvaient quitter la ville si le négoce les y obligeait. Les étrangers, eux-mêmes, n'étaient pas totalement exclus de la ville, tout au plus renforçait-on leur surveillance. On procédait aussi au désarmement, ainsi qu'à l'arrestation de ceux qui s'étaient déjà signalés par les actes d'hostilité à l'égard des Ragusains[222].

---

[219] *Mon. Rag. II,* 11.

[220] *Mon. Rag. II*, 51.

[221] Le gouvernement aura davantage recours à ces mesures à partir du milieu du XVe siècle, lorsque les campagnes militaires des Ottomans en Bosnie pousseront de nombreux habitants de l'arrière-pays à chercher refuge dans le district ragusain : le gouvernement ragusain favorisera alors les migrations de ces habitants vers la côte opposée de l'Adriatique. Voir à ce sujet : Ducellier, A., Doumerc, Imhaus, B., De Miceli,J., *Les Chemins de l'exil*, Paris, 1992.

[222] *Mon. Rag. II*, 51.

La peste de 1348 avait remis à l'ordre du jour les problèmes de la paix intérieure et de l'ordre public, amplement discutés dans les conseils de la ville en 1330, lors du passage à Dubrovnik des mercenaires espagnols, au service du roi de Serbie[223]. Les rues et les places publiques étaient souvent des scènes de violentes disputes et de bagarres, jusqu'aux heures avancées de la nuit. Les atteintes à la paix publique, évoquées dans les plus anciennes sources ragusaines, y compris dans le *Statut* de 1272, étaient certes aggravées en temps de crise, lorsque la ville était menacée par les puissances étrangères ou les épidémies.

C'est vers le milieu du XIVe siècle que les sources ragusaines mettent de plus en plus en évidence la distinction entre les forces préposées au maintien de l'ordre intérieur et de la paix publique et celles qui surveillaient les enceintes de la ville, le district et les eaux territoriales. Les mesures visant l'interdiction du port d'armes ou l'interdiction de promenades nocturnes dans les rues de la ville sont présentées dans les derniers chapitres du *Statut* de Dubrovnik. Au cours des décennies suivantes, les décisions des conseils ragusains rappellent en différentes circonstances ces dispositions statutaires : ainsi, en octobre 1348, une décision du Grand conseil interdisait à tout Ragusain ou étranger de porter une arme offensive, de jour comme de nuit, sous peine de sanctions prévues par le Statut. La même décision interdisait à toute personne, de quelque condition qu'elle fût, de déambuler sans lanterne dans les rues de Dubrovnik, après le troisième son de cloche, toujours sous peine de sanctions statutaires[224]. Le Statut ne prévoyait en effet que deux exceptions à l'interdiction de déplacement sans lanterne : la personne arrêtée en flagrant délit était pardonnée par les vigiles de nuit, si elle pouvait prouver qu'elle revenait de ses vignes ou, en cas d'orage, du port où elle s'était rendue pour renforcer les amarres de son navire[225].

La décision du Grand conseil, d'octobre 1348, reprenait une décision votée trois ans plus tôt par ce même conseil en termes identiques, et proclamée en lieux publics, avec une dérogation explicite accordée aux capitaines et aux vigiles de nuit qui eux, pouvaient se déplacer de nuit sans lanterne. La même décision du Grand conseil interdisait à toute tavernière[226] à Dubrovnik, de débiter du vin après le troisième son de cloche, ainsi que de garder la taverne ouverte de nuit : elle ne pouvait servir que le capitaine des vigiles de service, toujours sous peine de sanctions prévues par le Statut[227]. Les vigiles ne risquaient-ils pas de devenir, à cause de cette étrange

---

[223] Voir note 154.

[224] Pour la mesure du temps à Dubrovnik au Moyen Age, voir Janeković-Römer, Z., « Post tertium sonum campanae », *Anali Zavoda za povijesne znanosti HAZU u Dubrovniku*, 32, 1994, 7-13.

[225] *Stat. Rag.* II, 48.

[226] Le métier est présenté comme étant exercé par des femmes : *tabernariae*.

[227] *Mon. Rag. II,* 48.

dérogation, les premiers fauteurs de troubles nocturnes ? Les sources ne le confirment pas.

Les plus anciennes dispositions sur les vigiles urbains à Dubrovnik, qui datent du début du XIVe siècle, mettent en évidence la nuance qui différencie ceux-ci des gardes préposés à la protection des enceintes : leur place est en effet en ville, ils déambulent dans les rues de Dubrovnik, à la recherche des délinquants, principalement de ceux qui, armés, peuvent porter préjudice à l'ordre public. Les nombreuses interdictions de port d'armes ou de promenades nocturnes sans lanterne, sont votées en même temps que les dispositions mettant en place une force préposée à l'ordre public. Cependant, comme pour les gardiens des murs, des portes, de l'arsenal et du port, les décisions du Grand conseil concernant l'ordre public, ne seront réunies et pérennisées que dans les recueils législatifs de Dubrovnik, à partir de la seconde moitié du XIVe siècle. Jusqu'au milieu du XIVe siècle, ces décisions sur les vigiles de nuit et le maintien de l'ordre public reflètent des situations ponctuelles et constituent une image assez fidèle de la paix sociale à l'intérieur du périmètre urbain.

Tout comme les gardes disposés sur les enceintes urbaines, les vigiles de nuit étaient aussi nommés par le Petit conseil de Dubrovnik, qui détenait cette prérogative du Grand conseil. Ainsi, en 1344, une décision du Petit conseil distingue nettement les capitaines du mois, dont la vocation était la protection des murs, des capitaines de sesterces – les six quartiers de Dubrovnik – qui devaient surveiller le périmètre urbain[228].

Durant les derniers mois de présence du comte vénitien, Dubrovnik accuse un nombre de mesures sécuritaires, nettement supérieur à la moyenne des années précédentes. Cette situation ambiguë sur le plan sécuritaire correspond aux flottements au sein du patriciat, évoqués d'ailleurs dans la chronique ragusaine de Junije Rastić : le clivage entre le comte, dernier et seul représentant du pouvoir vénitien dans la Commune, et l'ensemble des patriciens ragusains, ne cessait de se creuser. Ceux-ci, n'ont-ils pas déjà essayé et en grande partie réussi, à maintenir le comte à l'écart de leurs décisions[229] ? Les mesures visant à fortifier Dubrovnik vers 1350 étaient déjà, selon le chroniqueur, destinées à protéger la ville des Vénitiens autant que des Génois, même si on a quelques difficultés à croire que le comte, représentant du pouvoir souverain vénitien, ait pu être à un tel point ignoré par l'ensemble de l'élite ragusaine.

L'année 1358, de sinistre mémoire pour les Vénitiens, allait enfin mettre fin à cette situation ambiguë, mais même en ces moments critiques de leur histoire, les Ragusains se démarquent des citoyens d'autres villes émancipées de Venise, sachant que l'éclipse de la Sérénissime dans l'espace

---

[228] *Mon. Rag. I*, 165.

[229] *Chronica Ragusina Junii Restii item Joannis Gundulae*, 133.

adriatique n'est que pour un temps, et que sa prépondérance dans le *Golfe* est inscrite dans la durée. Selon le chroniqueur Junije Rastić, Venise avait envoyé à la veille de sa défaite dans la guerre contre la Hongrie, deux patriciens, Paolo Loredano et Andrea Contarini, pour *exhorter la République à se montrer, au moins neutre dans cette guerre de Dalmatie, si elle ne voulait vraiment pas participer de toutes ses forces à la défense de Venise*[230]. Les Ragusains, ne souhaitant pas offenser Venise, se comportèrent en alliés loyaux, et accueillirent les délégués vénitiens avec tous les égards. Le chroniqueur insiste sur les honneurs avec lesquels furent reçus les représentants vénitiens. Ils furent dépêchés à Ston, au nord de Dubrovnik, pour en inspecter les fortifications, et leurs avis furent écoutés avec la plus grande déférence, au point que les trois conseils de Dubrovnik en discutèrent au cours des sessions plénières et décidèrent de les mettre tout de suite en application[231]. En cette période de déclin temporaire de Venise dans l'espace adriatique, *les Ragusains estimant que le temps n'était pas encore venu pour eux, de montrer à quel point ils tenaient à s'affranchir du pouvoir du comte vénitien, firent semblant d'être très satisfaits des conseils des messagers vénitiens. Ils leur exprimèrent la plus grande tristesse, manifestant qu'ils étaient au plus haut degré peinés par les nouvelles parvenues de Zadar*[232]. Ainsi, conclut le chroniqueur, *les deux républiques, bien que leurs objectifs fussent totalement opposés, surent se contenir, en faisant preuve de mutuelle bienveillance et en cachant leurs véritables visées*[233]. A peine Paolo Loredano et Andrea Contarini eurent-ils quitté Dubrovnik, que les Ragusains passèrent à l'acte : ils décidèrent au début de 1358 de remercier le comte. Cependant ils le firent avec les plus grands égards, en mettant à sa disposition un de leurs navires et en priant les Vénitiens de ne pas s'offusquer de cette décision, car en agissant ainsi, *les Ragusains ne voulaient pas se retrouver ni dans le rôle de cédés ni dans celui de conquis et de soumis, ils voulaient simplement, que les conditions de paix entre Venise et la Hongrie, ne s'appliquent pas à eux*[234].

---

[230] *Chronica Ragusina Junii Restii item Joannis Gundulae*, 134.

[231] Ibid. 135.

[232] Ibid. Junije Rastić n'oublie pas de rappeler que la Sérénissime alla même jusqu'à renoncer aux anciennes restrictions imposées au commerce ragusain à Venise, et à accorder aux habitants de Dubrovnik les mêmes avantages que ceux dont bénéficiaient les citoyens vénitiens. Cette décision a été inscrite dans le Statut de Dubrovnik, *Stat. Rag.* VIII, cap. 98.

[233] *Chronica Ragusina Junii Restii item Joannis Gundulae*, 136.

[234] *Chronica Ragusina Junii Restii* item Joannis Gundulae, 137. Le chroniqueur insiste notamment sur le fait que les Ragusains *voulaient surtout se distinguer d'autres Dalmates qui, en gens mal dégrossis et hautains, avaient raccompagné les comtes vénitiens d'une manière indécente.*

Tout en faisant de leur mieux, sur le plan diplomatique, pour accéder à une indépendance de fait, sans vexer leur ancienne puissance tutélaire Venise, et pour ne pas subir non plus, le joug de la Hongrie, nouvelle puissance dans le bassin adriatique, les Ragusains votaient et appliquaient les nouvelles mesures de protection et de sécurité, particulièrement nombreuses au cours de l'année 1358. La distinction entre les mesures visant la protection des installations vitales, telles l'arsenal ou le port, et celles confortant l'ordre public à l'intérieur du périmètre urbain, semble plus que jamais évidente en cette année décisive pour l'histoire de Dubrovnik.

A peine le dernier comte de Venise fut-il remercié, que de nouvelles mesures furent votées pour renforcer la protection de la ville. Ordre fut donné le 3 mars 1358, par le Grand conseil, de fermer toutes les portes urbaines et tous les orifices donnant sur le port, à l'exception de la porte *Pile*, principal accès à la ville du coté du Ponant et de la porte de Saint-Luc – l'actuelle porte Ploče – principal accès du côté du Levant[235] ainsi que de deux petites portes donnant sur l'arsenal, qui devaient pourtant toutes, rester sous étroite surveillance. Ces quatre portes, dont deux donnaient sur l'arrière-pays et deux sur le port, devaient rester jusqu'au début du XIXe siècle, avec quelques éphémères exceptions, les seules portes d'accès à Dubrovnik, étroitement surveillées par les pouvoirs publics[236]. Ce n'est donc pas un effet du hasard, si cette décision du 3 mars 1358 ouvre le recueil de décisions à caractère législatif, connu sous le nom de *Livre Vert* de la République. Rappelons que celui-ci avait aux yeux des Ragusains la même valeur légale que le *Statut* de 1272[237]. Au mois d'octobre de la même année, une nouvelle mesure visant à fermer toutes les portes donnant sur le port fut votée au sein du Grand conseil et tout de suite consignée dans le nouveau recueil législatif[238]. Plus que jamais, en 1358 et 1359, les mesures de vigilance des autorités ragusaines concernaient la protection de l'enceinte vulnérable qui séparait le cœur de la ville de la mer et de l'arsenal.

L'ordre public n'en fut pas pour autant oublié. Deux types de décisions, de nature à renforcer l'ordre public furent votés tout au long de ces deux années incertaines pour l'avenir de Dubrovnik. Le premier visait à améliorer l'exercice des rondes de nuit, leur composition, leurs effectifs, leur commandement. Le second concernait la nature des comportements délictueux que ces rondes étaient censées surveiller ou réprimer.

---

[235] Voir annexe, Plan de la ville de Dubrovnik

[236] *Mon. Rag.II*, 210.

[237] Nedeljković, B., *Lib. Vir.*, cap. 2, p.3. Décision consignée en termes identiques dans le registre du Grand conseil et dans le *Livre Vert*. Le premier chapitre du *Livre Vert*, daté du 28 février 1358 prévoit une nomination exceptionnelle de trois recteurs pour l'année 1358.

[238] Ibid. cap.4, p.4

Les patriciens conservaient tous leurs privilèges et leurs avantages dans l'organisation de la police urbaine, à eux seuls incombaient les tâches de seigneurs de nuit et de jour – *domini de nocte et de die* – les citoyens ordinaires constituaient les contingents de cette milice urbaine. A cet effet ils étaient soigneusement recensés, afin que chaque citoyen puisse à son tour s'acquitter de son devoir. Une décision votée au Grand conseil et consignée dans le *Livre Vert* au tout début de 1360, ordonnait le recensement de tous les citoyens aptes à être recrutés, avec autorisation à épargner uniquement les portefaix et les terrassiers, métiers les plus pénibles, sollicités peut-être pour les travaux de fortification[239].

Les seigneurs de nuit et de jour avaient des compétences assez vaguement définies, mais qui apparemment leur donnaient le droit d'interpeller tout malfaiteur et de le remettre aux mains des autorités. Dans certaines circonstances, ils avaient même le droit d'appliquer les peines *selon la volonté des seigneurs recteurs*[240], envers tous ceux accusés d'avoir participé aux rixes. Ils avaient aussi le pouvoir de faire comparaître auprès du recteur tout malfaiteur et d'appliquer les peines décidées par le recteur et le Petit conseil. Une décision du Petit conseil de septembre 1358, évoque pourtant un peu plus clairement leurs compétences. Cinq patriciens désignés nommément ainsi que leurs serviteurs, furent autorisés à arrêter tous les délinquants et malfaiteurs, de jour et de nuit ; au cas où l'un de ceux-ci serait blessé en tentant de prendre la fuite ou en se défendant, les patriciens ou leurs serviteurs ne devaient pas être inquiétés. Si la ronde se heurtait de nuit à *quelque vagabond démbulant les rues sans lanterne*, et que celui-ci était blessé, en tentant de fuir ou en résistant à l'arrestation, les seigneurs de nuit ou leurs serviteurs ne devaient subir aucune sanction[241]. Un mois plus tard la même décision fut votée, à peu près en termes identiques, avec en supplément, le droit des seigneurs de nuit de poursuivre les contrebandiers, de garder pour eux la moitié des biens confisqués, et de remettre l'autre moitié à l'Etat[242]. Trois mois plus tard, les compétences de cette milice urbaine furent précisées et apparemment élargies : en prenant connaissance des agissements d'un *malfaiteur*, ils étaient autorisés à le poursuivre jusqu'à

---

[239] *Mon. Rag. III*, 25 et Nedeljković, B., *Lib. Vir.*, cap. 13, p.8.

[240] Le représentant suprême du pouvoir à Dubrovnik, qui remplace le comte vénitien à partir de 1358 et jusqu'à la fin de l'indépendance ragusaine en 1808, était désigné sous le nom de *recteur*. Il était élu au sein du Grand conseil par tous les patriciens. Une seule exception est signalée le 28 février 1358, lorsque le Grand conseil stipula que trois recteurs devaient être élus simultanément tous les deux mois. Mais ce régime exceptionnel devait rester en vigueur seulement jusqu'à la fin de l'année. Voir Nedeljković, B., *Lib. Vir.*, cap. 1, p.3.

[241] Ibid.

[242] *Mon. Rag. II*, 242. La décision du Grand conseil ne précisait pas de quel type de contrebande il s'agissait.

son domicile. Si le malfaiteur était tué accidentellement au cours de son arrestation ou lorsqu'il se trouvait en fuite, personne ne devait être inquiété. Les seigneurs de jour et de nuit devaient particulièrement veiller à ce qu'aucun étranger ne déambule armé dans les rues de la ville et le cas échéant, confisquer toute arme se trouvant aux mains de celui-ci[243].

La paix de Zadar en 1358 entre Venise et la Hongrie, entraîna une profonde modification de la situation internationale de Dubrovnik, et exerça une influence certaine sur sa politique sécuritaire. Plus que jamais, les Ragusains durent compter sur leurs propres moyens pour assurer leur défense. Certes, leur vocation naturelle d'intermédiaires entre les marchés orientaux, balkaniques et italiens, les incitait à mener une politique de bon voisinage, prudente et conciliante à tout égard. Mais, le retrait forcé de Venise les priva d'une puissante protectrice, si peu désintéressée fut-elle au cours du siècle et demi de sa présence à Dubrovnik. Au moment d'accéder à leur indépendance de fait, les Ragusains devaient donc vraiment assumer le poids de celle-ci, d'autant plus que les relations militaires et politiques dans leur voisinage, s'annonçaient turbulentes. Venise, évincée de Dubrovnik, n'avaient plus aucune raison de ménager les Ragusains, tant sur le plan économique, que diplomatique ou militaire. Les Ragusains s'en rendirent bientôt compte, et sur le plan sécuritaire, ce constat entraîna au cours des deux décennies qui séparent la paix de Zadar (1358) de la guerre de Chioggia/Ténédos (1378-1381), de nombreuses mesures de renforcement des défenses maritimes. L'arrière-pays n'était pas pacifié non plus. Un des seigneurs locaux, auquel l'Empereur Stéphane Doušan avait par le passé reconnu le titre de noblesse, Vojislav Vojinović, était bien décidé à répercuter contre Dubrovnik, nouvelle vassale du roi de Hongrie, la guerre que celui-ci menait contre le suzerain de Vojislav, l'Empereur Stéphane Ouroš, fils de Stéphane Doušan[244]. Il attaqua donc en été 1361 le district ragusain et obligea sa population à chercher refuge à l'intérieur de la ville. L'attaque de Vojislav Vojinović provoqua une profonde inquiétude et incita les Ragusains à accélérer les mesures de défense. Ceux-ci, confrontés au premier conflit d'envergure avec un seigneur de l'arrière-pays, depuis plus de trente ans, et sachant qu'ils ne pourraient pas compter, comme par le passé, sur le soutien diplomatique de Venise, firent néanmoins preuve de courage et de détermination. Selon Junije Rastić, la République procéda à la mobilisation de ses troupes et les envoya à la rencontre de Vojislav Vojinović. Un bref mais violent combat opposa les deux contingents, non loin de la ville, qui se solda par la défaite de Vojislav. Celui-ci, constate notre chroniqueur avec satisfaction, *mit plus d'empressement à reculer qu'il*

---

[243] *Mon. Rag. II*, 258.
[244] Ćirković, S., (dir.) *Istorija srpskog naroda I*, 578-581.

n'en avait mis pour avancer[245]. L'offensive ragusaine contre Vojislav Vojinović en 1361 ouvre aussi une question relative à la défense de Dubrovnik. Il semble peu probable que les patriciens et à raison de plus, les citoyens ragusains, aient été de taille à organiser une véritable expédition punitive contre un seigneur, au demeurant redoutable homme de guerre et vassal de l'Empereur Stéphane Ouroš. Ce doute est conforté par le récit du chroniqueur ragusain qui évoque à ce sujet le recours *à un certain nombre de miliciens*, mot qui dans le contexte précis pourrait désigner les mercenaires[246]. A quel moment et dans quelles circonstances, les Ragusains eurent-ils donc recours aux mercenaires ? Il semblerait qu'au XIVe siècle les habitants de la Commune, à peine libérés de la tutelle vénitienne, et encore assez timorés dans leur démarche politique et militaire, n'aient pas encore songé à faire appel à ces guerriers professionnels qui pullulaient en Italie, et dont la mobilisation nécessitait en tout état de cause, d'importants moyens financiers. Au XVe siècle, dans d'autres circonstances, comme on aura l'occasion de le voir, le recours aux mercenaires étrangers, en l'occurrence italiens, ne fera plus aucun doute.

L'agitation du puissant voisin ragusain est confirmée en cette même année 1361, par la nomination à Dubrovnik, au sein du Grand conseil, de deux *capitaines de guerre*, dont le mandat était limité à un mois et qui, siégeant aux côtés du recteur, étaient autorisés à *donner des ordres concernant la protection et la défense de Dubrovnik*[247]. Une des premières décisions de ces capitaines de guerre fut d'interdire, sous peine de sanctions pécuniaires, à tous les patriciens et simples citoyens de garde aux portes de la ville *d'abandonner leur poste, sauf à l'heure de la relève du déjeuner et du dîner, afin qu'ils puissent prendre connaissance de tous les étrangers qui entreraient en ville et de leur lieu de résidence, avec pour mission spéciale d'amener tout étranger en présence du recteur et des capitaines de guerre*[248].

---

[245] *Chronica Ragusina Junii Restii item Joannis Gundulae*, 140. Les Ragusains mirent à prix la tête du seigneur. A celui qui tuerait Vojislav Vojinović, ils promirent 10 000 hyperpères (dans les années 1360, cette somme correspondait à près de 4500 ducats) .

[246] Il faut se méfier des interprétations erronées : certes l'appellation milice, au sens où nous l'entendons peut désigner les combattants, patriciens et citoyens, au service de la Commune (milice urbaine), comme cela fut le cas à Dubrovnik. Mais les sources locales usent dans ce cas le terme *homini,* et l'appellation milice est utilisée pour désigner les mercenaires.

[247] *Mon. Rag. III*, 86. Les capitaines de guerre étaient autorisés à appliquer les sanctions au même titre que le Grand conseil, contre tous ceux qui ne participeraient pas à la défense de la ville.

[248] *Mon. Rag. III*, 95.

Deux patriciens de garde devaient se relayer près des portes de la ville, et au cas où il n'y en aurait qu'un, il pouvait se faire remplacer par un citoyen, *parmi les meilleurs*, n'oublie-t-on pas de préciser et qui, dans ce cas, devait veiller à sa place et assumer les mêmes responsabilités[249]. La guerre contre Vojislav Vojinović et les mesures votées dans les conseils en cette circonstance, mettent en évidence une certaine tension qui régnait à l'intérieur de la ville : tout patricien ou citoyen ordinaire, aperçu en train de se promener sur la place publique, ne pouvait en ces jours-là être dispensé du service de garde[250]. La dernière décision en temps de guerre contre Vojislav Vojinović fut votée à Dubrovnik au mois d'août 1362 ; elle prévoyait le désarmement de tout étranger aux portes de Pile et de Ploče, les deux principaux accès terrestres à la ville[251]. Quelques mois après le conflit avec le seigneur serbe, au cours d'une réunion du Petit conseil, fut évoqué le sort de tous les avoirs de la Commune, perdus depuis le début de la guerre, pour déterminer à qui ils avaient été confiés, et où ils se trouvaient précisément[252].

La nouvelle autorité du roi de Hongrie s'exerçait avec une certaine modération sur Dubrovnik, d'autant plus que le roi était à cette époque engagé dans un conflit pour affirmer son autorité chancelante en Bosnie, et qu'il menait des campagnes en Serbie, elle aussi atteinte par l'anarchie féodale après la mort de l'Empereur Stéphane Doušan en 1355, et l'accession au trône de son fils mineur, Stéphane Ouroš. D'ailleurs, les Ragusains eux-mêmes en écrivant à leur nouveau suzerain, mettaient en évidence l'anarchie qui régnait dans l'arrière-pays : *Vous devez dire à notre souverain* – précisait-on dans une instruction du Sénat, à l'intention des ambassadeurs ragusains auprès du roi de Hongrie – *que nous ne pouvons vivre qu'en nous consacrant au commerce, que nous exerçons la majorité de notre commerce dans le Royaume de Rascie (Serbie), et qu'à cause de la mauvaise situation qui y règne actuellement, à la suite des dissensions entre les barons, nous ne pouvons y déployer autant d'activités commerciales que par le passé et que pour cette raison les marchands ragusains se sont*

---

[249] *Mon. Rag. III*, 132. Parmi les mesures votées dans le Grand conseil, pour une défense plus efficace de la ville, il faut aussi rappeler celle, plutôt subtile, qui enjoignait aux habitants de Kotor (Cattaro), originaires de Dubrovnik et inscrits au rang des patriciens ragusains, de se présenter à Dubrovnik dans un délai d'un mois, sous peine de sanctions.

[250] *Mon. Rag. III*, 169 : *Et nulla excusacio valeat si vadunt per plateam et si fuerint scripti in guardia.*

[251] *Mon. Rag. III*, 219. Signalons que toutes ces mesures de renforcement de surveillance des portes de la ville, n'entraînaient pas une interruption durable des relations entre Dubrovnik et son district.

[252] *Mon. Rag.* III, 234. *Ad inquirendum et examinandum de omnibus rebus communis que fuerunt ammisse a principio guerre usque ad finem guerre, quibus recomendate fuerint ubi sunt et a quibus detineantur.*

tournés vers la mer[253]. Le roi de Hongrie ne devait pas s'opposer foncièrement à cette vocation maritime des Ragusains, d'autant plus que les marchands de Dubrovnik fréquentaient plus souvent que par le passé les villes hongroises. Il s'opposa cependant avec vigueur à toute navigation de marins et de marchands ragusains sur les navires génois et vénitiens, et le fit clairement entendre à ses nouveaux vassaux[254].

Si les Ragusains se sentaient pousser les ailes dans le commerce maritime, en ces années qui séparaient la paix de Zadar de la guerre de Chioggia/Ténédos, ils devaient pourtant sentir à plusieurs reprises, l'absence d'une puissance tutélaire efficace. Les mesures de protection sont particulièrement nombreuses en cette période d'accalmie relative, où les menaces contre la liberté sont plus virtuelles que réelles. Mais les autorités ne désarment pas. Les mesures de protection évoquent en cette période, la crainte d'une attaque maritime tout autant que celle d'un assaut terrestre.

Les mesures d'amélioration de l'arsenal de Dubrovnik reflétaient certainement une politique quelque peu ambiguë qui visait à offrir aux marins et aux marchands les meilleures conditions possibles de mouillage et de déchargement de marchandises, éventuellement de réparation des navires endommagés ou de leur ravitaillement, mais aussi à empêcher que le port de Dubrovnik ne devienne un lieu propice au rassemblement ou au ravitaillement des forces hostiles. Si deux portes sur quatre donnaient sur le port et l'arsenal, ce sont précisément ces portes-là qui étaient les mieux surveillées par les gardes. Ceux-ci, l'arme à la main, interdisaient de jour l'entrée à toute personne armée et laissaient pénétrer à l'intérieur du périmètre urbain, uniquement les marchands sans armes. De nuit, toutes les portes vers l'arrière-pays et vers l'arsenal étaient closes et selon le danger qui planait sur la ville, surveillées par un détachement plus ou moins fort de gardes armés[255]. Lorsqu'un danger plus précis s'approchait, les étrangers étaient accompagnés auprès des autorités, parfois auprès du recteur en personne, afin d'établir leur identité et les raisons de leur présence dans la ville. Parfois ils étaient simplement expulsés pour une période déterminée et sollicités plus ou moins courtoisement à regagner leur navire. Les accès à la ville, depuis le port, d'après les registres des conseils, étaient mieux surveillés. Les remparts du côté de l'arsenal étaient, sur une partie du tracé,

---

253 Gelcich, J., Thalloczy L., (ed.), *Diplomatarum relationum Reipublicae Ragusanae cum Regno Hungariae*, Budapest, 1887.

254 *Chronica Ragusina Junii Restii item Joannis Gundulae*, 147 : En même temps à la demande du même seigneur, il fut interdit à tout Ragusain d'aller servir sur les navires vénitiens ou génois.

255 Une décision votée au Petit conseil en octobre 1366, prévoyait une trentaine de points stratégiques à Dubrovnik où seraient déployés les gardes de nuit. Il s'agissait probablement d'une mesure à durée limitée, occasionnée par quelque danger ponctuel qui n'est pas précisé : *Mon. Rag. IV,* 63-64.

constitués de murs des maisons ragusaines, percés souvent au niveau de la mer, de fenêtres ou surmontés de terrasses qui facilitaient à l'ennemi potentiel, l'accès à l'intérieur du périmètre urbain. Ces points faibles de la défense urbaine faisaient l'objet de fréquents débats au sein des conseils.

Les relations entre Dubrovnik et son ancienne puissance suzeraine, Venise, après la paix de Zadar, étaient chargées d'ambiguïté. Les Vénitiens ne pouvaient cacher leur rancune, et ils la manifestaient en toutes circonstances à l'égard des marchands ragusains à Venise, qui étaient soumis à toutes sortes de harcèlements, surtout depuis que Dubrovnik pouvait commercer sans entraves avec les villes dalmates soumises, elles aussi, à l'autorité du roi de Hongrie. Les Ragusains avait de bonnes raisons de croire que Venise n'accepterait pas à long terme la situation humiliante qui lui avait été imposée par la paix de Zadar, et ils hésitaient encore, parfois maladroitement, entre une politique d'intransigeance et de compromis à l'égard de leur ancienne puissance tutélaire. Ce n'est qu'en fin de cette période qu'ils optèrent en faveur d'une rupture radicale avec Venise, encouragés par la puissance hongroise et la hardiesse de la flotte génoise, qui s'aventurait de plus en plus souvent dans l'Adriatique[256]. Ils y étaient incités par les perspectives du commerce de moins en moins reluisantes dans l'arrière-pays ragusain, où l'anarchie féodale battait son plein et par le danger ottoman qui pointait dans les Balkans.

A cette époque, le gouvernement de Dubrovnik envisagea pour la première fois, l'exécution d'importants travaux, en vue de la fermeture de l'arsenal vers la mer. Celui-ci communiquait auparavant avec le port et constituait de ce fait un point vulnérable, en cas d'éventuelle attaque ennemie. Entre l'arsenal et le palais du recteur à l'intérieur de la ville, il n'y avait que l'épaisseur de l'enceinte urbaine, qui avait été progressivement réduite en cet endroit, pour permettre l'installation des quilles de navires, de plus en plus longues sur des cales de construction ou de réparation.

Le gouvernement affecta en 1360 l'argent destiné à l'approvisionnement du dépôt de blé aux travaux de fermeture de l'arsenal et de l'achèvement d'une des deux tours, contrôlant l'accès au port[257]. L'année suivante, il décida de procéder à un emprunt auprès de l'archevêque de Dubrovnik, en vue de l'achèvement des travaux sur la même tour du port. De nouveaux travaux pour la clôture de l'arsenal ont été prévus en 1364, lors d'une réunion du Grand conseil qui décréta, par la même occasion, une amende de 500 hyperpères[258], pour toute personne qui ferait un orifice dans l'enceinte, face à la mer, et si le coupable n'était pas bien identifié, tous les habitants de

---

[256] Ducellier, A., « Notes sur les intérêts génois en mer Adriatique : le témoignage des archives ragusaines », *Oriente ed Occidente tra medioevo ed eta moderna,* Acqui Trme 1997, I-II, t. I, 191-215.

[257] *Mon. Rag. III*, 294.

[258] Plus de 200 ducats à l'époque.

la rue la plus proche, devaient payer une amende de 25 hyperpères[259]. Les travaux sur les tours du port furent relancés en cette même année, cette fois-ci paraît-il, financés par les revenus de la douane, qui assigna pour ces travaux une somme annuelle de 150 hyperpères[260].

Toutes ces mesures, votées à différentes occasions, soulèvent la question du financement des travaux de défense et de protection de la ville. Le déficit d'informations réduit considérablement nos connaissances sur les fonds assignés à la défense et les limite à quelques cas particuliers, tels ceux qui viennent d'être évoqués et qu'il ne faut pas considérer comme faisant partie d'une pratique courante. Les pouvoirs à Dubrovnik n'avaient à leur disposition rien qui ressemblât à une imposition directe, mais même en tenant compte de ce fait, on ne peut que s'étonner de la disproportion entre les fréquentes évocations de travaux entrepris et l'insuffisance d'informations concernant les moyens financiers assignés à cet effet. Une majorité d'ordres concernant les travaux, les mobilisations de milice urbaine ou plus tard au XVe siècle, de mercenaires italiens, n'étaient pas accompagnées d'estimations de dépenses chiffrées, ce qui n'empêchait pas les pouvoirs de préciser dans les moindres détails la nature des travaux à effectuer ou les effectifs des combattants à recruter. Les estimations précises, évoquées dans les registres de conseils constituent donc des exceptions à la règle. Deux causes peuvent être à l'origine de cette absence : soit il fallait préserver la confidentialité de ces dépenses, auquel cas elles auraient été consignées dans des livres « secrets » qui se seraient par la suite perdus[261], soit on est en présence d'une grande souplesse dans la gestion des fonds publics, qui permettait aux autorités de les assigner à divers effets, en fonction des besoins du moment. Les exemples évoqués de la mise à contribution des fonds du blé, du vin et de la douane confortent la seconde hypothèse. D'autres sources de revenus que le gouvernement trouvera par la suite, provenant des emprunts publics, les « imprestita » bien connus à Venise, imposés à tous les habitants, des emprunts faits auprès de l'archevêque, de l'atelier de monnaie, des prélèvements obligatoires sur les exportations des métaux précieux, sur les amendes payées par les délinquants, toutes ces mesures suggèrent en effet une certaine souplesse et une imagination dans la gestion des deniers publics pour le financement des travaux de défense et de protection de la ville. Mais l'assignation de ces

[259]*Mon. Rag. IV*,1 ; une amende équivalant donc à plus de 10 ducats par personne.

[260] *Mon. Rag. IV*, 29. Une somme annuelle donc de 65 ducats.

[261] On sait par exemple que certaines décisions du Sénat étaient consignées dans des livres secrets *(Secreta Rogatorum)*, dont quelques registres seulement se sont conservés, couvrant uniquement la fin du XVe siècle.

moyens se fait le plus souvent au coup par coup, et échappe à une gestion cohérente[262].

Les travaux de protection du port et de l'arsenal ne détournaient pas l'attention des Ragusains des menaces venant de l'arrière-pays : après le seigneur Vojislav Vojinović qui, pour défendre les intérêts de l'Empereur Stéphane Ouroš, attaqua les Ragusains en tant que vassaux du roi de Hongrie, ceux-ci pouvaient s'attendre à une nouvelle démonstration de force de la part du « ban », futur roi de Bosnie, Tvrtko I Kotromanić (1353-1391)[263], qui s'employait à consolider son pouvoir contre les seigneur locaux. Plusieurs mesures de renforcement des enceintes furent votées à Dubrovnik, parmi lesquelles, en 1366 celle, particulièrement importante, qui visait à séparer les cloîtres des dominicains à l'extrémité orientale de la ville et des franciscains à l'extrémité occidentale, des enceintes extérieures attenantes, afin d'aménager un chemin de ronde, tout le long du périmètre intérieur de la ville[264]. Les effectifs des gardes de nuit furent à nouveau renforcés et, selon la décision du Grand conseil, outre les effectifs réguliers, ils devaient intégrer 60 nouvelles recrues, qui devaient demeurer sous les armes, jour et nuit[265]. C'est de cette période que date une décision tout à fait exceptionnelle, interdisant à quiconque posséderait un cheval à Dubrovnik, de l'emmener en dehors de la ville, et enjoignant à quiconque posséderait un cheval sur le territoire du district, de l'amener en ville jusqu'au crépuscule ; mesure destinée de toute évidence à servir à la défense de la ville, mais apparemment sans suite[266].

---

[262] La plus importane somme connue assignée en un seul versement aux travaux de défense à Dubrovnik, fut votée lors de la Guerre de Chioggia/Tenedos en 1379 : le Sénat disposa en cette circonstance du dépôt de 1500 hyperpères (environ 600 ducats) que la Commune avait reçue en dépôt par Voukašin, seigneur serbe qui s'était taillé en Macédoine un important territoire au détriment de l'Empereur Stéphane Ouroš, fils et successeur de Stéphane Doušan. Mais, en 1379, Voukašin était mort depuis huit ans déjà – il avait trouvé la mort dans la célèbre bataille de Černomen en 1371, contre les Ottomans – et les Ragusains décidèrent de se servir de l'argent de son dépôt, pour construire les guérites pour les gardes disposées sur le chemin de ronde des remparts.

[263] La crise dans les relations entre le seigneur de Bosnie et les Ragusains, était provoquée par l'asile que Dubrovnik avait offert à son frère Vuk, après que celui-ci eut mené une révolte contre Tvrtko.

[264] Pendant trois siècles, les autorités s'efforçaient de sécuriser le périmètre urbain à la hauteur des deux couvents.

[265] *Mon. Rag. III*, 271 : *de soldaniçando 60 personas.* Il s'agissait d'un recrutement de 60 mercenaires au service de la commune, comme semble l'indiquer le verbe *« soldaniçare ».* Cette pratique qui devint courante au XVe siècle, était à l'époque envisagée, encore exceptionnelle à Dubrovnik.

[266] *Mon. Rag. III*, 246. Décision rare, sinon unique dans l'histoire de la défense de la Commune, son espace réduit ne se prêtant nullement à un déploiement de cavalerie.

En 1363 apparaît à nouveau dans les registres une décision de police politique, véritable illustration du danger qui menace Dubrovnik, plus d'un demi siècle après qu'une pareille décision eut été enregistrée, lors de la guerre contre le roi de Serbie Stéphane Miloutine : en effet, cinq patriciens furent chargés de *réfléchir, comment agir afin que personne n'ose procéder contre l'honneur du gouvernement de Dubrovnik et d'introduire à cet effet des sanctions plus graves, visant à protéger l'état de notre cité*[267]. Les cinq patriciens devaient aussi décider de quelle manière appliquer ces sanctions, les aggraver ou les alléger, et ils devaient en informer le Sénat dans les plus brefs délais.

Toutes ces mesures s'avérèrent finalement peu utiles, car le « ban » de Bosnie, en poursuivant son frère rebelle, s'était approché de Dubrovnik au printemps 1367. Le Sénat réagit avec célérité, et associa au recteur deux capitaines généraux autorisés à assurer la protection et la défense de la ville, sans pourtant envoyer des combattants hors des murs. L'ordre précisait que si l'armée bosnienne manifestait l'intention de s'approprier du bétail qui se trouvait à l'extérieur de l'enceinte, les combattants devaient l'empêcher du haut des murs. Comme par le passé, les remparts inspiraient plus de confiance aux autorités que les effectifs de la milice urbaine. Aussi longtemps que cette milice ne sera pas, en majorité composée de mercenaires expérimentés dans l'art de la guerre, elle évitera de s'exposer aux forces plus aguerries des seigneurs féodaux de l'arrière-pays[268].

Trois ans plus tard, le district ragusain fut attaqué par le seigneur serbe Nikola Altomanović, neveu de l'ancien grand adversaire de Dubrovnik, Vojislav Vojinović. Au cours d'une brève mais violente incursion, Nikola Altomanović fit de nombreux prisonniers, et obtint des Ragusains à titre de rançon 4000 ducats. Plus importants encore étaient les dommages portés au district, que les Ragusains estimaient à 30 000 ducats[269].

Une guerre qui devait constituer la plus grande épreuve pour le système de protection et de défense ragusaine éclata en Orient en 1378, entre Venise et Gênes, autour de l'île de Ténédos et s'étendit bientôt sur tout le bassin méditerranéen. Bien qu'à cette époque il n'y eut pas de conflits ouverts entre Vénitiens et Ragusains et que des deux côtés, grâce surtout aux bons offices des ambassadeurs de Hongrie, on s'efforçât de minimiser les différends, les coups portés aux intérêts des Vénitiens dans l'espace adriatique par la paix de Zadar et l'abandon de la Dalmatie en 1358, ainsi que les blessures

---

Celle-ci n'était en aucun cas liée dans la société ragusaine de l'époque, à l'exercice ou à l'imaginaire du pouvoir. Voir Maire-Vigueur, J-C., *Guerre, conflits et société dans l'Italie communale, XII-XIII siècles,* Paris, 2003.

[267] *Državni Arhiv Dubrovnik (plus loin DAD), Série Reformationes (plus loin Ref),* XX,26v.

[268] *Réf. XXIII*, 39.

[269] Ćirković, S., (dir.), *Istorija srpskog naroda I*, 594.

infligées à leur amour propre, empoisonnaient les relations quotidiennes entre les deux communes comme le remarque souvent le chroniqueur ragusain[270]. Un conflit si éloigné fût-il, et apparemment si préjudiciable à tous les acteurs, suffit à précipiter la rupture entre Ragusains et Vénitiens : il est vrai que les Ragusains, en tant que vassaux du roi de Hongrie depuis 1358, étaient obligés de participer au conflit qui opposerait bientôt leur suzerain à Venise. L'éloignement progressif entre les deux communes s'était d'ailleurs manifesté au cours du premier conflit vénéto-hongrois, dans lequel Dubrovnik était l'alliée de Venise. Mais à cette époque déjà, comme il a été remarqué, les Ragusains étaient devenus des alliés ambigus de Venise, à tel point que la Sérénissime, n'était plus dupe et que dans les moments difficiles au cours de la phase terminale du conflit, elle insistait vivement auprès des Ragusains, pour qu'ils ne lui portent pas préjudice s'ils ne voulaient pas vraiment l'aider. Mais à la différence de ce premier conflit au cours duquel les Ragusains guettaient simplement l'opportunité d'éconduire poliment les Vénitiens, la reprise d'une situation semblable n'était plus envisageable. Le conflit direct était imminent et les Ragusains s'en rendaient bien compte, depuis le début de la guerre qui éclata bientôt entre Venise et le roi de Hongrie Louis I. Un autre aspect, important pour l'étude des mesures de protection, différencie les deux guerres vénéto-hongroises, en particulier la seconde, des conflits précédents qui engageaient les Ragusains : ce fut en effet, la première fois, qu'un conflit n'engageait pas uniquement leur propre avenir, comme cela fut le cas lors des conflits avec les rois de Serbie par le passé, mais l'avenir de vastes coalitions au sein desquelles Dubrovnik était davantage un enjeu, qu'un acteur indépendant.

Du point de vue de l'organisation de leur défense, et particulièrement par rapport à leur suzerain hongrois et à leurs nouveaux alliés génois, les Ragusains étaient en position de subir les conséquences de leurs éventuels revers, sans pouvoir vraiment exercer une influence sur le déroulement de la guerre, à l'exception d'un apport, au demeurant modeste en navires qu'ils devaient fournir à leurs alliés. Cette circonstance explique peut-être une certaine disproportion entre l'ampleur des mesures de protection ragusaines engendrées par la guerre, et le caractère somme toute modeste de l'engagement militaire de la Commune au cours de la guerre de Chioggia/Ténédos.

De nombreuses mesures de protection furent votées en août 1378. Le Sénat ordonna d'introduire à l'intérieur du périmètre urbain 300 habitants du district, pour assurer la défense de la ville précisait-on dans les registres[271]. Trois mois plus tard, le capitaine d'une garnison ragusaine à Hum, dans

[270] Krekić, B., « Dubrovnik (Ragusa) and the War of Tenedos », *Variorum VI*, 1980.
[271] *Mon. Rag. IV*,156 : le mot « homini », plutôt que « soldanei » indiquerait-il qu'il s'agissait là, de paysans du district et non de mercenaires ?

l'arrière pays de Dubrovnik, fut sollicité *d'envoyer mille guerriers et même plus, et au cas où il ne le pourrait pas, d'envoyer toutes les forces disponibles*[272]. A la différence des *hommes* du district de la décision précédente, les *armigeros* sous les ordres d'un capitaine, occupant l'arrière-pays, pourraient bien être des mercenaires au service de la Commune.

Comme il le faisait souvent, à la veille des conflits armés, le Sénat lança un appel général à tous les marchands ragusains qui se trouvaient en territoire étranger, à regagner leur Commune[273]. Il fallait aussi compléter l'armement de Dubrovnik : le Sénat autorisa donc le recteur et deux capitaines à acheter au prix convenu à *Vito*, maître-artisan de cuirasses à Dubrovnik, un certain nombre de cuirasses *que celui-ci avait autrefois simplement prêté à la Commune*[274]. Il paraît que les autorités consacrèrent au cours de ces préparatifs, une attention toute particulière à la mise en place de bombardes sur les tours du chemin de ronde. Toujours fidèles à leurs modes de financement ponctuel, les autorités ragusaines assignèrent à cet effet une partie des revenus du dépôt du sel de la ville[275].

Ordre fut alors donné de détruire deux églises qui se trouvaient près des remparts, non loin du couvent des dominicains, ainsi que quelques maisons appartenant aux patriciens ragusains[276]. Cependant, les travaux de plus grande envergure encore, furent entrepris près de la porte de *Pile* : un fossé d'une largeur de trois pas et d'une profondeur d'un pas, devait longer les remparts du côté extérieur, et avec le fort de *Lovrijenac*, protéger la ville du côté du Ponant. Le creusement du fossé nécessitait une main d'œuvre considérable et le Sénat décida que, tous les jours, outre les terrassiers recrutés par la Commune, dix citoyens désignés devaient s'y employer à tour de rôle, et celui qui ne pouvait pas s'acquitter de la tâche, était autorisé à envoyer un remplaçant, ou alors à payer une amende de dix gros[277]. Même l'archevêque de Dubrovnik était prié d'assigner quelques clercs à la tâche, et tous les patrons de domestiques salariés[278], étaient tenus d'envoyer un

---

[272] *Mon. Rag. IV*, 166.
[273] *Mon. Rag. IV*, 157.
[274] *Mon. Rag. IV*, 162.
[275] *Mon. Rag. IV*, 194.
[276] *Mon. Rag. IV*, 167-170. La destruction des bâtiments qui se trouvaient au pied des remparts en temps de guerre, et leur réhabilitation en temps de paix, font partie des mesures de sécurité à Dubrovnik, au fil des siècles. Les Ragusains n'hésitaient pas, en temps de crise, à détruire tout bâtiment qui pouvait pemettre à l'ennemi d'escalader plus facilement les remparts.
[277] Valant à l'époque un tiers de ducat.
[278] Décision intéressante, qui pourrait laisser entendre que les esclaves étaient dispensés de cette corvée ou que le travail servile était interdit à cette époque, ce qui, s'agissant de Dubrovnik comme de la plupart de communes adriatiques, n'était pas le cas.

domestique par foyer pour les travaux de terrassement. Quatre personnes étaient désignées par la Commune pour superviser les travaux en compagnie de trois capitaines de service aux portes de la ville[279].

Confortées par un recrutement des effectifs de défense plus conséquents, les autorités pouvaient renforcer les postes de garde et de surveillance près des remparts et sur les places publiques de la ville : ainsi, dix gardiens assignés à la protection des murs étaient relevés trois fois par nuit et dix gardiens assignés à la surveillance des places publiques, devaient assumer leur service pendant toute la nuit et se reposer la nuit d'après. La menace extérieure l'emportait clairement dans cette décision sur la menace à l'ordre public[280].

Bien que les principaux affrontements n'aient pas eu lieu sous les murs de Dubrovnik, ni dans son arrière-pays immédiat, aucune guerre antérieure n'avait mobilisé à tel point les Ragusains, et n'avait été à l'origine d'une telle profusion de mesures militaires[281]. Dès le début du conflit, le recteur fut entouré de deux capitaines généraux de la guerre, aux larges prérogatives, notamment celle de mener des offensives contre les ennemis et de s'attaquer à leurs biens[282]. Les capitaines étaient élus parmi les patriciens ragusains et leur mandat devait durer trois mois[283]. La défense de la ville restant la principale préoccupation des autorités, un seul capitaine avait le droit de s'absenter temporairement pendant l'exercice de son mandat, afin d'inspecter d'autres secteurs menacés, par exemple la localité de Ston, tout au nord du district ragusain[284].

Comme par le passé, la guerre apportait à Dubrovnik son lot de mesures de restrictions de circulation et de contraintes imposées à la convivialité urbaine, au nom des intérêts supérieurs de la surveillance d'éventuels suspects, en premier lieu des Vénitiens. Au mois d'août 1378, tous les étrangers reçurent l'ordre de se présenter le même jour devant le recteur de la Commune, libre à celui-ci de déterminer les sanctions contre ceux qui désobéiraient à cet ordre. Les mesures de police générale furent parfois accompagnées de mises sous les verrous de certains individus jugés particulièrement suspects : ainsi on ordonna l'arrestation d'un peintre du nom d'Augustin, probablement d'origine vénitienne[285]. Trois mois plus tard,

---

[279] *Mon. Rag. IV*, 170.

[280] *Mon. Rag. IV*, 171.

[281] Voir surtout : Krekić, B., « Dubrovnik (Ragusa) and the war of Tenedos », *Variorum VI*, 1980.

[282] *Mon. Rag. IV*, 256.

[283] Dinić, M., (ed.), *Odluke veća Dubrovačke Republike, knjiga I*, Beograd 1951 (Plus loin : Dinić, M., *O.V. I*, 98) .

[284] Dinić, M., *O.V. I*, 45.

[285] On ne peut pas déduire, d'après ces quelques cas, que tous les Vénitiens à Dubrovnik étaient soumis à ces mesures de restriction de liberté : dans les cas

le même Augustin, libéré de prison, fut pourtant assigné à résidence, en compagnie d'un certain François, artisan de boucliers, et obligé de partager avec lui la même demeure. Il n'avait pas le droit de sortir, de jour comme de nuit, sous peine d'amende de 25 hyperpères[286]. Cette étroite surveillance à laquelle il était soumis apparaît au travers d'une autre obligation : chaque fois que le feu, de nuit, et la fumée, de jour, annonceraient l'approche des galères ennemies vénitiennes, il était tenu de comparaître devant le recteur. D'ailleurs, la même obligation lui était imposée, sur simple demande du recteur[287].

Le changement d'attitude à l'égard des Vénitiens est illustré par le traitement infligé à François Baldella, marchand qui par le passé jouissait de grands égards de la part de ses hôtes ragusains, même lorsque les rapports entre Venise et Dubrovnik n'étaient plus cordiaux après la paix de Zadar en 1358. Sans raison apparente, à la veille du nouveau conflit, il fut confiné dans les locaux du trésor de la Commune[288]. Finalement, ces mesures vexatoires dirigées contre les étrangers suspects, en premier lieu contre les Vénitiens, ne paraissant pas suffisantes aux Ragusains, on fit voter au mois de novembre 1378, une mesure de police générale, expulsant simplement tous les étrangers, venus à Dubrovnik par bateau, et qui se trouvaient encore en liberté à l'intérieur de la ville[289], à l'exception des alliés génois, et des Dalmates, vassaux du roi de Hongrie, comme l'étaient les Ragusains[290]. Ultime faveur, elle aussi toute relative, un navire était mis à leur disposition, mais à leur frais, pour les évacuer de Dubrovnik.

Les Ragusains et les habitants du district, tout en subissant diverses contraintes, étaient mieux traités et étaient parfois l'objet d'une véritable sollicitude, aussi bien par esprit de solidarité que dans l'intérêt d'une bonne conduite des opérations militaires. Ainsi, le Sénat décida au mois d'août 1378, *qu'aussi longtemps que durera cette guerre contre les Vénitiens, personne n'aura le droit d'expulser les habitants de nos îles, des maisons qu'ils occupent actuellement, ni d'augmenter les loyers de leurs maisons*[291]. Un mois plus tard, pour faire face à la menace d'une probable arrivée des galères vénitiennes dans les eaux ragusaines, un ordre général fut adressé aux habitants des îles, de venir se réfugier à Dubrovnik, accompagnés de

---

évoqués, il pouvait s'agir d'individus qui s'étaient signalés par des activités suspectes.

[286] Amende de 10 ducats à l'époque.

[287] *Mon. Rag. IV*, 179. Le spectre des « ennemis intérieurs » hantait les autorités ragusaines en temps de guerre.

[288] *Mon. Rag. IV*, 163.

[289] Les étrangers qui se trouvaient déjà dans les geôles ragusaines, n'avaient pas le droit à pareille faveur.

[290] *Mon. Rag. IV*, 159.

[291] *Mon. Rag. IV*, 165. Amende qui correspondait à deux ducats vénitiens.

leur famille, *sous peine d'amende de cinq hyperpères pour tout chef de famille, qu'il soit homme ou femme.* Les autorités avaient néanmoins quelques raisons de se méfier des Ragusains qui étaient nombreux à ne pas suivre leur gouvernement dans son hostilité à l'égard de Venise[292] : on créa donc un comité de trois personnes, *chargé d'étudier d'où, et par le biais de quelles personnes provenaient certaines choses qui pourraient porter préjudice à l'honneur et à l'ordre de la cité de Dubrovnik, et d'en tenir au courant le Sénat*[293].

Un véritable régime d'exception fut cependant instauré à Dubrovnik à la veille et pendant toute la durée du conflit avec les Vénitiens, qui avait pour double objectif d'amener sous les armes le plus grand nombre possible d'habitants de la ville, du district, et pour la première fois peut-être, en effectifs considérables, de mercenaires étrangers. Un strict contrôle des mouvements de la population entre la ville et le district fut imposé dès le début de la guerre. Malgré ces mesures d'exception, les institutions ragusaines, garantes de la continuité de la Commune, restèrent en place.

Dans un inventaire dense et précis, bien informé comme d'habitude, le chroniqueur évoque les mesures votées en urgence à Dubrovnik, à la veille du conflit : *toutes les galères furent armées, le fort de Lovrijenac* – la redoute qui contrôlait l'accès occidental de la ville – *ravitaillé, on proclama un sauf-conduit général pour tous ceux, désireux de servir la République, et en même temps on autorisa solennellement tout un chacun, à porter préjudice de la manière qui lui semblerait la plus propice, aux intérêts vénitiens. Le recteur et deux capitaines de la guerre reçurent l'autorisation de mener les soldats au-delà des murs pour défendre la ville. On fit abattre les bâtiments et les églises attenant aux murs de la ville*[294]. En effet, le strict contrôle de la circulation des habitants du district et diverses mesures de recrutement sont amplement confirmés par les sources auxquelles avait accès notre chroniqueur.

Tout Ragusain souhaitant partir en voyage devait demander l'autorisation au recteur et aux capitaines de la guerre, autrement il était interdit de sortir de la ville[295]. Au cours de la guerre, cette mesure fut même renforcée : les noms de ceux qui étaient autorisés à partir étaient inscrits dans un registre spécial, et le candidat au départ devait promettre de revenir dans un mois au plus tard sous peine d'amende de 300 hyperpères pour un patricien et de 200 hyperpères pour un citoyen[296]. Véritable pression morale,

[292] Le danger d'un rapprochement entre l'ennemi extérieur et certaines factions du patriciat local, visant le rétablissement de la suzeraineté vénitienne, n'était pas à exclure non plus.

[293] Dinić, M., *O.V. I,* 32.

[294] *Chronica Ragusina Junii Restii item Joannis Gundulae,* 165.

[295] Dinić, M., *O.V. I,* 89.

[296] Amende considérable de 120 ducats et de 80 ducats vénitiens, respectivement.

les noms des Ragusains, autorisés à quitter temporairement la ville, furent proclamés publiquement, aux quatre coins, par le crieur public au service de la Commune, *afin que tous sachent que ceux-ci, à leur retour, devraient se présenter aux capitaines de la guerre*[297]. Certains hommes ou femmes, furent-ils tentés de quitter illégalement la ville, de peur d'être inquiétés ou mobilisés au service de la Commune ? Une mesure votée au Petit conseil laisse supposer cette éventualité : il fut interdit à toute personne, homme ou femme, sous peine d'amende de deux hyperpères, d'escalader les murs de la ville à n'importe quel endroit, à la seule exception des vigiles de nuit qui y étaient autorisés. Cette mesure fut proclamée par le crieur public dans les rues et les places publiques de Dubrovnik[298].

Les mesures de surveillance et d'interdiction furent accompagnées de mesures de recrutement qui devaient attirer de gré ou de force, bon nombre d'habitants du district ou d'étrangers vers Dubrovnik. Ainsi le Sénat décida au début de la guerre de faire venir chaque nuit cent hommes de la localité voisine de Vrm et cent hommes de celle de Rijeka, toutes deux dans l'arrière-pays immédiat de Dubrovnik, avec pour mission de veiller, l'arme au poing, à la sécurité des enceintes, et ordre de rentrer chez eux le lendemain matin[299]. Cette pratique fut répétée plusieurs fois pendant le conflit, lorsque le gouvernement estimait que les menaces à la liberté ou à l'ordre intérieur l'imposaient. Il est évident que cette appellation « d'hommes », désignait en l'occurrence les paysans sur les terres des patriciens et en moindre mesure seulement, les citoyens ragusains, situés dans le district ; celà ressort clairement d'une mesure votée par le Sénat qui prévoyait *d'affranchir nos paysans*[300], à condition qu'ils se rendent à Dubrovnik pour assurer la garde, chaque fois que les galères génoises entrent dans le port[301]. Il ne s'agissait pas d'un affranchissement définitif et à grande échelle de la population dépendante du district, mais d'une mesure ponctuelle, qui pouvait être vécue par celle-ci comme une amélioration temporaire de son statut.

La guerre a fait aussi affluer vers Dubrovnik des gens dont la présence n'était pas désirée mais uniquement tolérée lorsque les circonstances l'imposaient, les prisonniers de guerre et en moindre mesure, les marginaux

---

[297] Dinić, M., *O. V. I,* 129.

[298] Dinić, M., *O. V.I,* 148.

[299] Dinić, M., *O.V. I, 64.*

[300] *De affrancando nostros rusticos.*

[301] Une escadre, même alliée, dans les eaux ragusaines, mettait en alerte les autorités. D'autre part, le régime agraire dans le district ragusain, prévoyait que l'autorité de la Commune s'exerçat pleinement sur les paysans *(rustici).* Au fil des élargissements successifs du district, au XIVe et XVe siècle, les terres des paysans, étaient d'office redistribuées aux familles patriciennes et, en moindre mesure, aux citoyens ordinaires, auxquels ces paysans devaient taxes et services.

de toutes origines qui profitaient à leur manière de la situation ambiante d'insécurité et d'angoisse.

Les prisonniers vénitiens à Dubrovnik n'étaient probablement pas fort nombreux et il s'agissait surtout de citoyens qui ont eu la malchance de s'y trouver, en tant que marchands ou patrons de navires, au moment du déclenchement des hostilités : il s'agissait plutôt d'otages que de véritables prisonniers de guerre, la participation des Ragusains au conflit étant dans l'ensemble assez limitée. Il en allait de même des prisonniers ragusains aux mains des Vénitiens : il existe des témoignages, fort peu nombreux au demeurant, d'échanges de prisonniers à Dubrovnik, pendant la guerre de Chioggia[302]. D'ailleurs, ces prisonniers, parmi lesquels nombreux étaient ceux qui avaient probablement séjourné longtemps à Dubrovnik et créé au fil des années des attaches professionnelles et familiales, semblent avoir été traités, en dépit de l'état de guerre, avec une relative mansuétude par les autorités locales : ainsi au tout début de l'année 1380, le Sénat ordonna d'aménager un plancher en bois et un filet à la place de la porte dans la prison où se trouvaient les Vénitiens, ainsi que de fermer uniquement de jour la porte de leur prison. De surcroît, chaque prisonnier devait recevoir, au frais de la Commune, deux pains et un demi-gros par jour[303]. Les autorités permirent même à deux Vénitiens emprisonnés, d'aller en ville, prendre soin de leur santé vacillante[304]. L'Etat de guerre, et surtout le fait que le gouvernement lui-même, s'efforçait d'amener en ville, de gré ou de force, des gens armés du district ragusain ou même du plus vaste arrière-pays, n'étaient pas sans danger pour la paix publique. Le Sénat autorisa alors les capitaines de guerre *à chasser de la ville tous les Slaves de mauvaise réputation et de faire en sorte que dorénavant pas un Slave, appartenant à cette catégorie, ne puisse venir à Dubrovnik*[305]. Cette mesure découle tout naturellement d'autres mesures de police urbaine, souvent évoquées dans les registres, autorisant le recteur ou les patriciens nommés à cet effet, de dresser des listes de personnes dangereuses pour l'ordre public. Ces personnes n'étaient pas inconnues, mais elles n'étaient poursuivies, interdites de séjour ou expulsées, que dans des circonstances exceptionnelles[306].

La protection militaire qui en ces années de guerre sollicita la plus grande attention des autorités ragusaines, ne leur fit cependant pas oublier la

---

302 Dinić, M., *O.V. I,* 103.

303 Dinić, M., *O.V.I,*120. A la seule exception du Vénitien François Baldella qui ne devait rien percevoir. Somme équivalant à 1/60 de ducat (à l'époque où un ducat équivalait à 30 gros) et qui aux yeux de Baldella, le plus riche marchand vénitien retenu à Dubrovnik, devait paraître bien dérisoire.

304 Dinić, M., *O.V. I,* 120.

305 Dinić,M., *O.V. I,* 94.

306 Dinić, M., *O.V I,*.32.

nécessité d'un ravitaillement renforcé en denrées alimentaires essentielles, surtout en blé, en sel ainsi qu'en vin : bien qu'il n'en fut pas question directement dans les registres gouvernementaux, l'éventualité d'un blocus maritime vénitien hantait fort probablement les patriciens. Ceci explique le fait que, pendant les années de guerre avec Venise, les interdictions réitérées aux marchands ragusains de quitter la ville ou le district ne concernaient jamais l'ensemble de la profession, et que dans les sociétés fraternelles et familiales, la moitié des sociétaires était autorisée à continuer le travail, tandis que leurs familiers et sociétaires devaient rester en ville, réceptionner les marchandises et alimenter régulièrement les dépôts communaux en céréales, en sel et en vin. Même les insulaires, sujets ragusains, reçurent, quelque temps avant leur transfert vers la ville, l'ordre d'acheminer à Dubrovnik tout le blé et le vin de leurs réserves, et d'en garder uniquement une quantité modique qui leur permettrait de vivre au jour le jour, sous peine de se voir confisquer par le gouvernement tous les surplus de ces denrées, au profit de la Commune[307]. Cependant, le principal souci des Ragusains en ces mois et années difficiles de la guerre de Chioggia était de se doter d'une défense, en particulier d'une défense maritime à la hauteur du danger que représentait la marine vénitienne. Pour la première fois, la sincérité de l'engagement génois était à l'épreuve, et les Ragusains l'évaluaient à l'aune de l'aide militaire, en particulier de l'aide maritime que la rivale de Venise était prête à mettre à leur disposition. La coopération maritime avec les Génois, consistait en la mise à disposition de ceux-ci, pendant la guerre, d'un certain nombre de navires ragusains, avec ou sans équipage. Cette aide ragusaine, à forte valeur symbolique, n'était évidemment pas décisive pour le déroulement des opérations militaires : sensiblement plus importante était la présence fort sollicitée et souvent octroyée des galères génoises dans le port de Dubrovnik pendant les années de guerre. Celles-ci constituaient alors, partie prenante de l'ensemble même du système de défense et de protection ragusaine.

Au début de la guerre, les Ragusains adressèrent de nombreuses missives à Gênes ou plus souvent à Zadar, qui devait assumer pendant toute la durée des hostilités, le rôle du principal port d'attache de l'escadre génoise de l'Adriatique, engagée dans le conflit. S'agissant de la présence permanente de l'escadre génoise, que souhaitaient vivement les Ragusains, les Génois, préoccupés par le déroulement de la guerre navale sur d'autres fronts plus actifs et déterminants pour le cours de la guerre, ne l'entendaient pas de cette oreille. D'où un semblant de dialogue de sourds entre le commandant de l'escadre génoise à Dubrovnik ou l'amiral génois à Zadar

---

307 Dinić, M., *O.V I*, 60: *Salvo quod possint retinere in dictis insulis tantum de vino et blado quod possint vivere, sub pena perdendi totum vinum et bladum, quod repertum fuerit in dictis insulis ultra usum cotidianum predictum.*

d'une part et les autorités ragusaines de l'autre : les premiers ne cessaient d'insister sur l'obligation ragusaine de fournir les navires et les équipages, les secondes souhaitaient pérenniser le séjour des galères génoises dans le port de Dubrovnik et l'inclure dans le dispositif permanent de la défense urbaine. Il est naturel que dans ces circonstances, les rapports entre les alliés aient été émaillés de malentendus, et qu'en fin de compte, les navires génois aient davantage assuré la surveillance des parages de Dubrovnik, que pris directement part à la défense de la ville. D'ailleurs, ceux-ci furent étrangers à l'unique, mais violent accrochage qui eut lieu entre les Ragusains et les Vénitiens au début de la guerre de Chioggia[308].

Lorsqu'à la mi-octobre 1378, une escadre génoise composée de quatre navires arriva sous les murs de la ville, le gouvernement ragusain s'empressa d'informer le commandant que, dans l'intérêt des Génois, elle devrait s'installer à demeure à Dubrovnik et l'escadre fut tout de suite accueillie au sein du port ragusain[309]. Pourtant elle ne semble pas s'être attardée à Dubrovnik au-delà de quelques jours. Les Ragusains réitérèrent la demande en hiver 1380, en écrivant à Gaspard Spinola, capitaine général de la mer génois, pour lui demander de détacher de son armada deux galères qui viendraient hiverner à Dubrovnik. Cependant, une force navale étrangère au cœur de l'arsenal, même s'il s'agissait d'alliés génois, devait susciter quelques inquiétudes. Le Sénat ragusain décida donc en 1381 qu'au cas où les galères génoises viendraient mouiller dans le port de Dubrovnik, la Commune renforcerait les effectifs des vigiles de nuit, auxquels il fut en même temps interdit de s'attarder, en pareilles circonstances, dans les rues et places publiques.

Les sénateurs ragusains semblent avoir eu plus de succès dans l'approvisionnement de la ville en matériel de guerre génois qu'ils sollicitèrent lors de leur conflit avec les Vénitiens. Ainsi, dès le début des hostilités, ils envoyèrent un courrier à la commune de Gênes en lui demandant de leur acheminer le matériel nécessaire pour armer deux navires[310]. Le Sénat décida en novembre 1378, de s'adresser au doge et à la commune de Gênes avec une commande d'armement aux frais de la commune ragusaine : on demandait à l' allié génois deux cent cuirasses et deux cent casques pour rameurs – les casques devant être plus grands que ceux déjà livrés par le passé – quatre cent cols de cuirasses et cent livres de cordes de bonne qualité pour balistes[311]. Quelques mois plus tard, la commande n'était pas encore livrée, car l'ambassadeur ragusain envoyé à Zadar, où se trouvaient les quartiers de l'armada génoise, avait pour mission

308 *Mon. Rag. IV*, 166.
309 *Mon.Rag.IV*,179.
310 *Mon. Rag.IV*, 155.
311 *Mon. Rag. IV*, 176.

de s'enquérir auprès du commandant Pierre Doria, s'il avait acheminé la commande, et si tel n'était pas le cas, de demander qu'il le fasse dans les meilleurs délais, car celle-ci avait été déjà payée aux Génois[312]. Les autorités ragusaines, soucieuses d'assurer leur défense terrestre, s'impatientaient parfois de cette lenteur génoise à fournir les armes et les équipements qu'elles avaient pourtant préalablement payés de leurs propres deniers. En décembre 1379, elles chargèrent leurs ambassadeurs de recruter au service de la Commune un balistier génois, au meilleur salaire qu'ils pourraient convenir, en précisant, qu'au cas où il ne pourrait s'agir d'un Génois, ils choisissent *un autre balistier, mais parmi les gens au-delà de tout soupçon*[313]. L'hiver suivant, il était question au Petit conseil d'un contrat avec deux Génois, *maîtres en projectiles à balistes*, qui devaient entrer au service de la Commune.

Les Ragusains, sans attendre l'aide génoise, cherchaient aussi à s'approvisionner en armes par leurs propres moyens : en plein conflit, ils décidèrent d'emprunter aux fonds communaux assignés à l'achat du sel, quinze hyperpères – approximativement cinq ducats – pour la fonte des bombardes : de toute évidence, il ne pouvait s'agir ici que d'une infime partie des frais totaux assignés à la mise en place de cette première artillerie ragusaine[314]. Le recteur et les capitaines de la guerre reçurent de même, pendant le conflit, l'autorisation de faire couvrir les bombardes, aux frais de la commune, pour mieux les protéger des intempéries[315].

A la veille du conflit, la Commune ayant par le passé, autorisé l'exportation de deux bombardes, une vers la commune de Trogir, sous autorité hongroise, et une autre vers la Bosnie à la demande du roi Tvrtko I, le Sénat intedit à l'avenir, à toute personne d'exporter des bombardes hors de la ville, sans autorisation du recteur ou des capitaines de la guerre[316]. Le recteur et les capitaines de la guerre furent de même autorisés à confier la grande baliste en bois de cornouiller au maître Martin, afin qu'il la remette en état de servir[317]. Pendant ce temps, les travaux de défense, entamés avant le début des hostilités, continuaient bon train, notamment le creusement du grand fossé qui longeait la partie occidentale des remparts[318].

---

[312] *Mon. Rag. IV*, 229.
[313] *Mon. Rag. IV*, 251.
[314] *Mon. Rag. IV*, 194.
[315] Dinić, M. *O. V. I*, 114 *De faciendo expensas ad faciendum coperiri bombardas comunis pro conservatione earum.*
[316] Dinić, M., *O. V.I*, 134.
[317] Dinić, M., *O.V. I*, 115.
[318] Dinić, M., *O. V. I*, 114-115.

A l'exception d'une modeste participation de deux navires ragusains dans la flotte génoise à Chioggia[319] et de quelques accrochages mineurs avec les galères de la Sérénissime en haute mer, les Ragusains n'ont pas mené d'actions militaires contre les Venitiens : l'eussent-ils essayé, les résultats auraient probablement été désastreux pour eux, au regard de la disproportion des forces navales entre Dubrovnik et son ancienne suzeraine.

Il y eut cependant un bref accrochage entre les deux adversaires dans les parages de Dubrovnik, qui a laissé des traces, aussi bien dans les sources narratives que documentaires : les sources narratives ne sont pas unanimes dans la présentation de cette brève rencontre et les meilleures, plaident plutôt en faveur d'une détermination totale des Ragusains à affronter l'ennemi, que d'un véritable accrochage. En effet, en septembre 1378, les artilleurs ragusains reçurent l'ordre du Sénat de n'actionner leurs bombardes, placées sous les ordres de sept patriciens, *que s'ils apercevaient une ou plusieurs galères de nos ennemis vénitiens, en train de s'engager dans l'espace entre l'île de Lokrum et notre ville.* Cependant, si ces galères venaient du Ponant et se dirigeaient vers le Levant, ils ne devaient s'activer que si celles-ci *montraient la ferme intention de s'engager dans le détroit qui sépare l'île de Lokrum de la ville.* Par prudence, les autres bombardes, qui n'étaient pas placées sous les ordres des sept patriciens, et dont les positions respectives n'étaient pas précisées, devaient s'abstenir d'ouvrir le feu, au cas où les galères vénitiennes ne se mettraient pas les premières à tirer sur les remparts de la ville. Ultime mesure, qui participe davantage d'une certaine rationalité dans la gestion des munitions que des raffinements de la tactique ragusaine, les sept patriciens aux commandes des pièces d'artillerie, ne devaient donner l'ordre de tirer, que si les galères prises pour cibles étaient assez proches pour être touchées par les boulets projetés de leurs bombardes[320]. Cependant, un autre chroniqueur ragusain dont le récit n'est pas confirmé par les registres des trois conseils de la Commune, raconte la suite de ces préparatifs ragusains. Une puissante escadre vénitienne, rentrant du Levant, sous les ordres de l'amiral Carlo Zeno, s'était approchée de Dubrovnik et sans qu'une véritable bataille s'engageât, une galère vénitienne fut touchée, *par un projectile parti d'un engin, inventé en ces temps-ci par certains Allemands* [321]. Pour réparer la galère, les Vénitiens se rendirent alors dans la

---

[319] *Chronica Ragusina Junii Restii item Joannis Gundulae*, 169. Participation qui s'acheva pourtant par une prudente retraite, avant même la reddition finale de l'escadre génoise dans les eaux de la lagune vénitienne.

[320] *Mon. Rag. IV*, 166. *Chronica Ragusina Junii Restii item Joannis Gundulae, 165.* Fejic, N., « Construire et contrôler : Le gouvernement de Dubrovnik (Raguse) face au défi de la construction et de la protection des infrastructures portuaires (XIVe-XVe siècle) », *Actes du XXXV Congrès de la SHMES La Rochelle 2004,* Paris 2005.

[321] *Annales Ragusini Anonymi item Nicolai de Ragnina*, digessit Speratus Nodilo, Zagrabiae, 1883. (Plus loin *Annales Ragusini Anonymi)* .

baie de Gruž (Gravosa)[322]. Les Ragusains décidèrent immédiatement de les attaquer, ils sortirent de la ville et se ruèrent sur leurs ennemis qui avaient débarqué, en tuant un grand nombre de Vénitiens et en rentrant à Dubrovnik avec un butin considérable. Ce bel épisode qui met en valeur la détermination des Ragusains et leur inébranlable fidélité à la coalition anti-vénitienne, ne trouve pourtant aucune confirmation dans d'autres sources[323].

Les nouvelles de la paix de Turin étaient connues à Dubrovnik en septembre 1381, et en octobre déjà, le Petit conseil avait pris la décision de réduire les effectifs des gardes au minimum indispensable en temps de paix, qui s'élevait néanmoins à 75 personnes. Les Slaves qui souhaitaient visiter Dubrovnik étaient maintenant autorisés à s'y rendre. Tolérance inattendue, lorsque l'on sait que pendant la guerre qui venait de s'achever, les autorités ragusaines ont plusieurs fois interdit aux habitants de l'arrière-pays d'entrer en ville, en invoquant à vrai dire, la peste qui régnait dans ces contrées. Les sénateurs ragusains se souvinrent-ils en cette circonstance, que tout au début de la guerre ils avaient chargé un prêtre de donner des offices quotidiens dans l'église de Saint Georges-hors-les-murs et d'y garder un luminaire allumé tant que durerait ce conflit ?[324]

Le conflit avec Venise terminé, les Ragusains recommencèrent à fréquenter en nombre la Sérénissime, et les Vénitiens reprirent leurs affaires à Dubrovnik, malgré quelques mauvais souvenirs. La légende d'une nouvelle spirale de haine qui se serait alors installée entre les deux communes maritimes, discrètement véhiculée par la chronique ragusaine, est cependant exagérée : en 1382, à l'initiative d'un émissaire de la ville de Zadar, toujours sous domination hongroise, il fut question d'un pacte d'entraide entre les villes dalmates en cas d'une attaque vénitienne contre l'une d'entre elles, mais ce traité ne fut jamais mis en œuvre et les Ragusains se faisaient progressivement à l'idée que les Vénitiens, tôt ou tard, finiraient par se réapproprier leur Empire, perdu en 1358.

Un autre fléau menaçait les Ragusains pendant la guerre de Chioggia : la peste. Les mesures prises pour écarter ou limiter les ravages de la peste à Dubrovnik, allaient souvent à l'encontre d'autres mesures visant à renforcer les effectifs de la défense. Il y a là, une réelle contradiction entre une série de mesures invitant, voire obligeant les paysans du district à venir assumer les tâches de surveillance et de protection en ville ou prévoyant le recrutement

---

[322] La baie et la localité de Gruž se trouvent à trois kilomètres au nord de Dubrovnik. La baie de Gruž en particulier est bien protégée des vents de l'est, à la différence du vieux port de Dubrovnik. Elle servit à ce titre de refuge aux navires mais ne supplanta jamais pleinement l'ancien port de Dubrovnik qu'au XIXe siècle.

[323] Surtout pas chez Junije Rastić qui s'avère dans l'ensemble beaucoup plus respectueux des sources documentaires qu'il avoue avoir amplement consultées avant de passer à la rédaction de sa chronique.

[324] *Mon. Rag. IV*, 161.

des mercenaires, et des mesures réitérées, interdisant à la même époque l'entrée aux sujets du roi de Bosnie ou en général aux Slaves de l'arrière-pays[325].

La guerre de Chioggia ouvre une nouvelle époque dans la politique sécuritaire de Dubrovnik. Après avoir été l'objet des convoitises des rois et des seigneurs des Balkans, après avoir participé aux deux grands conflits engageant deux puissantes coalitions, les Ragusains avaient appris à mieux gérer les situations de crise et au fil des multiples épreuves qu'ils avaient subies, à élaborer une politique sécuritaire plus réfléchie, qui intégrait les leçons des décennies passées et envisageait la gestion des problèmes de sécurité à moyen terme indépendamment de toutes contingences. Un effort de législation considérable, et de nouvelles initiatives de recensement de la population à grande échelle, en vue d'une évaluation fiable des futurs effectifs de la défense, étaient les preuves les plus éclatantes de cette nouvelle politique de sécurité.

De nouvelles dispositions législatives furent intégrées en 1387 dans le Livre Vert, traitant certains aspects de la défense et de la protection urbaine, avec une profusion de détails que les décisions antérieures des trois conseils urbains et les dispositions déjà existantes dans le Statut de Dubrovnik n'ont pas connue. Ce soin tout particulier apporté à la protection des enceintes et à la surveillance de la paix intérieure, devrait être mesuré à l'aune des épreuves que Dubrovnik eut à subir au siècle suivant, d'autant plus qu'une tradition que les historiens ont parfois répercutée avec une certaine complaisance, attribuait l'indépendance de la ville et du district à l'exercice d'une diplomatie sans faille, plutôt qu'à la valeur dissuasive des mesures de sécurité. Ces mesures pourtant, résument et projettent dans l'avenir l'expérience acquise au cours des décennies précédentes.

Tandis qu'au cours des premières décennies de son histoire, son influence s'exerçait sur un district urbain très réduit de quelques kilomètres

[325]Dinić, M., *O. V. I*, 115: au mois de janvier 1381, le gouvernement interdit à toute personne venant de Bosnie, homme ou femme, d'entrer à Dubrovnik, *car on raconte qu'il y règne une grande mortalité*. Ibid. *O. V.I*, 216 : au printemps de l'année suivante, il fut interdit à tout patron de navire ragusain venant d'Orient ou d'Occident, *de conduire des Slaves ou des Valaques, hommes ou femmes, à Dubrovnik, afin de les soigner*. Ibid. *O.V. I*, 238 : la même année, tous les étrangers venant des contrées pestiférées étaient obligés de se rendre dans les îlots de Mrkana et de St André ou dans l'île de Mljet, et d'y rester 15 jours, avant de recevoir l'autorisation de se rendre à Dubrovnik. Leur marchandise même devait être déchargée au-delà des chaînes du port, en dehors de la ville. Ibid. *O.V., I*, 299 : Au mois de décembre 1382, le gouvernement ragusain, tout en n'interdisant pas aux marchands de se rendre à Venise, les mettait en garde, qu'en prenant une telle décision, ni eux-mêmes, ni leur marchandise, ne pourraient rentrer à Dubrovnik, tant que durerait l'épidémie.

carrés au nord et au sud de la ville, le long du littoral – l'Astaréa – les successives cessions de territoires par les souverains de Serbie et de Bosnie, rendirent le pouvoir de Dubrovnik, et surtout la protection d'une bande côtière de plusieurs dizaines de kilomètres de long, beaucoup plus aléatoire. Fort heureusement pour Dubrovnik, les menaces militaires qui la visaient jusqu'à la fin du XIVe siècle, étaient essentiellement dirigées contre la ville capitale et la petite localité de Ston, limite septentrionale du district, à une soixantaine de kilomètres de distance. La ville de Dubrovnik était à cette époque, l'objet de convoitises de ses voisins, pour l'intérêt stratégique de son site même, et à ce titre, elle a subi de nombreux sièges. La ville se défendait avec pugnacité, mais devait confier, dans la grande majorité de cas, aux diplomates de sa puissance suzeraine Venise, accompagnés de ses propres agents, la conduite des pourparlers délicats qui mettaient fin aux conflits et aboutissaient généralement à la signature de traités de paix avec les souverains de la dynastie serbe des Nemanjić[326].

Au début de la seconde moitié du XIVe siècle, le changement géopolitique dans son arrière-pays, le lent déclin puis l'éclatement de l'Empire serbe des Nemanjić, après la mort de Stéphane Doušan, et la montée en puissance du « ban » puis roi de Bosnie, Tvrtko I, la substitution de la Hongrie à Venise comme puissance suzeraine après 1358, beaucoup plus souple que ne l'était la Sérénissime, ne furent pas sans conséquences pour Dubrovnik. Le soutien militaire et la médiation diplomatique de la Hongrie s'avéraient souvent insuffisants, surtout lorsque le pays, à la mort du roi Louis I, en 1382, sombra dans l'anarchie féodale et lorsque Dubrovnik, à la différence de toutes les communes dalmates et de la Bosnie, soutint les prétentions de Sigismond de Luxembourg sur le trône. Face à ces impondérables que représentaient les ambitions des rois et des seigneurs qui s'exerçaient à la fin du XIVe et au début du XVe siècle sur son district, face à l'ambition de Venise qui ne s'est jamais résignée à la perte de son Empire dans l'Adriatique, Dubrovnik ne disposait pas de beaucoup d'atouts. Pour résister à ses nombreux adversaires, la Commune disposa au cours des décennies qui suivirent de moins d'alliés que par le passé[327].

A tout cela vint s'ajouter le danger des percées ottomanes dans l'arrière-pays de Dubrovnik qui se multiplièrent dans les années qui précédèrent la bataille de Kosovo (1389). Il est fort probable que certains détachements ottomans soient parvenus jusqu'à la côte adriatique en 1386. Le Grand

[326] Ćuk, R. *Srbija i Venecija u XIII i XIV veku, La Serbie et Venise au XIIIe et XIVe siècle, Beograd 1986.* Krekić, B., « Zašto je vodjen i kada je završen rat izmedju Dubrovnika i Srbije 1301-1302 godine », *Zbornik radova Vizantološkog instituta,* 17,1976, 417-423. Ibid. « O ratu Dubrovnika i Srbije 1327-1328 », *Zbornik radova Vizantološkog instituta*, 11, 1968, 193-205.

[327] Cela deviendra particulièrement évident dans les conflits qui opposeront Dubrovnik aux seigneurs bosniens au cours du XVe siècle.

conseil ragusain autorisa en 1385 les propriétaires terriens du district à installer les réfugiés sur leurs propriétés et *s'il s'en trouvait parmi eux des Slaves, ils devaient, selon l'ancien usage, passer un an à Dubrovnik*[328].

L'intense activité législative dans le domaine de la défense et de la protection urbaine, révèle aussi quels étaient, aux yeux des Ragusains, les éventuels axes d'attaque contre la ville. Le grand fossé sous les enceintes occidentales de la ville, de la porte de Pile aux pieds du Mont Srdj, entamé à la veille de la Guerre de Chioggia, le renforcement du fort de Lovrijenac sur un rocher escarpé aux avant-postes de la ville, tout cela semblait accréditer la crainte persistante d'une attaque venant du Ponant : la menace d'un débarquement vénitien dans la baie de Gruž, pendant la Guerre de Chioggia, les percées ottomanes dans la vallée de la Neretva, au nord-ouest de Dubrovnik, étaient peut-être à l'origine de l'intense activité législative dans le domaine de la défense et de la sécurité. Deux séries de dispositions législatives, consignées dans le Livre Vert en 1387, reprennent et développent toute la doctrine défensive de Dubrovnik au cours des décennies précédentes, déjà présente, sous forme de décisions ponctuelles dans les registres des conseils ragusains. La première concerne le fort de Lovrijenac et la deuxième, la ville même de Dubrovnik[329].

S'agissant du fort de Lovrijenac, son capitaine devait être élu par tirage au sort, parmi les membres du Grand conseil, âgés entre trente et soixante ans[330]. Il devait assumer son poste depuis la tombée de la nuit jusqu'au lendemain soir, lorsqu'il devait être relevé par un autre capitaine de nuit, élu dans les mêmes conditions. Le fort de Lovrijenac ne devait à aucun moment être laissé sans capitaine de nuit. A celui-ci incombait la tâche de fermer la porte du fort et de veiller à ce qu'elle ne soit ouverte en aucune circonstance et par qui que ce soit, jusqu'au lever du jour. Même le recteur de Dubrovnik n'était pas dispensé de cette fonction si son nom était tiré au sort. Il pouvait néanmoins reporter l'exercice de ladite fonction jusqu'à la fin de son mandat de recteur. Il en allait de même pour le capitaine désigné par tirage au sort au fort de Lovrijenac et qui exerçait déjà, au moment de sa nomination, la fonction de capitaine de nuit à Dubrovnik même. Le capitaine du fort de Lovrijenac devait être entouré dans l'exercice de sa fonction, de quatre citoyens du peuple – populares – sous ses ordres, âgés eux aussi de moins de soixante ans. Ce détachement du fort de Lovrijenac devait être renforcé tous

[328] Solovjev, V., (ed.), *Liber Omnium Reformationum civitatis Ragusii,* Beograd, 1936. *Chronica Ragusina Junii Restii item Joannis Gundulae*, 174. Les Ragusains envoyèrent un émissaire au prince serbe Lazare et au seigneur Vuk Branković, pour les informer de cette arrivée, *afin que ces seigneurs ne prennent pas mal un tel exode de leurs sujets.*

[329] Nedeljković, B., *Lib. Vir. Cap.57 et 58.*

[330] A la différence des capitaines de nuit à Dubrovnik même, dont l'âge d'accès à cette fonction était abaissé à vingt ans.

les soirs de six habitants de Gruž, âgés de plus de seize ans et qui n'étaient astreints qu'au service de nuit[331]. Aussi bien le capitaine que ses quatre accompagnateurs de Dubrovnik, devaient rejoindre leur poste armés chacun d'au moins une épée et *d'autres armes selon leur préférence*[332]. La législation est moins exigeante à l'égard des habitants venant de Gruž, qui devaient simplement être armés *selon leurs possibilités*[333]. A la fin de son mandat, d'un jour et d'une nuit, le capitaine devait se présenter devant le recteur de la ville et jurer que l'exercice de garde s'est déroulé dans le respect de la procédure habituelle. Il était spécifié que tous les citoyens du peuple pouvaient proposer un remplaçant avec l'accord du capitaine élu, à l'exception des couturiers, des cordonniers et des marchands. Dix citoyens, sous le commandement d'un patricien, constituaient donc la garde permanente du fort de Lovrijenac. Le site éminent du fort qui surplombait légèrement les remparts du côté du Ponant, permettait d'alerter facilement les sentinelles sur le chemin de ronde. Il constituait de ce fait un des dispositifs essentiels de la défense de Dubrovnik en temps de guerre.

Plus importantes encore étaient les lois sécuritaires concernant la ville même de Dubrovnik, votées par le Sénat la même année, et inscrites dans le Livre Vert. Ces lois reconduisaient en grande partie les décisions ponctuelles votées par les conseils ragusains, dont l'observation s'est probablement assouplie au fil des années.

Une première partie de cette législation s'occupait de l'aménagement de l'espace urbain : une attention toute particulière était consacrée au dégagement des remparts de toute communication ou passerelle avec les bâtiments à l'intérieur du périmètre urbain, qu'ils soient publics ou privés. Les couvents des ordres mendiants, qui occupaient des sites stratégiques, près des portes orientales (dominicains) ou occidentales (franciscains), étaient expressément sollicités de couper toute communication avec les murs extérieurs et de laisser s'installer une voie communale entre leurs bâtiments et l'enceinte extérieure, conformément aux nombreuses décisions déjà prises par le passé[334]. Même les maisons des particuliers et les hospices jouxtant l'enceinte extérieure ou s'en rapprochant, devaient être évacués : trois provéditeurs chargés de la sécurité urbaine devaient cependant se pencher sur le problème du relogement de tous les habitants éventuellement concernés par cette mesure. Une voie longeant le périmètre intérieur de la

---

[331] Nedeljković, B., op. Cit. *Cap. 57.* Simples habitants du district, ils quittaient leur poste le lendemain matin, contrairement aux patriciens et aux citoyens de Dubrovnik même, qui devaient assurer la garde jusqu'au lendemain soir.

[332] Ibid.

[333] Ibid.

[334] Nedeljković, B., *Lib. Vir. Cap. 58*. Décisions qui n'ont apparemment pas été traduites dans les faits. Les relations entre le pouvoir et les autorités ecclésiastiques, n'ont jamais été faciles à Dubrovnik.

ville devait être achevée aux endroits où elle n'existait pas par le passé. Si ces mesures concernant l'aménagement de l'espace intra-urbain, dans l'intérêt de la sécurité communale n'étaient pas radicalement neuves, elles ne furent jamais exposées avec une pareille minutie, de surcroît, dans un recueil de lois. Ayant acquis force de loi, elles ne seraient d'ailleurs plus retouchées jusqu'au début des temps modernes.

Il est intéressant de signaler que, dans un esprit de clarté, ce chapitre du Livre Vert distingue nettement les mesures ayant trait à l'infrastructure urbaine, de celles visant à renforcer l'esprit civique sécuritaire parmi les Ragusains. Dans ce second domaine aussi, la réglementation n'est pas radicalement neuve, mais elle est énoncée avec un esprit de suite que l'on chercherait en vain dans la pratique quotidienne des temps révolus. Cependant, contrairement à la législation ragusaine concernant l'infrastructure urbaine, qui ne sera plus remaniée, la législation concernant le rôle, la disposition et les effectifs des gardes, énoncée dans le Livre Vert en 1387, ne peut être considérée comme définitive et continuera à évoluer au fil des décennies en fonction des périls auxquels la ville sera exposée[335].

Il était donc interdit à tout Ragusain qui n'était pas de garde, qu'il fût armé ou non, de circuler dans les rues ou de s'attarder sur les places publiques, sous peine de sanctions contenues dans les *statuts anciens et les lois de Dubrovnik*[336].

La même interdiction se rapportait sous les mêmes conditions aux étrangers, avec en plus l'obligation pour chacun, à circuler en ville avec une lanterne. Il était de surcroît interdit aux Ragusains d'inviter les étrangers à sortir de leurs demeures la nuit et de les accompagner en ville, sous peine de sanctions appliquées aussi bien aux Ragusains qu'aux étrangers.

Les effectifs des gardes de nuit furent augmentés de vingt à trente personnes désignées par tirage au sort. Parmi ces trente personnes, huit, réparties en deux groupes, étaient affectées pendant toute la durée de leur service aux deux tours qui surplombaient l'entrée du port, celles de Saint-Luc et de Saint-Jean, côté Levant. Quatre personnes étaient affectées à la tour qui surplombait la porte de Pile, côté Ponant ; les dix-huit autres gardes de nuit, n'avaient pas d'affectation particulière, mais devaient surveiller l'ensemble des rues et des places publiques de Dubrovnik. Tout ce détachement de trente personnes était placé sous les ordres d'un *seigneur de la nuit*, issu du rang des patriciens. Le commandant du détachement des gardes de nuit devait, pendant l'exercice de sa fonction qui durait un mois, se reposer dans une loggia prévue à cet effet qui se trouvait dans le palais des

---

[335] Elle sera considérablement modifiée un siècle plus tard dans le « Livre Jaune ». Voir : Nedeljković, B., *Liber Croceus*, Beograd 1997, cap. 78.

[336] Formule intéressante, dans la mesure où elle confirmerait l'existence d'une législation à Dubrovnik, précédant le Statut de 1272.

douanes, sur la place centrale de la ville. Les trésoriers de la Commune devaient confier les fonctions de membres du corps de garde aux *meilleurs et non aux personnes viles et inaptes à monter la garde* : évidemment ces derniers qualificatifs désobligeants ne pouvaient se rapporter qu'à la troupe de citoyens, le commandant des gardes de nuit appartenant au patriciat et ne pouvant souffrir de pareils défauts[337].

Une réparation et une révision régulière de l'armement de Dubrovnik furent instaurées par la même loi. Toutes les armes offensives et défensives dont disposait la Commune, devaient être contrôlées : on énumérait expressément les casques, les cuirasses, les cols, les lances, les boucliers, les flèches, les balistes, les spingardes, les bombardes – sans oublier la poudre qu'on décida de protéger de l'humidité – et on précisa au passage *que toutes ces armes devaient être disponibles pour la défense et la sauvegarde de la Commune et de ses citoyens.*

L'application de cette loi fut confiée à trois provéditeurs nommés par le recteur et le Petit conseil, dont le mandat devait durer trois mois. Pendant ce temps, ils devaient se déplacer toutes les nuits, à leur convenance, pour vérifier si les mesures instaurées par la nouvelle législation étaient bien mises en application[338].

Il ne faudrait pas attribuer uniquement à la richesse des sources et à l'existence de trois recueils législatifs[339] à Dubrovnik, à la fin du XIVe siècle, le fait que la politique sécuritaire de la Commune puisse être reconstruite pour cette période, avec plus de certitude et avec moins de zones d'ombre, que pour le début de ce siècle. S'il y a lieu d'évoquer une politique sécuritaire à Dubrovnik à partir de la fin du XIIe siècle et jusqu'à la fin de la prépondérance vénitienne au milieu du XIVe siècle, celle-ci est à rechercher davantage dans les garanties de libre circulation et de sécurité personnelle et matérielle, que les souverains de Serbie et de Bosnie accordaient aux Ragusains[340], que dans une politique d'envergure dans le domaine de la protection des remparts, du périmètre urbain ou de la défense de l'ordre public, bien que des mesures ponctuelles dans ce domaine-ci aient été égalementi votées et appliquées à Dubrovnik, à l'époque de la

---

337 Pourtant à Dubrovnik, comme à Venise, la vie de certains membres du patriciat n'était guère exemplaire. Voir à ce sujet Krekić, B., « Ser Basilius de Basilio – a less than Commendable Ragusan Patrician (1361 ?- 1413) » *Variorum III*, 1997. Ruggiero, G., *Violence in early Renaissance Venice*, Rutgers University Press, 1980. Queller, D., *The Venetian Patriciate, Reality versus Myth,* University of Illinois Press, 1986.

338 NedeljkovićB., *Lib. Vir. Cap. 58.*

339 Le Statut, le Livre de toutes les réformations et le Livre Vert.

340 Souvent d'ailleurs, moyennant d'importants avantages accordés par les Ragusains aux Vénitiens, pour les remercier de leur médiation auprès des souverains serbes et bosniens.

prépondérance vénitienne. D'où l'image, peut-être trompeuse et qui est due plutôt aux récits embellis des chroniqueurs ragusains qu'aux sources documentaires, d'une ville résistant sans autres moyens que la force du désespoir, aux sièges consécutifs des souverains Nemanjić pendant le XIIIe et le tout début du XIVe siècle siècle. Pour la période consécutive, les récits des chroniqueurs deviennent plus circonstanciés, parce que mieux éclairés par les sources documentaires à leur disposition. Ces récits peuvent alors évoquer davantage que par le passé, des mesures précises, visant le renforcement de la protection extérieure et de la sécurité intérieure. Il y a donc, au cours de la deuxième moitié du XIVe siècle, une véritable convergence de sources administratives, juridiques et narratives, pour étayer l'image d'une ville qui se dote de moyens techniques et juridiques pour conforter sa liberté et sa sécurité intérieure.

Une autre tendance qui se manifeste tout au long du XIVe siècle est l'intérêt de plus en plus prononcé du pouvoir pour l'arsenal et le port de Dubrovnik. Cette tendance témoigne du renforcement de la vocation maritime et commerciale de la Commune. Au niveau de la mobilisation des ressources humaines, cette tendance est peut-être un peu moins marquée qu'au niveau de l'aménagement des infrastructures, les gardes de jour et de nuit étant dispersés sur tout le périmètre urbain et pas uniquement près des portes donnant sur le port et l'arsenal. Dans ce domaine aussi, une tendance semble être à l'œuvre à partir de la seconde moitié du XIVe siècle : une répartition des rôles de plus en plus prononcée, entre les gardes préposés à l'ordre public, une sorte de police urbaine et les gardes préposés à la surveillance des portes ou du chemin de ronde des remparts, une puissance militaire donc. Si cette répartitition n'est jamais officialisée, elle est néanmoins présente. Les cibles de ces patrouilles urbaines, auxquelles n'a pas été attribué un poste précis de surveillance, sont en général des Ragusains et les étrangers qui déambulent dans les rues de Dubrovnik après le troisième son de cloche, sans lanterne, qui se déguisent abusivement les nuits de carnaval, qui fréquentent les tavernes, qui s'adonnent aux jeux ou qui portent les armes, malgré les interdictions prononcées par les conseils et portées à la connaissance de tous par le crieur public. Par contre, les gardiens assignés aux postes fixes, ont l'interdiction absolue de se déplacer du crépuscule au petit matin, voire au lendemain soir, selon les postes assignés et les modalités de garde : sont concernés les postes aussi éloignés les uns des autres, que le fort de Lovrijenac, les deux portes de l'arsenal, les tours de Saint-Jean et de Saint-Luc, surplombant le port et l'arsenal, les principales portes du Ponant – porte de Pile – et du Levant – porte de Ploče – et d'autres postes de garde. La protection des murs et des portes de la ville et la surveillance de l'ordre public s'affirment donc de plus en plus comme deux volets distincts mais complémentaires d'une politique sécuritaire concertée.

La défense de la ville et la protection de l'ordre public sont-elles devenues progressivement au cours du XIVe siècle, dans le miroir des sources documentaires, le domaine réservé d'une catégorie sociale particulière, en l'occurrence du patriciat ragusain ? Les chroniqueurs ragusains, même en évoquant les périodes tardives du XVe siècle, envisagent leur ville, presque comme une communauté idéale, où la classe patricienne n'est guère l'émanation de valeurs particulières, et où par voie de conséquence, ni le patriotisme ni toute autre forme de vertu civique n'est le fait d'une catégorie spécifique de la population, mais reflète la communauté entière. Les sources documentaires, cependant, politiques et judiciaires au premier degré, assignent clairement aux membres du patriciat un rôle éminent dans la défense de la ville et dans la protection de l'ordre public. Des deux capitaines généraux de la guerre qui entouraient le recteur en temps de conflits armés, et disposaient d'un pouvoir décisionnaire presque absolu en matière de défense et de sécurité, limité uniquement par la durée de leur mandat, jusqu'aux capitaines des effectifs les plus modestes – on a dénombré dix personnes pour la protection du fort de Lovrijenac en temps de paix, et pourtant le recteur de Dubrovnik pouvait en faire partie – tout poste de responsabilité était confié aux patriciens ; leur rôle dans le système de défense et de sécurité était prépondérant, mais plus grande était aussi leur responsabilité ainsi que les sanctions auxquelles ils étaient exposés en cas de manquement à leurs obligations. Les sanctions en cas d'absence injustifiée, au poste de garde ou d'abandon de poste, étaient plus lourdes pour les patriciens que pour les simples citoyens, aussi bien en terme d'amendes exigées, qu'en jours de détention si l'amende n'était pas versée par le contrevenant. L'éventail des sanctions extrêmement détaillées, prévues en cas de désobéissance aux ordres, illustrait bien tout l'écart qui se creusait progressivement, entre l'image idéale de l'élite urbaine ragusaine, dévouée à sa vocation de protectrice des libertés et de l'ordre public, et l'image plus nuancée que renvoyaient en réalité les membres de cette élite, engagés dans l'exercice quotidien de leur devoir.

Mesures de sécurité au temps des guerres contre les seigneurs de Bosnie et de l'expansion ottomane au XVe siècle

Le XVe siècle s'ouvre précisément à Dubrovnik sur une conjuration qui met en cause une infime partie du patriciat et permet de mesurer le chemin accompli dans le déploiement du système de sécurité ragusain. La menace contre le gouvernement de Dubrovnik était quelque peu exagérée par les chroniqueurs au point de rappeler en modèle réduit une conjuration vénitienne[341].

Le jour de la fête des 40 martyrs, le 9 mars 1400, fut dévoilée à Dubrovnik une conjuration ourdie par quatre jeunes patriciens issus des meilleures familles, ragusaines, les Zamagna et les Bodazza. Selon le Chroniqueur anonyme, *la République jouissait depuis longtemps de la paix, sous l'autorité des gouverneurs régulièrement élus. Cependant, bien que n'ayant pas d'ennemis et de traîtres à l'extérieur, elle les trouva en son sein même. En accord avec un grand nombre de citoyens consentants et avec une admirable dextérité ils tentèrent de changer le statut et le gouvernement de la République, désirant en devenir les tyrans*[342]. Le chroniquer évoque les circonstances qui ont permis de démasquer et de punir les comploteurs : *s'étant réunis secrètement pour dîner autour d'une table, dans la maison d'un cordonnier, il se trouve que, n'ayant pas de quoi préparer leurs mets, le cordonnier envoya sa domestique chercher des provisions auprès d'un patricien, Nicolas de Gozze, dont il avait lui-même épousé la servante. Ayant donc appris que les quatre jeunes patriciens devaient venir dîner chez le maître de la jeune femme, Nicolas de Gozze lui enjoignit d'écouter attentivement ce qu'ils auraient à se dire, sachant que ceux-ci pratiquaient un mode de vie et des coutumes très infâmes et que parmi les nobles, ils se distinguaient par un comportement peu recommandable, tout autant que le* cordonnier *qui était aussi un personnage infâme et scélérat*[343]. Nicolas de Gozze était, selon le chroniqueur, d'autant plus inquiet, qu'on était en temps

---

[341] Bien qu'appartenant aux meilleures familles du patriciat, les conjurés ragusains, contrairement aux acteurs vénitiens des conjurations Tiepolo ou Falier, étaient tenus à l'écart, ou plutôt s'étaient mis à l'écart de la vie politique et du pouvoir à Dubrovnik. *Anales Ragusini Anonymi*, 242-243 : en ce qui concerne les détails de la conjuration, les Annales anonymes sont pour une fois plus exhaustives que celle de Junije Rastić. Voir aussi Krekić, B., « Prilozi unutrašnjoj istoriji Dubrovnika početkom XV veka », *Istorijski glasnik 2,* 1953, 63-67 ; Janeković-Römer, Z., *Okvir slobode*, Zagreb-Dubrovnik, 1999 31-32.

[342] *Annales Ragusini Anonymi item Nicolai de Ragnina,* 243.

[343] Ibid.

de peste et que du fait du décès et de la fuite de nombreuses personnes, les autorités ne pouvaient compter sur une forte mobilisation de la population, exception faite de gardes payés par la Commune[344].

Les comploteurs, sans se douter qu'ils étaient surveillés furent ainsi confondus dès le lendemain matin, mais le récit ne s'arrête pas là. Au moment où les conjurés passaient aux aveux, les autorités étaient déjà informées que, la veille, il y avait autour de la table, outre les quatre convives, une cinquième personne étrangère, un Valaque (*Morlacus*) qui avait informé les jeunes patriciens qu'un Slave (*Sclavus*) devait se présenter le lendemain à une des portes de la ville, porteur d'une lettre, évoquant le complot ourdi par les quatre conjurés avec son maître. Selon le chroniqueur, il devait s'agir du roi de Bosnie, Stéphane Ostoja ou du despote de Serbie, Stéphane Lazarević[345].

La ville étant à cette époque pleine d'étrangers, les conjurés décidèrent d'aller attendre le messager au-delà des murs de la ville, afin que la missive ne tombe pas aux mains des autorités. Celles-ci, confortées entre-temps par les aveux précipités des conjurés, n'eurent aucun mal à envoyer à la rencontre du messager, un patricien préposé à la garde des portes, qui ayant appris tous les gestes et paroles convenus, fit croire à celui-ci qu'il était l'un des leurs. Il s'empara ainsi de la lettre compromettante dont pourtant il ne comprenait pas le sens.

La lettre fut donc apportée au Sénat et traduite, mais elle ne contenait aucun indice compromettant sur le complot ; son contenu invitait simplement les destinataires à tenir leur promesse et à prendre bien soin d'eux-mêmes et de leurs proches : *ainsi* – précisait-on à la fin de la lettre – *nous ferons tout ce que nous avons convenu*[346]. La lettre était délibérément rédigée en termes sibyllins, pour qu'elle pût être comprise uniquement par ceux à qui elle était destinée, et pour qu'elle demeurât parfaitement inintelligible à toute autre personne qui s'en emparerait par accident. Malheureusement pour les comploteurs, la confrontation croisée des aveux de ceux-ci et du contenu de la lettre, dévoila leur plan et les conduisit tout droit à leur triste sort, l'exécution par décapitation. Ainsi s'achève le récit du chroniqueur sur le complot ourdi par quatre membres du patriciat ragusain. Il a été évoqué ici, car il semblerait qu'à l'échelle locale, il peut alimenter l'éternelle question du dévouement et du dévoiement des élites urbaines au pouvoir qui a été amplement traitée dans la littérature historique, mais aussi éclairer un volet de la politique sécuritaire de Dubrovnik qui ne se limitait pas uniquement à la protection des remparts ni aux rondes de nuit à travers les rues et les places publiques, mais reposait aussi, à sa modeste manière,

---

[344] Ibid.
[345] Ibid.
[346] Ibid.

sur des méthodes plus souples et efficaces, y compris sur la confrontation des aveux des prévenus et des pièces à conviction, au moment où cette confrontation avait toutes les chances d'aboutir et de confondre définitivement les conjurés.

L'épisode n'a pas pu être reconstruit dans son intégralité, à partir des registres des décisions gouvernementales, qui n'ont pas été conservés pour le tout début du XVe siècle[347]. Le complot des quatre jeunes patriciens, aurait-il été présenté dans ces registres de manière identique que dans le récit du chroniqueur ragusain ? Quelle trace aurait laissé dans les documents officiels la propension des jeunes patriciens *au mode de vie et aux coutumes rustiques*, dénoncée par le chroniqueur ? Toujours est-il, que dans les quelques décisions votées par les conseils ragusains en temps de crise, visant à identifier et parfois à éliminer les traîtres et fauteurs de troubles, on ne préjuge jamais de leur statut social pour expliquer leurs méfaits. On se contente simplement de prendre les mesures, parfois radicales, à leur encontre. Dans la chronique cependant, la déchéance et la marginalisation sociale incitent à la trahison ; celle-ci ne peut être que l'œuvre d'un marginal en relations avec l'étranger. Dans l'impossibilité d'attribuer la marginalisation des prévenus en question à leur ascendance sociale – ils étaient issus des meilleures familles ragusaines – on ne pouvait attribuer qu'à leur choix personnel le fait de s'adonner à *une vie rustique*. Il convient cependant de rappeler que, dans les sources officielles, les *rustiques* du district sont recensés et en temps de guerre, obligés à venir assumer la garde aux endroits les plus sensibles à l'intérieur du périmètre urbain, parfois aux portes mêmes de la ville.

Une source judiciaire un peu plus tardive permet de mieux mesurer le danger auquel venait d'échapper la Commune : un certain Pribislav Bogšić, *homme de basse condition et de mauvaise réputation,* avoua au cours d'un procès qui lui fut intenté en 1401 par le recteur et les juges de la cour criminelle, pour plusieurs vols commis dans le district ragusain, sa participation au complot des quatre jeunes patriciens ; ceux-ci comptaient en effet sur deux complices du district qui réussirent à mobiliser 70 personnes dans la localité de Trebinje, au-delà des limites du district ragusain, en leur faisant toutes sortes de promesses et plus de 200 personnes dans la contrée de Konavli. L'accusé avoua que les conjurés avaient décidé de se passer de l'aide des gens recrutés à l'extérieur, de faire confiance aux citoyens *qu'ils disaient avoir à leurs côtés* et de n'aller chercher les renforts, *qu'une fois qu'ils se seraient rendus maîtres de la ville*[348]. Entièrement focalisé sur la personnalité de l'accusé, le procès-verbal du tribunal, ne donne aucun

[347] Un témoignage incomplet nous a été transmis par la série judiciaire *Liber Maleficiorum : DAD Lib. Maleficiorum I*, 13-14.
[348] Ibid.

renseignement précis sur la nature des promesses faites aux personnes sollicitées dans le district et au-delà de ses limites. Il conforte cependant, ne serait-ce qu'indirectement, les affirmations des chroniqueurs sur les complicités dont jouissaient les conjurés dans la ville même de Dubrovnik.

Les mesures de sécurité au XVe siècle reflètent le parcours accompli par la Commune sur le plan politique et économique. Le processus amorcé depuis la fin du XIIIe siècle, avec la découverte d'importantes mines de cuivre, de fer de plomb et surtout d'argent dans l'arrière-pays de Dubrovnik, consacra son rôle d'intermédiaire et de plaque tournante, dans le commerce des métaux, particulièrement des métaux précieux, entre l'intérieur des Balkans et la Méditerranée occidentale. Au XVe siècle, la Commune connut aussi un brillant essor de l'industrie de la laine, introduite par les commerçants et artisans toscans et catalans, dans les années vingt. Les Ragusains assuraient ainsi la commercialisation de la laine et des tissus de laine sur les marchés de la Serbie et de la Bosnie médiévales.

En marginalisant progressivement les marchands vénitiens en tant qu'agents d'échange entre l'intérieur des Balkans et le monde méditerranéen[349], les Ragusains ont mis en place un parfait réseau commercial qui engageait les marchands résidants dans de nombreuses colonies à l'intérieur des Balkans, à la faveur des avantages accordés par les souverains et seigneurs locaux, puis les marchands coordonnant les activités des sociétés familiales à Dubrovnik même, et enfin ceux qui sillonnaient l'Adriatique, et de plus en plus, la Méditerranée orientale et centrale, dans le vaste triangle entre la Sicile, Alexandrie et Constantinople. Ils véhiculaient principalement les métaux précieux et les textiles, produits de l'économie balkanique et ragusaine, mais aussi tous les autres produits des pays riverains, incités par les perspectives d'un profit intéressant au bout du voyage.

En ce début du XVe siècle, Dubrovnik était donc plus riche et plus prospère qu'elle ne le fut jamais dans son histoire mais paradoxalement, elle était aussi plus vulnérable. Cette vulnérabilité provenait du fait que le champ d'activité des Ragusains, bien que limité d'abord au district étroit de la Commune, puis s'agrandissant progressivement au fur et à mesure des cessions faites par les souverains serbes et bosniens au cours du XIVe siècle, ne correspondait pas au nouvel espace économique qui accueillait les capitaux ragusains et générait leurs profits. Cet espace économique a essaimé dans l'arrière-pays balkanique et dans la Méditerranée, au fil des affaires que développaient les entrepreneurs de la Commune. Les productions moins rémunératrices, demeuraient cependant attachées au

---

[349] Sur l'échec, à long terme des Vénitiens, de s'approprier le marché de l'intérieur des Balkans, en particulier le marché des métaux précisuex, voir surtout : Krekić, B., « Venetian merchants in the Balkan Hinterland », *Variorum*, XIV, 1980.

district ragusain : il s'agissait alors de vignobles, d'oliveraies et du petit bétail, la culture céréalière locale n'ayant jamais suffi à nourrir la population de la ville. Les Ragusains puisaient toutes les autres richesses, au-delà des limites de la ville et du district, là où ils développaient leurs affaires de concessionnaires des mines balkaniques ou d'agents de commerce méditerranéen.

Heureusement, et toujours dans une démarche sécuritaire, l'avantage des Ragusains se traduisait par le fait que leurs adversaires principaux étaient, dans un premier temps, et dans l'attente d'un enracinement durable des Ottomans dans les Balkans, les seigneurs locaux de Bosnie, qui évoluaient dans une logique de petites conquêtes territoriales et de guerres de rapine. Celles-ci menaçaient parfois gravement l'intégrité territoriale de Dubrovnik et de son district, mais elles pouvaient être mises en échec par des moyens appropriés ; cela explique peut-être, le recours plus régulier aux mercenaires, pendant la première moitié du XVe siècle, mais ce recours n'empêcha pas les Ragusains de compter, plus que jamais dans leur histoire sur leurs propres forces.

Le roi de Bosnie, Stéphane Ostoja[350] attaqua Dubrovnik en juin 1403, en prétextant la défense des intérêts de Ladislas de Naples contre Sigismond de Luxembourg roi de Hongrie et suzerain reconnu des Ragusains. Il mit *à feu et à sang*[351] le district et s'avança presque jusqu'aux remparts de la ville[352]. L'état de sécheresse qui régnait alors dans le district, rendait la situation des Ragusains très précaire et les rumeurs circulaient que la ville ne pourrait pas résister plus de trois jours aux attaques des Bosniens. Les Ragusains, ayant mobilisé toutes leurs forces, ne voulaient pas, selon le chroniqueur, déclencher les hostilités *pour pouvoir, plus tard, auprès des cours royales, mieux justifier leurs opérations*[353] . Bientôt, le roi dut battre en retraite, évacuant complètement le district et repassant la frontière. Mais les Bosniens ne renonçaient pas à l'offensive, et en mobilisant un peu plus tard 8000 soldats, il se prèsentèrent à nouveau à la limite du district. Les Ragusains les attendaient de pied ferme. Après avoir fait semblant de vouloir traiter avec ceux-ci, *pure manœuvre, destinée à rendre la République plus tiède dans le maniement des armes*[354], le commandant bosnien attaqua. Le rapport de forces était défavorable aux Ragusains qui ne disposaient que de 4000 soldats. *Voyant, au cours de petites escarmouches que leurs soldats vétérans l'emportaient sur la gent bosnienne, composée de bric et de broc*[355], les commandants ragusains décidèrent, malgré la disproportion des effectifs,

[350] Roi de Bosnie de 1398 à 1404 et de 1409 à 1418.
[351] *Chronica Ragusina Junii Restii item Joannis Gundulae*, 200-201.
[352] Ćirković, S., *Istorija srednjovekovne bosanske države,* Beograd, 1964, 199.
[353] *Chronica Ragusina Junii Restii item Joannis Gundulae*, 200-201.
[354] Ibid.
[355] Ibid.

d'entamer la vraie bataille. A nouveau, les Bosniens battirent en retraite, laissant partout les traces de leur cruauté et les Ragusains ne voulurent pas les poursuivre dans les étroits défilés.

Les deux rencontres entre les soldats ragusains et bosniens, racontées par le chroniqueur doivent certes être traitées avec la plus grande prudence ; quant aux effectifs engagés, et à la disproportion des forces en présence, ils sont mis en évidence pour rehausser la valeur combattive des Ragusains. L'armée bosnienne, *composée de bric et de broc* [356] ne put résister aux soldats vétérans[357], au service des Ragusains. L'explication condescendente de la déconfiture bosnienne participe de l'éternel mepris à l'égard de l'agresseur, mais *les soldats vétérans* évoqués, méritent qu'on s'y arrête. Les registres des conseils de Dubrovnik, confirment en effet que, devant l'imminence de l'attaque du roi de Bosnie, le gouvernement ragusain envoya trois patriciens à Kotor et à Valona, en leur enjoignant de conclure un traité *non seulement avec les pouvoirs locaux, mais aussi avec les Turcs et avec tous ceux prêts à faire la guerre aux Bosniens*[358]. On ne sait pas si les Turcs, et avec eux, tous ceux, prêts à *faire la guerre aux Bosniens* vinrent au secours des Ragusains, mais il est certain que des mercenaires – l'appellation «soldatesca » s'y réfère toujours dans les sources ragusaines – participèrent à cette bataille et décidèrent de son issue favorable aux Ragusains[359]. Les deux échecs consécutifs ne découragèrent pas le roi de Bosnie. Il continua les attaques mais se heurta à une résistance résolue des Ragusains. Ceux-ci, de surcroît, organisèrent plusieurs sorties contre les Bosniens qui, en ces temps difficiles, continuaient à camper non loin des murs de la ville.

Une plainte portée par un patricien, auprès du recteur et des juges de Dubrovnik, laisse supposer que les Bosniens avaient des partisans au sein même de la population urbaine. Comme en témoigne le procès-verbal dressé par les autorités judiciaires, le patricien affirmait *avoir aperçu, il y a un mois, vers minuit, à la porte de Pile et cela, près d'une échelle, au pied des remparts, l'abbesse, brandissant une torche. Interrogée sur ce qu'elle faisait en cet endroit et à cette heure, celle-ci répondit qu'elle voulait allumer le feu sur le chemin de ronde, pour avertir ceux de Konavli, que les nôtres préparaient une sortie pour les attaquer*[360]. La guerre que mène en 1403, le

[356] Dans le texte : *Gente collettizia.*

[357] *Soldatesca veterana*, dans le texte.

[358] La mobilisation et en particulier le recrutement des mercenaires demandaient du temps, ce qui conférait un avantage tactique à l'adversaire, au début des hostilités. Mais à long terme, les Ragusains finiront toujours, dans les conflits avec les rois et les seigneurs de Bosnie, au cours du XVe siècle, par faire basculer l'équilibre diplomatique et militaire de leur côté, et par rétablir au moins le statu quo.

[359] Božić, I., *Dubrovnik i Turska u XIV i XV veku*, Beograd 1952, 25.

[360] *DAD, Lamenta de foris I*, 184'. Il s'agissait d'une femme étrangère connue sous l'étrange sobriquet « l'abbesse des pécheresses » (abbatissa peccatricium) : elle était

roi de Bosnie Stéphane Ostoja contre Dubrovnik, préfigure par l'âpreté des combats, mais surtout par l'engagement massif des mercenaires de la part des Ragusains, les futures campagnes militaires que la ville devra soutenir au milieu du XVe siècle, contre deux seigneurs de Bosnie, Radoslav Pavlović (1431-1432) et Stéphane Vukčić Kosača (1451-1454).

Les menaces venant de l'arrière-pays ragusain au début du XVe siècle n'ont, paraît-il, en rien entamé la vigilance des autorités, concernant la protection du port et de l'arsenal. Les Vénitiens n'étaient jamais trop loin, surtout à la suite du rachat, auprès de Ladislas de Naples, des droits sur la Dalmatie, lorsqu'ils se préparaient à arracher cette province à son détenteur réel, Sigismond de Luxembourg, et à s'en prendre au passage aux Ragusains, fidèles vassaux de ce dernier. Venise, tout en maintenant ses hommes d'affaires à Dubrovnik, et en continuant à fréquenter son port, faisait de son mieux pour détourner les échanges au profit d'autres villes de la côte adriatique, qui finiraient tôt ou tard par tomber dans son escarcelle, en particulier Kotor et Split, les deux ports qui seuls pouvaient concurrencer Dubrovnik. D'autre part, les pirates catalans, originaires de Sicile ou des ports de l'Italie du sud, souvent avec la complicité des autorités du Royaume de Naples, venaient inquiéter les Ragusains jusqu'au port même de la ville. Les représailles ragusaines n'étaient pas toujours efficaces, d'autant plus que les pirates jouissaient de complicités puissantes, jusqu'au sein de la communauté catalane, constituée essentiellement de marchands de laine ibérique à Dubrovnik[361].

En 1412, trois ans après la cession de la Dalmatie aux Vénitiens par Ladislas de Naples, les travaux des Ragusains sur l'arsenal s'intensifièrent. Le Petit conseil décida en cette année de continuer sa reconstruction, en apportant un certain nombre d'améliorations. Il précisait en effet, que la largeur de chacun des arcs de l'arsenal devait désormais être de 12 coudées (approximativement 6,12 mètres) et qu'il fallait construire trois cales, sous trois arcades, séparées par des murs latéraux. Le souci du gouvernement était d'écarter tout danger de ces lieux sensibles de la ville : les Vénitiens n'étaient-ils pas à nouveau en guerre, en 1419-1420 avec Sigismond de Luxembourg, roi de Hongrie et suzerain ragusain qui, dix ans après la cession de la Dalmatie aux Vénitiens par son malheureux rival, Ladislas de Naples, n'avait pas accepté cet état de fait ? Cette guerre fut, dans l'ensemble, malheureuse pour Sigismond, et en 1419, le capitaine du golfe, Pierre Loredan avait restauré le pouvoir de la Sérenissime sur toute la

---

mariée à Dubrovnik, et engagée dans de nombreuses affaires. Elle ne semble pas avoir subi de sanctions à cause de cet acte de collusion avec l'ennemi.

361 *DAD Cons. Minus IV*, 54: cas particulièrement grave en 1426, un homme d'affaires catalan de grande envergure à Dubrovnik, ayant appris que les autorités ragusaines s'apprêtaient à séquestrer le navire de l'un de ses compatriotes, lui fit signe de s'éloigner, du haut des murs « la torche à la main »

Dalmatie. Les Vénitiens constituaient à nouveau une menace très proche pour les Ragusains, non seulement par leur puissance maritime, mais aussi par leur maîtrise du littoral adriatique, au nord et au sud de Dubrovnik, dont le district se trouvait ainsi enclavé entre les possessions vénitiennes du littoral, et menacé en même temps, dans l'arrière-pays immédiat, par les turbulents seigneurs de Bosnie. Tandis que la guerre entre la Hongrie et Venise n'était pas encore terminée en 1420, le gouvernement ragusain décida donc de faire clore les arcades de l'arsenal, en faisant édifier un mur de la plus petite épaisseur possible, jusqu'à la hauteur des piliers qui soutenaient les arcs : il s'en suivit naturellement, qu'à chaque nouvelle mise à la mer, il fallait procéder à la destruction temporaire de ce mur protecteur. On est très superficiellement informé sur le coût de toutes ces interventions, mais une ou deux exceptions permettent d'entrevoir l'importance des dépenses : le remplacement d'un seul arc de l'arsenal coûta à la Commune, la coquette somme de 1000 hyperpères (375 ducats)[362].

Les craintes des Ragusains étaient bien fondées : le grand retour de la puissance vénitienne dans le bassin adriatique ne pouvait s'effectuer qu à leur détriment. Un épisode dramatique qui n'est évoqué que par la chronique ragusaine, témoigne de la vigilance quotidienne que déployaient les Ragusains dans la défense de leur liberté. Ceux-ci, interdisant vigoureusement aux factions et coteries vénitiennes de développer leurs activités subversives au sein même de la ville, les Vénitiens envoyèrent sur une petite embarcation dans les eaux ragusaines, trois frères mineurs d'origine dalmate, pour se renseigner sur les effectifs de défense et l'état des fortifications, ainsi que pour évaluer les forces qu'ils devraient mobiliser pour un éventuel siège de Dubrovnik. Les frères mineurs, une fois débarqués à Gruž, firent semblant d'aller dans la chapelle du fort de Lovrijenac pour y faire leurs dévotions. Comme on était en temps de paix, les autorités avait un peu délaissé la garde du fort, et les frères mineurs n'y trouvèrent selon leurs propres dires, *que quelques personnages bizarres*, dont ils apprirent tout ce qu'ils voulaient savoir[363]. Ils s'ingénièrent à apprendre comment étaient défendues l'entrée du vieux port et la tour de Saint-Jean qui en protégeait la partie méridionale, et sous prétexte de dévotions, ils s'introduisirent même auprès des gardiens de la tour.

De retour à Venise, ils informèrent les autorités que la ville de Dubrovnik pouvait être prise sans procéder à une grande démonstration de force, en dirigeant l'attaque contre le fort de Lovrijenac. Les Vénitiens, fort désireux de croire en cette possibilité, envoyèrent deux mille soldats sur quatre navires, pour ne pas éveiller les soupçons avec des effectifs

---

[362]Beritić, L., *Utvrdjenja grada Dubrovnika,* Zagreb, 1955,46.

[363] *Chronica Ragusina Junii Restii item Joannuis Gundulae*, 218: nel quale abitavano alcune bizzocare.

supérieurs[364]. Ceux-ci, sous prétexte d'attendre une accalmie pour continuer leur périple, accostèrent à l'île de Lokrum, en face des remparts de la ville, et se mirent à attendre une occasion propice pour attaquer par surprise le vieux port et l'arsenal. Ce beau plan fut finalment compromis grâce à un sénateur vénitien, qui entretenait depuis vingt-sept ans des relations d'amitié avec un Ragusain installé à Venise. Il informa le Ragusain des mauvaises intentions des Vénitiens, celui-ci les transmit à Dubrovnik où la vigilance fut accrue et les Vénitiens ne purent que constater l'inexactitude de ce que leur avaient raconté les trois frères mineurs à leur service. Ils renoncèrent donc à toute tentative d'assaut contre Dubrovnik.

L'attaque vénitienne contre Dubrovnik n'eut finalement pas lieu, mais cette alerte devait suffire pour convaincre les Ragusains que la ville n'était pas à l'abri de nouvelles menaces, venant aussi bien du large que de la terre-ferme. Cette insécurité ambiante, dans laquelle vivait la Commune depuis la fin du bref mais violent conflit avec le roi de Bosnie, Stéphane Ostoja, posait au gouvernement, dans toute son acuité, le problème de la défense de Dubrovnik. Un ennemi pouvait surgir à tout moment et les autorités pouvaient, soit lui opposer une milice composée de citoyens peu aguerris, plus habitués à vaquer à leurs tâches commerciales ou artisanales, qu'à croiser le fer avec l'adversaire, soit recruter des mercenaires. Cette *soldatesque* des sources narratives ragusaines, recrutée principalement dans les communes italiennes, avait cependant l'inconvénient d'être chère pour une Commune économe de ses moyens, et de ne pas inspirer toujours confiance.

Les Ragusains choisirent la voie du compromis : ils ne renoncèrent pas au contingent composé de citoyens ni au recours aux étrangers, principalement Italiens qui, lors de la guerre avec le roi de Bosnie en 1403, s'étaient avérés de redoutables combattants au service de la Commune. Ils procédèrent aussi aux nombreux exercices et compétitions, ayant pour objectif de vérifier l'état de préparation à la défense, ainsi qu'au plus grand recensement jamais entrepris, de la population de la ville et du district.

S'agissant de préparatifs auxquels la Commune incitait et plus tard, vraisemblablement contraignait ses citoyens, les registres gouvernementaux évoquaient assez régulièrement, depuis le milieu du XIVe siècle, les « palia », qu'il ne faudrait pas considérer uniquement comme des compétitions dans l'exercice de diverses adresses, le plus souvent celles du tir à l'arc ou à la baliste, couronnées par des distributions de prix et d'honneurs. On en trouve la meilleure confirmation dans un chapitre du Livre Vert, rédigé en 1383, qui ordonne l'instauration de deux palia généraux annuels *pour que les balistiers dans notre cité soient plus*

[364] Les effectifs évoqués par le chroniqueur semblent déjà exagérés par rapport à la mission envisagée.

nombreux et plus compétents et d'un palium mensuel sous l'autorité du recteur élu du mois[365].

Les recensements de la population en vue de la préparation pour la défense ont été organisés par les pouvoirs déjà au XIVe siècle. Le chroniqueur Junije Rastić en mentionne un en 1323[366] et les registres des conseils un autre en 1357[367]. Cependant, les recensements ordonnés par le Petit conseil en 1428 et par le Sénat en 1430, alors que pointait la menace d'une nouvelle guerre avec le seigneur bosnien Radoslav Pavlović, constituent déjà une véritable évaluation circonstanciée de l'aptitude ragusaine à la défense, aussi bien au niveau des effectifs que de l'armement disponible. En possession de pareils renseignements, les autorités ne devaient avoir aucune difficulté à procéder à une rapide mobilisation des citoyens.

En novembre 1428, le Petit conseil nomma trois équipes, composées chacune de deux patriciens afin *d'inscrire les noms des personnes entre 16 et 65 ans, aptes à porter les armes*[368]. Ils avaient à leur disposition moins de deux semaines pour procéder à ce recensement qui, de toute évidence, concernait tous les habitants de la ville sans distinction, bien qu'une attention toute particulière devait être consacrée aux hommes dans l'âge de combattre, dont on prévoyait la constitution d'une liste nominative. Il n'est pas sans intérêt de signaler que par cette disposition du Conseil mineur de 1428, même la répartition des tâches entre les trois équipes de recenseurs a été prévue d'une manière très précise[369].

Deux ans plus tard, le Sénat vota une disposition sur l'armement et le service de garde en ville. La disposition prévoyait qu'afin qu'en toute

---

365 Nedeljković, B., *Lib. Vir. Cap. 54.*

366 *Chronica Ragusina Junii Restii* item Joannis Gundulae, 113.

367Šundrica, Z., « Popis stanovništva Dubrovačke Republike iz 1673 », *Arhivki vjesnik 2*, 1959,419. Krivošić, S., *Stanovništvo Dubrovnika i demografske promjene u prošlosti (La population de Dubrovnik et les changements démographiques dans le passé)*, Dubrovnik, 1990.

368 *DAD, Cons. Minus IV, 200.* Voir aussi : *Chronica Ragusina Junii Restiiitem Joannis Gundulae,* 113: *ad describendum homines et personas civitatis...scribendo nomina hominum ad arma habiles (!) videlicet etatis ab annis XVI ad annos LXV, et reliquos homines et feminas et personas per numerum.* L'âge de combattre serait-il donc abaissé, par rapport à celui qu'évoque le chroniqueur Junije Rastić pour le XIVe siècle – 70 ans ?

369 L'espace urbain étant à Dubrovnik partagé en six sesterces, deux patriciens étaient chargés de procéder au recensement dans les sesterces de Pustierna, de Sainte-Marie et de Castello, deux dans les sesterces de Saint-Pierre et de Saint-Blaise et deux patriciens devaient couvrir un seul sesterce de Saint-Nicolas, ce dernier étant le seul à s'étendre au-delà de l'ancien rocher , séparé des contreforts du Mont Srdj, par un bras de mer comblé, devenu l'artère principale de Dubrovnik sous le nom de Platea-Plaza.

circonstance qui pourrait se présenter, on puisse voir et connaître la puissance, mais aussi les besoins de la Commune, le recteur et le Petit conseil nomment des patriciens qui doivent procéder à un recensement nominatif *de toutes les personnes habitant la Commune, enfants et adultes de tout âge, de toute condition et qualité, et spécifiquement des hommes aptes à porter les armes, inscrivant dans ce groupe, les hommes compris entre quatorze et soixante-dix ans, et sans limite d'âge, s'ils sont nobles*[370].

En procédant au recensement, les personnes élues à cet effet, *devaient s'assurer qu'on ne les abuse pas, et proférer de graves menaces à l'encontre des familles et des maisonnées où ils constateraient des erreurs, en se renseignant aussi bien auprès des voisins que de toute autre personne, afin qu'aucune dissimulation ni tromperie ne soient possibles*[371]. La disposition précisait, qu'aussitôt achevé le recensement, on procéderait à la constitution des détachements de garde à Dubrovnik même et à Ston, aux limites septentrionales du district.

Le Sénat prévoyait par la même occasion, d'établir une liste nominative de tous les habitants d'Astarea, la première et la plus ancienne ceinture du district ragusain, au-delà des remparts de la ville, ainsi que de tous les habitants des îles de l'archipel de Dubrovnik aptes à porter les armes, *afin qu'en cas d'urgence, nous sachions sur combien d'hommes de dehors nous pourrons compter*[372]. Il est intéressant de signaler que pour les habitants de ces deux secteurs du district ragusain, la limite d'âge des habitants mobilisables était fixée à 60 ans, au lieu de 70 ans, pour les citoyens intra-muros, avec une curieuse explication à l'appui : *les hommes au-delà des murs, pour qu'ils puissent exercer le métier des armes, doivent être en meilleure condition*[373].

Toutes ces mesures furent votées, alors que la Commune s'attendait à l'ouverture des hostilités de la part de l'un des grands seigneurs de Bosnie, Radoslav Pavlović[374]. Celui-ci mit en effet ses anciennes menaces à

---

370 *Dad. Cons. Rog.* IV, 136'-137'. Cette dernière distinction, plutôt rare dans les sources ragusaines, accuse l'écart entre l'élite sociale – les patriciens – et les simples citoyens, dans le domaine militaire. La limite d'âge imposée aux simples citoyens, pourrait indiquer que leur rôle se réduit à celui de simples combattants, alors que les patriciens peuvent se rendre utiles aux travaux de défense, même au-delà d'un certain âge, en tant que « sages » ou « provéditeurs » de la guerre par exemple.

371 Ibid.

372 Ibid.

373 Ibid.

374 Les origines de cette guerre sont à rechercher dans l'évidente mauvaise foi du seigneur bosnien Radoslav Pavlović, qui ne reconnaissait pas la vente d'une partie de son patrimoine, qu'il avait faite à Dubrovnik en 1426. Cette vente concernait un territoire fertile, dans la proximité immédiate du district, couvrant la moitié de la contrée de Konavli, que les Ragusains convoitaient depuis longtemps. L'autre moitié

exécution, au mois d'avril 1430, en organisant une attaque de grande envergure contre le district ragusain, visant surtout à récupérer ses anciennes terres situées dans le secteur de Konavli. Les premières escarmouches, qui du côté des Ragusains, n'engageaient de toute évidence que des combattants recrutés localement, furent malheureux pour ceux-ci. Cependant, les Ragusains avaient appris depuis leur conflit avec le roi de Bosnie Stéphane Ostoja, au début du XVe siècle, à préparer et à mener des opérations militaires terrestres de plus grande envergure[375]. L'essentiel de leur contingent et certainement sa partie la plus efficace, reposera désormais, pendant tout le conflit, sur les mercenaires étrangers recrutés essentiellement en Italie, dans la région montagneuse et aride de la Zeta, partie du Monténegro actuel, ainsi que dans la Krajina, territoire entre l'embouchure du fleuve Cetina et le delta du fleuve Neretva, où de petits seigneurs étaient toujours prêts à mettre leurs guerriers au service du plus offrant.

De même qu'au XIVe siéle, les Ragusains s'efforçaient d'internationaliser leurs conflits avec les souverains de la dynastie serbe des Nemanjić, en faisant intervenir la diplomatie vénitienne, ils utilisèrent le même procédé maintenant, en faisant appel à leur suzerain Sigismond de Luxembourg, au roi de Bosnie Tvrtko II et au seigneur bosnien Sandalj Hranić, l'éternel rival de Radoslav Pavlović, qui partageait autrefois avec lui la contrée de Konavli et qui avait vendu avant lui sa part de celle-ci aux Ragusains. Les Ragusains avaient élaboré un plan assez subtil qui visait à aligner, sur le plan international, leur démarche sur celle de Sigismond, qui avait conclu une trêve de trois ans avec le sultan ottoman Murad II[376].

Fondant leur espoir sur une double action militaire et diplomatique contre Radoslav Pavlović, les Ragusains adoptèrent une attitude résolument offensive. En attendant l'arrivée des mercenaires italiens, deux contingents de milice urbaine, sous le commandement de deux patriciens, franchirent à deux endroits les limites du district, à la poursuite de l'adversaire. Le contingent qui se dirigeait vers la contrée de Konavli fut attaqué dans les défilés par les soldats de Radoslav Pavlović, et bien qu'ayant résisté avec vaillance, selon le chroniqueur, il dut battre en retraite. Le patricien, commandant le contingent, figurait parmi les victimes. Ce fut maintenant le tour des soldats de Radoslav Pavlović de ravager le district ragusain en mettant, selon le chroniqueur, *toute cette région à feu et à sang*[377].

Le Sénat ragusain qui attendait toujours les mercenaires italiens – ils ne devaient débarquer finalement qu'au mois de juillet – envoya une petite troupe de mercenaires commandée par trois Albanais dans la contrée de

---

leur avait déjà été vendue en 1419 par un autre seigneur bosnien Sandalj Hranić, rival de Radoslav Pavlović.

375 Ćirković, S., *Istorija srednjovekovne bosanske države,* Beograd, 1964, 198-200.

376 Božić, I., *Dubrovnik i Turska*, Beograd 1952, 50.

377 *Chronica Ragusina Junii Restii item Joannis de Gundulae*, 235.

Klobouk, en terre ennemie, avec mission de porter à celui-ci *le plus grand préjudice possible.* Ces mercenaires, *issus d'une nation portée par sa naissance à la rapine*[378], s'exécutèrent avec une belle réussite et pillèrent, brûlèrent et dévastèrent toute la région qu'ils traversèrent[379]. Le Sénat, encouragé par ce succès dans la lutte contre le seigneur bosnien et toujours dans l'attente des mercenaires italiens, décida de mener contre Radoslav Pavlović une offensive d'envergure, et de porter résolument la guerre en territoire ennemi, pour obliger celui-ci à abandonner ses projets belliqueux et pour l'orienter vers une politique plus pacifique. Le contingent ragusain reçut donc l'ordre de s'avancer jusqu'à Trebinje, principale localité en terre ennemie et de brûler, si possible, la résidence même de Radoslav Pavlović.

Le patricien ragusain Nicolas de Gozze, à la tête du contingent, pénétra dans la région de Trebinje et devant les forces rassemblées de l'ennemi, il insista pour que son contingent demeurât uni, afin de conserver ainsi la supériorité numérique avant d'engager les opérations. Cependant, les combattants irréguliers albanais peu habitués, selon le chroniqueur à la discipline, jugeant cette prudence excessive, et estimant de surcroît que, n'étant pas engagés directement dans le combat, ils resteraient privés du butin, demandèrent l'autorisation de partir avant d'avoir accompli leur devoir. Tous les efforts du commandant ragusain pour les en empêcher furent vains, et ils se séparèrent du contingent mais, *bien leur en soit pris, car Radoslav Pavlović, profitant de l'occasion, tomba sur eux avec toutes ses forces et séparés du contingent principal, ils se firent tuer en grand nombre. Il les aurait tués tous* – constate notre chroniqueur – *si le commandant ragusain n'était pas venu à leur secours en engageant la bataille au cours de laquelle il connut aussi des pertes, mais réussit néanmoins à sauver ce qui restait encore de cette soldatesque désobéissante à Konavli.*[380].

L'échec du contingent composé essentiellement de recrues locales et de mercenaires albanais ne découragea pourtant pas les Ragusains. Il est vrai, qu'entre-temps, les mercenaires italiens, recrutés vraisemblablement à Pérouse, arrivèrent à Dubrovnik, sous le commandement de deux capitaines de guerre, Belo et Antonello de Saint-Georges de Pérouse. Les Ragusains décidèrent donc de doubler leurs efforts, et de mettre à feu les terres de Radoslav Pavlović[381]. Le capitaine italien Antonello se trouvait déjà sur le terrain au mois de juillet 1430, où il reçut l'ordre de surveiller les contrées ragusaines de Vrm, Šumet et Brgat, mais de ne pas sortir du district sans autorisation du Sénat. L'ordre adressé par le Sénat, le 22 juillet 1430, est une

---

[378] Ibid.
[379] Ibid.
[380] *Chronica Ragusina Junii Restii item Joannis Gundulae*, 236.
[381] Ibid.

des rares preuves directes, dans les sources autres que narratives, de la participation au combat des mercenaires italiens, ainsi que des difficultés d'intégrer les forces locales et les mercenaires sous un commandement commun.

Faisant comprendre au commandant italien qu'il ne connaissait encore *ni la langue ni les pays slaves*, le Sénat le fit accompagner par le citoyen ragusain, Nicolas Berić *homme pratique et valeureux, connaissant la langue et le pays.* S'il s'avérait qu'ils avaient des vues divergentes sur la façon de mener cette campagne, ils devaient d'un commun accord en référer au Sénat ou, s'il y avait vraiment urgence, ils pouvaient agir comme bon leur semblerait[382]. Soucieux de discipline dans les rangs de l'armée ragusaine, le Sénat laissait le commandant, seul arbitre des sanctions éventuelles à infliger aux soldats italiens qui manqueraient à la discipline, mais évoquait avec des détails macabres, les punitions qu'il avait pleinement le droit d'infliger aux combattants du contingent local, qui s'exposaient, en cas de désobéissance à être battus, flagellés, marqués au fer rouge ou à avoir une oreille coupée.

Ce fut finalement l'intervention décisive des Ottomans qui rétablit en 1432 la paix entre les Ragusains et Radoslav Pavlović. Ce fut aussi la première guerre qui s'acheva grâce à l'intervention du sultan et qui fit entrevoir, aux plus lucides parmi les Ragusains, la future vocation des Ottomans à devenir les principaux garants de leur sécurité.

Avant le début des hostilités et pendant toute la durée de celles-ci, la protection de l'ennemi extérieur et le maintien de l'ordre public à l'intérieur du périmètre urbain, n'ont pas été oubliés, bien qu'à la différence du conflit du début du siècle avec le roi de Bosnie, la ville ne semble pas avoir été directement menacée. Au contraire, ce furent plutôt les Ragusains qui attaquaient les terres de leur adversaire. Le Sénat ordonna au mois de mars 1430, au recteur et à son Petit conseil, de vérifier l'état des remparts, de murer certains orifices et de fortifier davantage les murs, là où cela leur semblerait nécessaire, *tout cela, nullement pour accroître la beauté, mais bien la capacité de défense de la ville*, précise-t-on dans le registre du Sénat[383].

Les décisions les plus importantes en temps de guerre contre Radoslav Pavlović furent votées par le Sénat en février 1432 : elles furent rédigées par trois sénateurs *préposés à la conservation et à l'augmentation de notre République*[384]. Certaines dispositions reprenaient, sous des formes plus développées ou contraignantes, d'anciennes dispositions de la législation ragusaine, celles notamment concernant l'interdiction d'entrée aux étrangers, afin de diminuer le péril de la contagion ou d'économiser les réserves de blé.

---

382 *DAD, Litterae Levantis X*, 184-184'.
383 *DAD. Cons. Rog. IV*, 136'-137'.
384 *DAD. Cons. Rog.* V, 65'-66'.

D'autres évoquaient le renforcement des effectifs de garde, l'achat du bois par la Commune, en vue de la fabrication de nouvelles balistes et de la construction d'abris en bois, pour les veilleurs en poste sur le chemin de ronde et sur les tours des remparts. Certaines décisions imposaient la vérification du nombre et de l'état des bombardes disposées sur les remparts du côté de l'arsenal : il s'agissait là de l'éternel souci des autorités ragusaines, qui savaient que, malgré toutes les réparations faites par le passé, la protection du port avait ses défaillances. Il était aussi prévu de recruter, aux frais de la Commune, deux artisans pour la fabrication et la réparation des cuirasses et, fait nouveau, pour la fabrication de l'armement des navires en construction à l'arsenal.

Pour empêcher toute personne malintentionnée de monter sur le chemin de ronde – ce qui s'est produit lors du conflit avec le roi de Bosnie au début du siècle[385] – on décida de protéger tous les accès aux tours et au chemin de ronde des remparts par des portes, munies de serrures appropriées. Les clés de ces serrures devaient être confiées *aux gens sérieux*, habitant les maisons les plus proches qui devaient ouvrir les portes le soir, pour laisser monter les gardes de nuit et les refermer le lendemain matin, une fois les gardes redescendus des remparts [386]. La période entre les deux guerres imposées aux Ragusains, celle de Konavli (1430-1432) et celle du duc Stéphane Vukčić Kosača (1451-1454) était une période où la présence ottomane commençait à se dessiner en filigrane dans le grand arrière-pays ragusain. Le district ragusain n'avait pas encore de frontière commune avec les terres du sultan et pourtant, le gouvernement ne se faisait pas d'illusions : les véritables arbitres de la paix et de la sécurité de Dubrovnik n'étaient plus, ni le roi de Hongrie, ni Venise qui, à l'égard de Dubrovnik, revenait à sa politique traditionnelle de force de nuisance. Le maître du jeu était le grand Turc.

Cependant, tout observateur de la politique de Dubrovnik à cette époque remarquera que dans le domaine sécuritaire, la présence ottomane est encore discrète, voire inexistante. Contre le danger que pouvait représenter la puissance ottomane pour la ville, particulièrement en 1439, lors de la première chute du Despotat de Serbie aux mains des Ottomans, et en 1453, après la chute de Constantinople, les Ragusains réagissaient ponctuellement, tandis qu'à l'égard des visées des seigneurs bosniens – qu'ils connaissaient mieux et depuis plus longtemps – ils pratiquaient une politique plus structurée, se fondant sur des prévisions à moyen et à long terme. D'où l'image d'un gouvernement désemparé, presque pris de panique, chaque fois que le pouvoir ottoman manifestait une menace plus directe contre la

[385] Voir sup., p.108.

[386] Qui étaient ces « gardes sérieux » et en fonction de quels critères une responsabilité aussi importante leur était-elle confiée ? Nous ne trouvons aucune allusion à leur appartenance au patriciat ou à une autre catégorie sociale à Dubrovnik.

Commune et son district. Toute la ville était alors prise d'une véritable fièvre sécuritaire qui pour être brève, n'en était pas moins dramatique.

Au cours de nombreux rebondissements politiques et militaires, notamment dans la guerre de Konavli (1430-1432), les diplomates ragusains traitaient le roi et les seigneurs de Bosnie, comme des puissances *écrans*, derrière lesquelles se profilait la puissance ottomane, dont les Bosniens n'étaient que des instruments. Les rares occasions pendant cette période, et jusqu'à la chute de la Bosnie en 1463, où l'armée ottomane se risquait de passer à travers cet écran et de se présenter, armes et bagages, dans le district de Dubrovnik, mettaient en évidence les insuffisances de cette démarche ragusaine. L'audacieuse politique, menée par interposition des pouvoirs *écrans* montrait alors ses limites, et les Ragusains en étaient réduits à compter sur leurs propres forces de défense et de protection.

Même lorsque la ville n'était pas sous la menace directe de ses turbulents voisins ou aux prises avec l'éternelle mauvaise foi des Vénitiens, les travaux de protection et de sécurisation continuaient. Dans la durée, ces travaux se déplaçaient régulièrement, entre le secteur méridional, celui du port et de l'arsenal de la ville, et le secteur septentrional, celui des remparts faisant face à l'arrière-pays et aux contreforts du Mont Srdj.

Pendant les deux décennies qui séparaient les deux guerres de Konavli, entre 1432 et 1451, l'arsenal de la ville était à nouveau l'objet de toutes les attentions du gouvernement ragusain. Il fallait en effet tenir compte de la menace vénitienne, mais aussi de l'efficacité de plus en plus redoutable des armes à feu qui, en cas d'une attaque venue de l'arrière-pays, menaceraient le port et l'arsenal depuis les hauteurs avoisinantes. C'est en cette période qu'interviennent les grands travaux de fermeture de l'arsenal, non seulement du côté de la ville, mais aussi et surtout du coté du port, afin de le rendre inaccessible aussi bien aux tentatives d'assauts des navires, qu'aux bombardements des pièces d'artillerie positionnées sur les hauteurs.

Un nouveau dispositif fut mis en place : on fit enfouir de grosses pierres taillées entre les bases de deux pilastres qui soutenaient l'arc le plus avancé vers le port et qui étaient déjà sous le niveau de la mer, dans le prolongement naturel des plans inclinés le long desquels devaient glisser les coques des navires lors de la mise à la mer. Ces pierres étaient échancrées sur toute leur largeur. Entre les pilastres, à la hauteur des chapiteaux qui soutenaient les arcs de l'arsenal, on insérait horizontalement des poutres en bois, qui étaient, elles aussi, échancrées dans leur partie inférieure. Des poutrelles verticales étaient ensuite insérées entre les deux échancrures en nombre suffisant, allant des poutres horizontales supérieures aux pierres enfouies entre les bases des pilastres, afin de clôturer tout l'espace entre les pilastres. Pour empêcher tout déboîtement des poutrelles verticales, la première et la dernière dans la rangée étaient munies de serrures, dont les clés étaient soigneusement gardées, en même temps que les clés des tours de Saint-Jean et Saint-Luc qui surplombaient le port, par une personne préposée à la tâche. Il fut décidé à la même époque, que la porte de l'arsenal qui permettait l'accès au chantier depuis l'intérieur du périmètre urbain serait, elle aussi, munie d'une serrure, afin qu'elle puisse être fermée à clé tous les jours, entre le troisième son de cloche du soir et *l'ave* du matin. Durant la journée, la clé devait être entre les mains du recteur de l'arsenal[387].

Au cours de leurs préparatifs pour la défense, les Ragusains n'étaient pas toujours prudents, et même en temps de paix, ils étaient parfois victimes de leur négligence dans le traitement des dépôts de poudre de mieux en mieux approvisionnés, vu le nombre croissant des armes à feu. Une imprudence fut en 1435 à l'origine d'un grand incendie suivi d'une puissante déflagration qui détruisit partiellement le palais du recteur, bâtiment central de la ville, dans la proximité immédiate de l'arsenal. La quantité de poudre, de salpêtre et d'autres matériaux inflammables qui y était emmagasinée était telle, que plusieurs pièces d'artillerie fondirent, une aile du palais du recteur se situant près du dépôt fut détruite et beaucoup d'habitants trouvèrent la mort dans les décombres[388].

La Commune et son district connurent une certaine angoisse, à l'heure où le despote de Serbie, Georges Branković, après la prise de sa capitale Smederevo par les Ottomans, chercha brièvement refuge à Dubrovnik en 1441. Gênés, les Ragusains n'osaient pas refuser l'hospitalité au grand protecteur de leurs concitoyens et marchands, au temps où il était au pouvoir, mais ils craignaient en même temps une réaction hostile du sultan Murat II. Celui-ci, selon le chroniqueur, ne pouvait cacher son admiration pour une ville où l'on respectait à tel point le droit d'asile, mais envisageait en même temps une attaque contre ceux qui offraient ainsi l'hospitalité à son adversaire vaincu[389]. Les Ragusains étaient partagés entre leurs anciennes traditions de respect du droit d'asile qu'ils aimaient tant rappeler et la crainte d'une vengeance de la part du sultan. Finalement, après un bref séjour, le despote serbe déchu quitta Dubrovnik à leur grand soulagement et non sans que les Ragusains aient été obligés, selon le chroniqueur, d'ordonner le recrutement de mercenaires à l'échelon local et dans les Pouilles, le réapprovisionnement en munitions, et la mise à l'abri de la population des contrées de Konavli. Le despote se serait lui-même proposé, durant son séjour, d'aider ses fidèles amis ragusains, en mettant à leur disposition un ingénieur italien[390].

Les principales mesures de sécurité concernaient à nouveau l'arsenal : au mois de mai de 1441, le Petit conseil ordonna de procéder à l'élargissement

---

387 Beritić, L., *Utvrdjenja grada Dubrovnika*, Zagreb-Dubrovnik 1955, 59.
388 *Chronica Ragusina Junii Restii item Joannis Gundulae*, 266.
389 Ibid.
390 Ibid. Voir aussi : Spremić, M., *Despot Djuradj Branković i njegovo doba*, Beograd 1994.

de la grande porte de l'arsenal, et la poudre fut a nouveau déposée dans l'aile réparée du palais du recteur, erreur fatale qui vingt ans plus tard, sera à l'origine d'une nouvelle catastrophe[391]. Toutes ces mesures confirment qu'en 1441, Dubrovnik se sentait menacée par les Ottomans, sans que l'on puisse parler d'un véritable vent de panique.

Ce n'est pas uniquement dans le rôle traditionnel de ville d'asile pour les têtes couronnées et pour les seigneurs, ni pour les plus déshérités qui fuyaient la famine, la peste ou les Turcs, que s'épuisaient la vocation de Dubrovnik. La ville ouvrait aussi de nouvelles perspectives à tous ceux, désireux de s'y installer, et de s'intégrer ainsi dans une économie urbaine demandeuse de main d'œuvre peu qualifiée, et consommatrice de produits alimentaires de l'arrière-pays. Cette ouverture cependant, n'était pas sans danger, dans la mesure où elle risquait de diminuer les effets d'autres mesures protectrices de l'économie ragusaine. C'est ainsi qu'en 1449 fut introduite dans le Livre Vert, une disposition spéciale, rendant plus difficile l'obtention de la citoyenneté ragusaine pour les Slaves, accusés souvent de la solliciter en grand nombre, uniquement pour contourner le paiement de la douane slave- *dohana slavica* – instaurée pour protéger les Ragusains d'une concurrence excessive[392].

Une nouvelle période de grands dangers s'ouvre pour la Commune avec la deuxième guerre de Konavli, qui l'opposa au grand seigneur de Bosnie, Stefan Vukčić-Kosača, entre 1451 et 1454[393]. Le conflit était le résultat de la politique très déterminée de celui-ci, visant à priver les Ragusains du monopole qu'ils exerçaient jusque là dans deux domaines essentiels de l'activité économique : celui du commerce du sel et celui de la manufacture des tissus de laine. La guerre fut longue et meurtrière, particulièrement dévastatrice pour Dubrovnik, aussi bien pour son espace urbain que pour l'ensemble du district. Pour défendre la ville et le district, les Ragusains eurent recours à d'importants moyens, en mobilisant leurs propres citoyens, à une échelle jusqu'alors inconnue, en puisant dans leurs réserves pour recruter les mercenaires étrangers et en déployant des trésors d'ingéniosité pour unir contre *le duc de Saint Sava*[394], tous ses adversaires en Bosnie et porter ainsi la guerre en territoire ennemi.

---

[391] Krekić, B. « Dubrovnik's struggle against fires (13 to 15 th centuries) », *Variorum VI*, 1997.

[392] Nedeljković, B. *Lib. Vir. Cap. 401.*

[393] Comme le fait bien remarquer Sima Ćirković, après cette guerre, Dubrovnik ne vit plus d'armée ennemie sous ses remparts, avant le début du XIXe siècle.Ćirković, S., *Istorija srednjovekovne bosanske države*, Beograd, 1964, 300. Id, *Herceg Stefan Vukčić- Kosača i njegovo doba (*plus loin : *Herceg Stefan)*, Beograd , 1964.

[394] C'est le titre que prit officiellement Stefan Vukčić Kosača en 1448, pour marquer sa position exceptionnelle parmi les vassaux du roi de Bosnie, dont il se distinguait déjà par l'ampleur de ses domaines et par sa puissance politique et militaire. C'est

Les Ragusains firent de leur mieux en cette année 1451 pour renforcer les défenses de la ville. Afin de recruter les mercenaires, le gouvernement envoya des missions en Pouilles. En attendant leur arrivée, la protection de la contrée de Konavli, la plus menacée par la convoitise du duc bosnien, et qui a été a l'origine de la précédente guerre de 1430-1432, sollicita toute l'attention des patriciens ragusains[395]. On envoya à Konavli, outre des détachements de milice urbaine, des mercenaires recrutés dans l'arrière-pays, et qui, par le passé, ont déjà fait preuve de leurs médiocres performances. Un détachement de 20 balistiers fut aussi dépêché sur le terrain. Avant même le début des hostilités, les autorités ragusaines devaient apprécier à sa juste mesure, la puissance du duc bosnien, car dans une lettre qu'ils confiaient aux ambassadeurs dépêchés en Hongrie, auprès du gouverneur du royaume Jean Hunyadi, en avril 1451, ils rappelaient que *Dubrovnik était fatiguée et usée par tant de guerres, dommages et frais subis et surtout par l'armement moderne en possession de son ennemi*[396]. Il est

---

sur ses terres que se trouvait le monastère de Mileševa, qui entretenait le culte de Saint-Sava, fils de Stéphane Nemanja fondateur et premier archevêque de l'Eglise autocéphale serbe en 1219. En introduisant dans son titre le nom de cette grande figure de la spiritualité orthodoxe, il se mettait à l'abri des accusations, souvent proférées contre lui, de maintenir des relations privilégiées avec l'église dualiste et hérétique de Bosnie.

[395] Il s'agit certainement du conflit le plus meurtrier de l'histoire ragusaine, celui où la survie même de la Commune était en question. Cette guerre n'engagea pas uniquement Dubrovnik et le duc bosnien : au début il s'agissait certes d'une attaque directe de Stéphane Vukčić-Kosača contre la contrée ragusaine de Konavli, avec apparemment le soutien du nouveau sultan Mahomet II le Conquérant, auquel le duc aurait promis un tribut conséquent au titre de ses nouvelles possessions. Mais les Ragusains, en procédant aux préparatifs militaires, réagirent avec beaucoup de vigueur, réussissant à intéresser à leur sort, dans un premier temps les Ottomans, qui revinrent sur leur autorisation préalable accordée au duc de s'emparer de Konavli. Plus tard, les Ragusains, après la rupture d'une trêve précaire conclue avec Stéphane Vukčić-Kosača en 1451, réunirent autour d'eux une vaste coalition, dont les membres furent à partir de 1452, le propre fils du duc, Vladislav Kosača, mécontent du traitement que lui avait infligé son père, ainsi que le roi de Bosnie Stéphane Tomaš. Dans la deuxième partie du conflit, ce fut le duc bosnien qui subit l'offensive de ses nombreux adversaires. Le conflit s'acheva en 1454, pratiquement sur un statu quo qui accréditait pourtant les avantages économiques acquis par le duc bosnien dans sa ville de Novi, au détriment des Ragusains, avantages qui avaient été à l'origine même de ce long conflit.

[396] Thalloczy, L.-Gelcich, J., (ed.), *Diplomatarium relationum Reipublicae Ragusiane cum regno Hungariae,* Budapest, 1887, 496 : *Et la vostra excellencia sa bene che per lo passato la corona de Hongria have tutta la Dalmacia et hora non è rimaso sotto lo detto regno, excepto questa citta, , la qual è molto stracha et frusta per molte guerre, dani et spexe et maximamente per lo apparato moderno che fa questo inimico suo.*

vrai que, lorsqu'il s'agissait de protéger l'ensemble du district ragusain, les autorités étaient beaucoup plus démunies, que lorsqu'il s'agissait de fortifier et de surveiller le périmètre urbain.

Plusieurs mois avant le début des hostilités, le gouvernement vota certaines mesures visant à mettre la Commune sur pied de guerre : on ordonna la réparation des tours du vieux port, la protection du chemin de ronde faisant face au Mont-Srdj, par la construction d'abris de bois, et surtout la disposition des bombardes en ces mêmes endroits, sur des supports de pierre, prévus à cet effet[397].

A la veille même du déclenchement des hostilités, le recteur et le Petit conseil s'entourèrent de trois capitaines de guerre et reçurent du Sénat les pleins pouvoirs pour détruire ou brûler tous les édifices proches des murs de la ville. En même temps, ils furent autorisés à revisiter tous les postes de guet et à y apporter les améliorations, en cas de nécessité.

La première bataille rangée n'eut finalement pas lieu aux pieds de la ville, mais au lieu-dit *Tomba*, sur le col du Mont Brgat, surplombant Dubrovnik. Le conflit, engagé au début du mois de juillet, ne menaçait donc pas, dans l'immédiat, la sécurité de la ville, mais en cas de défaite ragusaine, il ouvrait largement la partie méridionale du district à l'ennemi, et mettait Dubrovnik à la portée de son ambition conquérante.

La bataille de *Tomba* entre les forces ragusaines et celles du seigneur bosnien est l'une des plus meurtrières de l'histoire de Dubrovnik, dont l'issue, désastreuse pour la Commune, ouvrit une période de graves incertitudes quant à son avenir. Les effectifs engagés, quoique sujets à controverse et largement surévalués surtout par les sources narratives, n'en sont pas moins impressionnants selon les critères de l'époque. D'après le récit de l'un des mercenaires italiens au service de Dubrovnik, arrivé à temps pour participer au combat, Broglio de Lavello, condottiere de l'entourage de Sigismond de Malatesta, le seigneur bosnien avait engagé dans la bataille 25000 hommes, entre chevaliers et soldats à pied[398], et les Ragusains disposaient de 6000 hommes[399]. En s'appuyant sur les sources documentaires, en premier lieu les registres des conseils, l'historiographie contemporaine a révisé ces effectifs à la baisse : ainsi, il n'y aurait pas eu plus de 2000 combattants ragusains, sans compter les mercenaires, dont les effectifs ne dépassaient pas une centaine de combattants.

---

[397] Beritić, L., *Utvrdjenja grada Dubrovnika*, Zagreb-Dubrovnik, 1955, 69.

[398] Ćirković, S., « Vesti Brolja de Lavelo kao izvor za istoriju Bosne i Dubrovnika » (Les informations de Broglio de Lavello, sources pour l'histoire de la Bosnie et de Dubrovnik), (plus loin : Vesti Brolja de Lavelo), *Istorijski časopis* 12-13, 1961-1962, 167-187.

[399] Ibid. Dans une lettre au pape, les Ragusains évoquaient même le chiffre de 30 000 soldats.

La bataille de *Tomba*, où le duc Stéphane Vukčić-Kosača surprit le contingent ragusain, en le prenant en tenaille, tourna au désastre pour ce dernier : ses pertes furent évaluées à 400 combattants, sans compter les mercenaires qui perdirent 54 hommes. La victoire éclatante de l'ennemi n'entraîna pourtant pas un danger immédiat pour la sécurité de la ville même, car le duc s'intéressa davantage au district ragusain, particulièrement à la contrée de Konavli dont il prit possession, délaissant la ville qu'il savait puissamment fortifiée. Le Sénat prit néanmoins la menace très au sérieux et créa un conseil de cinq sages de la guerre, qui devait lui proposer par écrit toutes les mesures concernant le renforcement des effectifs et de l'armement, ainsi que toutes les autres mesures nécessaires pour la récupération du district de Konavli[400]. Les rapports des Ragusains avec le duc bosnien évoluèrent cependant, après la bataille, davantage sur le terrain diplomatique, et concernèrent surtout les modalités de récupération de la contrée de Konavli. La bataille de Tomba devait avoir néanmoins quelques conséquences pour Dubrovnik sur le plan strictement sécuritaire et le délégué ragusain devait le rappeler au cours des entretiens qu'il eut avec le duc : celui-ci détenait en effet plus de 300 prisonniers ragusains, y compris le patricien, commandant du contingent, alors que la Commune ne pouvait se prévaloir que de quelques sujets du duc dans ses geôles. Cela faisait autant de combattants en moins dans les rangs des défenseurs de la ville qui se préparait à une rude épreuve après la défaite de *Tomba.* Il semblerait que les prisonniers ragusains aient été finalement libérés, non sans que certains parmi eux aient été obligés de payer de leurs propres deniers, la rançon, car le duc estimait que la somme globale offerte par la Commune pour l'ensemble des prisonniers était insuffisante[401].

Plus intéressants, sous l'angle de la sécurité de Dubrovnik, étaient les pourparlers engagés entre les deux partis, concernant le droit de poursuite des fugitifs. Les délégués ragusains devaient insister sur la tradition selon laquelle le droit de poursuite s'arrêtait précisément sur les hauteurs de Brgat, assez loin de la ville, alors que le duc, fort de sa victoire, exigeait que le droit de poursuite soit maintenant étendu jusqu'aux portes de la ville. En acquiesçant à cette demande, les délégués ragusains compromettaient objectivement la sécurité de leur ville lors d'éventuels futurs conflits. La perspective d'une armée ennemie s'engouffrant dans la ville à la poursuite des Ragusains fugitifs, n'était certainement pas rassurante ; d'ailleurs, la

---

[400] *DAD, Cons. Rog. XII, 125'.*

[401] Pourtant, le duc Stéphane Vukčić-Kosača demandait, au cours des pourparlers, la permission pour ses hommes, de se rendre sans entraves à Dubrovnik. Le gouvernement ragusain lui répondit courtoisement d'attendre quelques jours *car les blessures sont encore vives.* Cependant, il fit une exception, en recevant au sein même de la ville, le commandant des mercenaires du duc, blessé au cours de la bataille de *Tomba* et qui voulait se faire soigner à Dubrovnik.

suite des événements allait montrer que la perspective de la conquête de la ville même de Dubrovnik n'était pas étrangère au duc.

La sécurité de Dubrovnik n'était pas directement remise en question pendant la durée de la trêve, les pourparlers entre les Ragusains et les émissaires du duc concernant plutôt le territoire du district occupé par Stéphane Vukčić-Kosača que le sort de la ville. Cependant, malgré les revers subis, les Ragusains ne renonçaient pas à une solution militaire et bientôt, ils entreprirent une vaste campagne de recrutement des mercenaires en Italie : ils s'adressèrent donc à deux célèbres condottiere de l'époque Sigismond Malatesta, seigneur de Rimini (1422-1482) et Frédéric de Montefeltro, duc d'Urbin (1417-1460), en leur demandant de mettre à leur disposition des mercenaires : ils accueillirent bientôt 350 combattants du seigneur de Rimini et 150 autres que concéda le duc d'Urbino[402].

Tout en menant des pourparlers de paix avec Stéphane Vukčić-Kosača, les Ragusains, pourtant en position de faiblesse, ne renonçaient pas à une solution militaire du conflit. Au mois d'août 1451, les Cinq sages de la guerre nommés par le Sénat, cherchèrent un moyen de compenser la perte des effectifs que la Commune avait subie, en recrutant dans les secteurs qui n'avaient pas été envahis par les forces ennemies. Dans l'impossibilité de recruter à Konavli, ils se tournèrent vers le domaine maritime de la Commune, en décidant de mobiliser 60 hommes dans l'île de Lastovo, 100 hommes dans l'île de Mljet et 100 autres combattants dans l'Astarea, partie du district proche de la ville. Ils n'oublièrent pas quelques réserves restées dans la ville : il est vrai que ces réserves devaient être réduites au strict minimum, indispensable pour protéger les remparts et maintenir l'ordre intérieur[403].

Au cours de la guerre avec le grand seigneur de Bosnie, la Commune dut déployer, outre un effort militaire considérable, un extraordinaire effort financier. Ceci explique le fait qu'elle ait produit, dès 1451, plus de documents évoquant diverses recettes et dépenses en rapport direct avec la guerre, qu'elle n'en avait jamais produit dans son passé militaire. Les Cinq sages de la guerre furent autorisés à trouver, par tous les moyens disponibles, l'argent pour satisfaire aux besoins de la Commune et à procéder à un inventaire général des fortunes individuelles [404].

On évoquait, au début de la guerre déjà, le recours à un prêt public – imprestitum – de 200 000 hyperpères, approximativement 60 000 ducats à Dubrovnik, selon le cours de l'époque, qui devait être puisé dans tous les

---

402 Ćirković, S., «Vesti Brolja de Lavelo », 174.

403 *DAD. Cons.Maius IX, 216.* Les habitants des îles Elaphites sous autorité ragusaine (Koločep, Lopud et Šipan) étaient aussi concernés par ces recrutements.

404 *DAD. Cons. Rog. XII, 103' : pro reperiendo denarium pro opportunitatibus communis et ad faciendum descriptionem totius averi uniuscuisque.*

dépôts de monnaie confiés à la Commune[405] Au début de la guerre, le ducat s'échangeait à plus de trois hyperpères et la Commune dut intervenir pour protéger sa monnaie et interdire tout échange du ducat, et toute vente ou achat, dans lesquels le ducat serait évalué à plus de trois hyperpères ragusains[406].

Confortée par les nouveaux contingents de mercenaires arrivés d'Italie, et surtout mécontents de la tournure qu'avaient pris les pourparlers avec le duc bosnien qui gardait sous son occupation une bonne partie du district ragusain, la Comunne décida au mois d'août 1451 de renouer avec les activités militaires et cela, dès l'expiration de la trêve, conclue jusqu'au début du mois d'octobre de la même année. Ce fut cependant Stéphane Vukčić-Kosača qui ouvrit le premier les hostilités au mois de septembre, en s'attaquant cette fois-ci directement à Dubrovnik. Les édifices se situant dans les faubourgs de la ville, et qui n'étaient pas volontairement détruits par les Ragusains en prévision de guerre, furent rasés et les récoltes dévastées par les guerriers du duc bosnien. Des hauteurs qui surplombaient la ville, avec l'arsenal à la portée de ses canons, le duc soumit la ville au bombardement de son artillerie qui causa plus de frayeur qu'elle ne fit de dégâts. La décision d'évacuer le port et l'arsenal avait fort heureusement été votée avant le début des hostilités et les navires avaient été mis à l'abri dans les îles voisines. Les Ragusains subirent, selon le chroniqueur, 87 coups de canons qui touchèrent le campanile du couvent des dominicains : celui-ci s'écrasa sur deux bâtiments voisins, sans faire de victimes. Les Ragusains répondirent par les coups de canons de leurs pièces plus puissantes, du haut des remparts de la ville, et organisèrent même une sortie, au cours de laquelle plusieurs patriciens et citoyens du peuple trouvèrent la mort[407]. Les Ragusains en étaient ainsi réduits à défendre les ultimes parcelles de leur liberté, apparemment écrasés par la supériorité numérique des forces bosniennes. Il faut cependant prendre avec beaucoup de précautions le chiffre avancé par le chroniqueur de 16 000 guerriers, piétons et cavaliers inclus[408].

Les Ragusains eurent aussi recours à un autre expédient qui se montra peut-être plus efficace que la résistance armée : partant du fait que le duc Stéphane Vukčić-Kosača avait été reçu, par le passé dans les rangs du patriciat ragusain, il fut déclaré félon, à la suite de son attaque contre la ville,

---

[405] *DAD. Cons. Maius IX,232'.*

[406] Ce qui correspondait à 36 gros ragusains. *DAD. Cons. Maius IX, 220'.*

[407] *Chronica Ragusina Junii Resti item Joannis Gundulae,* 319-320: *e tiro da 87 colpi, ma dalla città li si rispondeva bene con tiri piu grossi. All'hora il rettore, radunato il conseglio, fecero un ordine, ma li nostri hebbero la pegiore e morsero molti nobili e d'altra gente assai.*

[408] Ibid..

et à ce titre déchu de son rang [409] ; la Commune mit donc sa tête à prix et promit à toute personne qui porterait atteinte à sa vie une somme de 15 000 ducats, un subside annuel de 300 ducats, une maison à l'intérieur des enceintes et une place héréditaire au sein du Grand conseil : cette décision fut proclamée *au son de trompette, en latin et en slave, sous la loggia et en d'autres endroits publics*[410]. L'instigation à l'assassinat produisit un effet immédiat et le duc, craignant peu-être une main de traître dans son propre entourage, leva le siège. On est moins bien informé sur les mesures des partisans du duc bosnien à Dubrovnik, même si une décision du Sénat, du 24 juillet 1451, suggère que les autorités se souciaient aussi bien de la sécurité intérieure : le recteur fut alors autorisé à informer le Grand conseil des mesures prises à l'encontre des fauteurs de troubles au sein de la ville[411]. La fin du siège de Dubrovnik, en septembre 1451 ne mit pas fin à la guerre de la Commune avec le puissant seigneur. Les conflits se déplacèrent ensuite aussi bien vers le sud du district, la région de Konavli que le duc souhaitait à tout prix garder, que vers le nord, la vallée de la Neretva, engageant les deux adversaires et leurs nombreux alliés dans des combats acharnés, mais la sécurité de la ville n'était plus remise directement en cause.

L'état de guerre ne fut pas interrompu pour autant et le gouvernement de Dubrovnik prit, au cours de l'année 1452, plusieurs décisions sur l'armement, en commandant notamment 20 petite bombardes à projectiles de 5 livres, 10 bombardes à projectiles de 10 livres et 10 bombardes à projectiles de 20 livres[412]. On décida aussi l'achat de 200 fusils de petit calibre et de 10 gros fusils[413]. Toutes ces armes devaient apparemment être produites par des artisans locaux, car le Petit conseil décida de l'élection de trois personnes qui devaient passer les commandes et surveiller le processus de fabrication de ces armes. La même année, plusieurs tours sur les remparts, faisant face à l'arrière-pays, d'où étaient menées les dernières attaques contre la ville, furent renforcées et munies de créneaux.

La Commune continua à déployer de grands efforts financiers pour sa sécurité. Outre le prêt public, voté par le Sénat en 1452, diverses taxes furent

---

409 Ibid. Les Ragusains en rappelant leur politique traditionnelle d'octroi d'asile, accordaient ce droit particulièrement aux seigneurs de l'arrière-pays. Ce faisant, ils étaient surs d'obtenir de leur part en retour, des privilèges de commerce et d'autres avantages. De surcroît ces seigneurs pouvaient compter sur le droit d'asile en cas de danger ou de perte de leur seigneurie. En le proclamant félon, les autorités ragusaines ont donc retourné ce privilège contre leur ancien ami.

410 Ibid

411 *DAD. Cons. Rog. XII, 110.*

412 *DAD. Cons. Minus XIII,48'.*

413 Id. Il s'agit d'une sorte d'arquebuse, appelée *puškon,* de calibre entre 20 et 25 mm et parfois plus, munie d'un support qui s'enfonçait dans le parapet.

votées et consignées dans le recueil de lois, le Livre Vert[414]. Les taxes prélevées sur la vente du blé dans le dépôt public, sur l'abattage du gros et du petit bétail, ainsi que sur le marquage de tissus de laine, prélevées par les autorités communales, augmentèrent sensiblement pour alimenter l'effort de guerre ragusain. Pour la même raison, le gouvernement prêta une attention toute particulière aux ventes et aux exportations de l'argent par les Ragusains, mais aussi par les étrangers installés à Dubrovnik. Les taxes sur les ventes de ce métal précieux ainsi que la part du métal précieux versée à l'atelier de monnaie, lors de chaque vente, connurent une hausse considérable[415].

Au temps où les Ragusains étaient engagés dans l'âpre combat contre le duc Stéphane Vukčić-Kosača, même la nouvelle de la chute de Constantinople aux mains des Ottomans le 29 mai 1453, était vécue par la Commune, en premier lieu comme un réconfort indirect pour leur pire ennemi qui, parmi les seigneurs de Bosnie, jouissait des plus grandes faveurs auprès du sultan[416]. D'où l'importance des mesures de sécurité entreprises par les Ragusains en cette année, bien que dans les décisions des autorités, elles ne répondent pas directement aux événements tragiques de Constantinople, d'ailleurs rarement mentionnés dans les registres officiels des conseils.

Au mois de juillet 1453, alors que la nouvelle de la chute de Constantinople était déjà connue à Dubrovnik, le Grand conseil vota une décision très importante sur l'armement de la ville qui fut consignée dans le Livre Vert de la République[417]. En effet, les patriciens ragusains, réunis au Grand conseil, avant de procéder au vote d'une véritable loi sur le réarmement de Dubrovnik et éclairés peut-être par le bilan mitigé de leurs conflits passés avec le duc bosnien, écoutèrent et approuvèrent le rapport de trois officiels qui dressèrent un constat assez alarmant sur l'état de l'armement de leur Commune[418], et proposèrent au Grand conseil de charger

---

[414] Nedeljković, B., *Lib. Vir. Cap. 427.*

[415] Ibid. 374.

[416] Le gouvernement ragusain ordonna le 18 juillet 1453, à ses émissaires, qui participaient aux pourparlers de paix avec le duc bosnien, de se renseigner sur l'état d'esprit de Stéphane Vukčić-Kosača après qu'il eut reçu les nouvelles de la chute de Constantinople ainsi que sur ses éventuelles démarches contre les Ragusains, auprès des Ottomans.

[417] *DAD. Cons. Maius X,* 31-32; Nedeljković, B., *Lib. Vir. Cap. 435.*

[418] Ibid : *Vu que les affaires de notre armement sont gérées d'une manière assez confuse, qu'il n'y a pas de personne qui s'en occupe comme il conviendrait et que par conséquent on ne peut jamais savoir comment les choses s'y passent, ni ce qui manque, ni comment on utilise, voire comment on gâche notre armement, et ainsi les choses vont de mal en pire et il s'en suit un grand dommage pour notre Commune,*

une personne pour un mandat d'un an et aux frais de la Commune, de s'occuper des affaires de l'armement. Cette personne serait chargée de contrôler les exportations et les importations des armes à Dubrovnik et de mener une stricte comptabilité des entrées et des sorties des armes, du territoire de la Commune[419] .

Le premier devoir de ce nouveau préposé à l'armement était donc de procéder à un véritable inventaire des armes et de le rédiger en trois exemplaires, dont l'un devait rester entre ses mains, un autre devait être confié aux trois officiels à l'armement issus du Grand conseil et le troisième devait être consigné au trésor de la Commune.[420]. Tous les achats et toutes les modifications dans la composition de l'armement devaient, dans les années à venir, être consignés simultanément dans les trois registres évoqués. Il était spécifié que ni les trois officiels issus du Grand conseil, ni le préposé à l'armement ne pourraient confier les armes à qui que ce soit, sans accord préalable du Petit conseil, ou d'une partie du Sénat[421]. Le préposé à l'armement devrait procéder tous les mois à un inventaire et à un nettoyage en profondeur des armes aux frais de la Commune[422].

Outre un souci constant pour l'approvisionnement en armes et en munitions de la Commune, les autorités semblaient être particulièrement préoccupées, en ces années de guerre, par la perspective des fuites incontrôlées d'armes. Mais cette plus grande rigueur dans la gestion des affaires de l'armement par les autorités ragusaines participait d'une réaction en temps de guerre, contre une politique trop laxiste appliquée pendant les années précédentes et qui avait souvent abouti à fournir les armes à leurs protecteurs et amis du moment qui, comme Stéphane Vukčić-Kosača, se retournaient plus tard contre eux.

Bien qu'au cours des premiers mois de l'année 1453 il n'y eut pas d'autres mesures dramatiques, en vue du renforcement de la sécurité, vers la fin de cette même année, de grands travaux de fortifications furent amorcés qui montaient lentement mais sans interruption en intensité, pour atteindre leur plus grande envergure à l'époque des campagnes de Mahomet II le Conquérant en Bosnie, en 1463 et 1464. Tandis que les anciennes mesures concernant la surveillance extérieure et l'ordre public semblaient maintenues en vigueur, toute l'attention des autorités ragusaines s'était maintenant

---

et voulant faire en sorte que les affaires de l'armement de notre Commune aillent mieux, les officiels à l'armement pensent qu'il faudrait procéder comme suit.

419 Ibid. La Commune craignait évidemment le commerce privé des armes auquel s'adonnait souvent les mêmes manufacturiers qui recevaient les commandes officielles. Parfois les communes dalmates s'approvisionnaient en armes à feu auprès des artisans au service de la Commune, à l'insu des autorités locales.

420 Ibid.

421 Ibid.

422 Ibid.

orientée vers le renforcement des fortifications, en particulier de celles faisant face à l'arrière-pays[423]. Ainsi, au mois de septembre de 1453, le Sénat vota une décision en faveur du creusement d'un fossé du côté du Mont Srdj [424], mais il s'agissait apparemment d'une mesure de plus grande envergure, car elle prévoyait le creusement du fossé sur l'ensemble du périmètre terrestre de la ville. Dans sa partie supérieure, le fossé devait avoir huit brasses de largeur (16,38 mètres) et les parois de l'escarpe et de la contre-escarpe devaient être renforcées par des travaux de maçonnerie, pour éviter les éboulements. Ces travaux nécessitaient une main d'œuvre considérable et le Sénat ordonna, comme par le passé, le recensement de tous les hommes dans le secteur proche du district – Astarea – ayant entre 16 et 66 ans, ainsi que de tous les bâtiments situés en ville et dans les faubourgs. Toute personne recensée, habitant Astarea, la ville ou les faubourgs, devait être réquisitionnée pour un service non rémunéré par la Commune, une fois tous les trois mois. Un peu plus tard, le Petit conseil compléta cette décision, en autorisant toute personne réquisitionnée qui ne pourrait pas se déplacer, à avancer une somme à la Commune[425]. Le creusement du fossé, nécessitant la destruction de nombreuses maisons situées dans le faubourg sous les enceintes, le Sénat donna un délai de huit jours aux habitants concernés pour quitter leur demeure et aller s'installer où ils voudraient. Aucun dédommagement n'était prévu en cette circonstance[426].

Pendant ces années de grands dangers pour la sécurité de la ville, on note cependant une raréfaction sensible de dispositions en matière de l'ordre public, à l'exception d'un certain nombre de décisions ponctuelles votées par le Sénat au début de 1454, ordonnant l'expulsion de la ville de tous les *affamés* venant de l'arrière-pays et le renforcement des gardes aux portes de la ville pour refouler les nouveaux arrivants ; toute coopération avec le duc Stéphane Vukčić-Kosača, pour ralentir cet afflux était impossible, à cause de l'état de guerre qui ne s'acheva qu'en 1454[427]. Cependant, les pressions ottomanes de plus en plus fortes, contre le Despotat de Serbie entre 1454 et 1456, suscitaient à Dubrovnik les plus vives inquiétudes et incitaient les Ragusains à accélérer les travaux de fortification. Ils se plaignaient, dans une lettre adressée au roi de Naples, Alphonse V en 1455, du sort réservé par les Ottomans à leur ville. Ceux-ci l'auraient, selon les Ragusains, déjà promise à leurs fidèles[428].

---

[423] Après avoir subi le bombardement de l'artillerie de Stéphane Vukčić-Kosača, le port ne sembla pas avoir été l'objet de fortifications renforcées.
[424] *DAD. Cons. Rog. XIII,* 243'-244.
[425] Ibid.
[426] *DAD. Cons. Minus XIII,* 158.
[427] Ćirković, S., *Herceg Stefan*, 206.
[428] Božić, I., *Dubrovnik i Turska,* 139.

Les travaux de fortification, sur la portion des remparts comprise entre la porte Ploče vers le Levant, et la partie la plus exposée de la ville, vers les contreforts du Mont-Srdj, furent en grande partie achevés en 1455. Au mois d'octobre de la même année 1455, le Sénat chargea un ingénieur florentin *maître Masse*, de fondre cinq bombardes en bronze de dimensions exceptionnelles, aux noms évocateurs : *La Furieuse (Furiosa), Salut-de- la-Cité (Salva Città), Armez- bien (Armete bene), Saint-Blaise (San Biaggio – patron de Dubrovnik) et la Victorieuse (Vittoriosa)*[429].

Le gouvernement s'efforçait aussi de fortifier d'autres sites dans le district, en particulier la localité de Ston, verrou du secteur septentrional du district, comprenant notamment la presqu'île stratégique de Pelješac d'où l'on pouvait contrôler la navigation dans les eaux ragusaines[430].

Les Ragusains étaient maintenant conscients que le glacis des Etats et des seigneuries territoriales qui les protégeait du contact direct avec les Ottomans, vivait ses dernières années. Leur avenir se décidait désormais à la cour du sultan et les Ragusains devraient faire appel à toute leur habileté diplomatique et à des moyens financiers considérables pour éviter à leur République le sort réservé aux terres de leurs anciens adversaires bosniens, celui de simples unités administratives de l'Empire ottoman.

Bien que tributaires du sultan depuis 1458, les Ragusains n'avaient aucune raison de croire, qu'ils seraient épargnés par la campagne de Mahomet II contre la Bosnie. Les grands travaux de fortification, entamés en 1455, et ralentis quelque peu, l'année suivante, à cause de la terrible épidémie de peste qui s'abattit sur la ville, n'ont en réalité jamais été interrompus.

En juin 1461, après de longs mois de tractations, le gouvernement loua les services du célèbre architecte et sculpteur florentin Michelozzo. Sa première tâche était d'édifier la tour *Minčeta*, attenante aux remparts et tournée vers les contreforts du Mont Srdj, dont la construction avait été décidée déjà en 1455, mais dont le chantier avait été interrompu. L'architecte avait les mains libres pour continuer les travaux, selon les plans élaborés par les constructeurs locaux ou pour procéder selon ses propres plans. Il devait bénéficier d'un salaire annuel de 240 ducats, dont 40 ducats lui avaient été déjà versés à Florence, au moment de la signature du contrat. Il était précisé dans celui-ci, *qu'il devait diriger et superviser tous les travaux sur les remparts, les fossés et les tours, ordonner, conseiller, et dresser les plans, selon sa volonté et selon la volonté du gouvernement, et qu'il n'était pas obligé de travailler de ses propres mains*[431]. Sa contribution pouvait être

---

[429] Ibid. La *Furieuse* était prévue pour les projectiles de 130 livres (48kg.), *le Salut de la Cité*, pour 60 livres (22kg.), *Armez-bien* pour 30 livres (11kg.), *Saint-Blaise*, pour 300 livres (112 kg.) et *La Victorieuse* pour 200 livres (75kg.)

[430] *DAD. Cons. Rog. XIV*, 137-138; 151'-152.

[431] *DAD. Cons. Minus XV*, 184.

sollicitée partout où le gouvernement la jugerait nécessaire, à l'exception du port et de l'arsenal, où ses services n'étaient pas requis. Cette dispense de travaux dans l'arsenal s'explique peut-être par la mise à contribution d'un autre spécialiste, l'ingénieur Bernardin de Parme, recruté à Ancône par les émissaires ragusains en juin 1461, et chargé précisément de l'approfondissement du port de Dubrovnik, des travaux dans l'arsenal, de l'élaboration des bombardes et de l'exécution des tirs d'épreuve par celles-ci[432].

Sous l'autorité de l'architecte Michelozzo, la construction de la grande tour *Minčeta*, clé de voûte de la défense septentrionale de la ville, progressait à grands pas, ainsi que le renforcement des anciens murs, qui depuis la tour, descendaient vers la porte de Pile, achevant à l'extrémité occidentale, le dispositif des fortifications ragusaines. Les murs, d'une épaisseur moyenne de plus de cinq mètres, jouxtés d'un fossé et d'une large contre-escarpe sur tout le pourtour terrestre de la ville, constituaient une solide garantie contre les dispositifs de siège les plus performants de l'époque, auxquels pouvaient éventuellement avoir recours les Ottomans.

Des travaux d'une pareille envergure nécessitaient des matériaux et une main d'œuvre considérable : le Petit conseil décida donc, en novembre 1462, de placer sur les routes menant à Dubrovnik, du côté du Ponant et du côté du Levant, des officiels, qui devaient se charger de remettre à toute personne se dirigeant vers la ville, une pierre que celle-ci devrait porter au chantier ; dans un curieux souci d'équité, les patriciens n'oublièrent pas d'assortir cette corvée d'un ordre aux préposés, de *veiller à ce que les plus costauds reçoivent des pierres plus grosses que les moins robustes...*[433] Sachant que la plupart des gens qui se rendaient à Dubrovnik en ces temps-là, que cela soit par la porte de Pile, depuis Gruž ou par la porte de Ploče depuis Konavli, étaient des paysans du district, astreints à la corvée des murs selon les dispositions déjà évoquées, l'imposition de cette double corvée illustre l'état de grande fébrilité qui devait régner à Dubrovnik dans l'attente des incursions ottomanes[434].

L'ampleur des travaux grevait lourdement les finances de Dubrovnik et les préposés aux murs reçurent donc l'avertissement de ne pas dépenser plus de 150 hyperpères – 45 ducats selon le cours de l'époque – pour la main d'œuvre, sans compter la chaux et le sable. Il s'agissait probablement des salaires payés à une main d'œuvre qualifiée, la seule ayant droit au salaire,

---

[432] *DAD. Cons. Minus XV, 188-189.*

[433] *DAD. Cons. Minus. XVI, 41.*

[434] Ibid. La somme dérisoire qui devait compenser l'effort fourni, n'ôtait rien à l'impression de corvée : des siècles plus tard et jusqu'à nos jours, les paysans de Konavli gardent en mémoire le mauvais souvenir de ce travail forcé, imposé par *ces sieurs de Raguse...*

selon les dispositions évoquées[435]. La corvée imposée pour les grands travaux de construction des murs, pouvant inciter certains ouvriers à s'exiler, le Sénat interdit à tous les maçons habitants la Commune ou le district, d'aller travailler hors de la ville, et ordonna à tous ceux qui étaient partis, de rentrer dans les plus brefs délais, sous peine d'une lourde sanction de six mois de prison. En même temps, tous les travaux de construction dans le secteur proche de l'Astaréa furent suspendus[436].

Déjà au mois de septembre 1462, trois patriciens ragusains furent chargés d'élaborer un projet de défense de la ville et de la mise à l'abri de la population du district. La Bosnie proche, était maintenant directement menacée par les Ottomans, après leur conquête définitive du Despotat de Serbie en 1459. Les Ragusains octroyèrent au mois de janvier 1463 un sauf conduit, pour venir se réfugier à Dubrovnik, à leur pire ennemi d'autrefois, le duc Stéphane Vukčić-Kosača, dont ils avaient mis la tête à prix, une décennie plus tôt. Au mois d'avril de la même année, ils répondirent au dernier roi de Bosnie, Stéphane Tomašević, qui leur demandait des renforts, qu'ils n'avaient pas assez de combattants pour leur propre défense[437]. Sous la menace ottomane, l'année 1463 fut celle de grandes destructions des bâtiments qui se trouvaient dans la proximité des remparts et pouvaient éventuellement servir d'abris aux assiégeants. On procéda notamment, en douze jours, à la destruction totale des ateliers des tisserands et teinturiers qui se trouvaient à l'extérieur des remparts, près de la porte de Pile : les débris devaient être mis à la disposition de la Commune. L'art de la laine à Dubrovnik, qui sous l'impulsion des maîtres toscans et des marchands catalans avait à son actif une trentaine d'années d'essor, ne s'est jamais remis de cette destruction volontaire[438]. Un peu plus tard, au début du mois de juin 1463, le Sénat donna l'ordre de détruire les églises de Sainte Catherine, de Saint-Lazare, de Saint Jean, de Saint Thomas et de Saint Georges qui se trouvaient hors les murs, ainsi que toutes les maisons qui se trouvaient dans les faubourgs. On promit aux autorités religieuses que l'on procéderait, dès que les circonstances le permettraient, à la reconstruction de ces églises ou, si cela n'était pas possible, que l'on dédierait des autels dans les églises à l'intérieur du périmètre urbain, aux saints dont les églises auraient été ainsi détruites[439].

Les propriétaires des maisons devaient se charger eux-mêmes de les détruire ou s'ils n'en avaient pas les moyens, d'informer le Petit Conseil. Le

---

[435] *DAD.Cons. Minus. XVI, 34'.*

[436] *DAD.Cons. Rog. XVII 78-78'.*

[437] Božić, I., *Dubrovnik i Turska*, Beograd, 1952, 163.

[438] Pour l'histoire de la manufacture de la laine à Dubrovnik voir : Dinić-Knežević, D., *Tkanine u privredi srednjovekovnog Dubrovnika (Les tissus dans l'économie de Dubrovnik médiévale)*, Beograd, 1982.

[439] *DAD.Cons. Rog.XVII,* 236.

refus de cet ordre était sanctionné par une amende de 100 ducats qui témoignait du sérieux de la menace. On donna aussi l'ordre de combler tous les puits et de détruire toutes les citernes dans les environs de Dubrovnik pour priver l'assiégeant d'eau potable[440].

Dans l'urgence, les sénateurs s'apprêtaient même à procéder à certaines mesures extrêmes qui n'avaient jamais été envisagées par le passé, comme la destruction du précieux aqueduc, construit à peine deux décennies plus tôt, par le célèbre ingénieur Onofrius de la Cava, recruté à grands frais par la Commune dans le Royaume de Naples, ainsi que la démolition des deux ponts qui enjambaient les fossés aux portes de Pile et de Ploče, les deux principaux accès à la ville. Ces deux dernières mesures ne furent finalement pas mises à exécution[441].

La menace imminente d'un siège de la ville par les forces ottomanes ne décourageait pas les Ragusains d'envisager des projets à moyen terme pour le renforcement de leur sécurité. Un projet fut alors déposé au Sénat, prévoyant la construction de deux fortins au milieu des fossés et en face des deux portes principales de la ville, au Ponant et au Levant. Chacun de ces fortins, points avancés de la protection de la ville, devait être relié avec la porte correspondante et la contre-escarpe en face, par deux petits ponts. Du côté du Ponant, à la porte de Pile, ce projet n'aboutit pas : l'existence du puissant fort de Lovrijenac, qui surveillait les approches occidentales de la ville rendait peut-être inutile, aux yeux des Ragusains, la construction d'un fortin à cet endroit. Par contre, du côté de la porte de Ploče, vers le Levant, un fortin fut construit, et servit de base au futur fort de Revelin, pendant oriental de Lovrijenac, qui compléta le système de fortifications de la ville au XVIe siècle. Le couvent des dominicains, situé près de la porte de Ploče, était aussi victime de ces interventions précipitées sur les remparts : le Petit conseil promit aux frères prêcheurs à Dubrovnik de couvrir de tuiles le dortoir du couvent, aux frais de la Commune[442].

Les nombreuses interventions pour renforcer la sécurité de Dubrovnik soulevaient l'éternel problème du financement des travaux : malgré le recours intensif à la corvée, certains travaux, hautement qualifiés ainsi que les matériaux de construction, exigeaient des sommes considérables, que le gouvernement ne pouvait pas assurer à partir des recettes régulières. Il eut donc recours à des moyens extraordinaires, déjà employés par le passé. Il imposa, au mois d'avril 1463, un prêt – *imprestitum* – de 15 000 hypèrpères (vers 4 500 ducats), aux patriciens et citoyens ordinaires. Celui-ci s'avérant insuffisant, un autre prêt public fut voté au mois de juillet de la même année. Une source importante du financement de la guerre était aussi constituée par

[440] *DAD.Cons. Rog. XVII, 236'.*

[441] Ibid.

[442] *DAD. Cons. Minus. XVI, 63.*

les dépôts que les seigneurs de l'arrière-pays confiaient au gouvernement ragusain, au cas où ils seraient contraints de demander l'asile à la Commune. Plusieurs seigneurs bosniens avaient déposé d'importantes sommes et parmi eux l'ancien ennemi, le duc Stéphane Vukčić-Kosač Les Ragusains, en banquiers avisés, ne puisaient que rarement dans ces dépôts, en demandant toujours au préalable l'autorisation du propriétaire. Au mois de juin, ils demandèrent ainsi à leur ancien adversaire l'autorisation d'emprunter 10 000 ducats qu'il avait déposés dans le trésor ragusain[443].

Les taxes d'importation furent à nouveau révisées à la hausse sur tous les produits et les recettes de la vente du blé et du vin au marché public devaient financer alternativement les travaux de la défense d'une somme de 100 hyperpères (30 ducats) par semaine[444].

Les sommes qu'il fallait à tout prix dégager pour la construction étaient aussi prélevées sur d'autres dépenses, parfois au détriment de la sécurité d'autres sites. Ainsi les effectifs de certaines places fortes du district, même ceux de la très importante localité de Ston, furent fortement réduits, et ceux qui y étaient attachés, virent leurs soldes considérablement diminuer[445].

Toute cette précipitation était probablement à l'origine de quelque négligence qui causa au mois d'août 1463 une violente explosion du dépôt de poudre, placé par les Ragusains au palais du recteur, sans qu'une semblable tragédie en 1435 leur ait servi d'avertissement. L'explosion causa la mort de 125 personnes *gentilshommes, plébéiens et autres artisans y compris celle du recteur de Dubrovnik*[446]. Outre les pertes humaines, l'explosion causa un grave préjudice aux capacités de défense ragusaines car elle détruisit une quantité considérable d'armes anciennes et récentes et de matériaux de construction pour quatre grandes et deux petites galères. Les frais de reconstruction du palais des recteurs variaient selon les sources, entre 3 500 et 25 000 ducats, mais vu les dangers qui menaçaient la ville, il ne semble guère que les travaux aient été entamés, avant plusieurs mois. Une histoire tardive de Dubrovnik attribue l'explosion aux agents du sultan Mahomet II *qui pensait ainsi pouvoir s'emparer plus facilement de la ville, privée de ses munitions*[447]. Cette affirmation n'est pas étayée par des sources documentaires et représente, peut-être, un reflet lointain de la confusion qui s'était emparée de la ville en cet été 1463, et qui pouvait alimenter les rumeurs les plus invraisemblables.

---

[443]*DAD.Cons. Rog. XVII*, 236.

[444] *DAD. Cons.Rog. XVII*, 164.

[445] *DAD.Cons. Rog. XVII*, 175-175'.

[446] *Annales Ragusini* Anonymi item Nicolai de Ragnina, 64-65 ; Luccari, G., *Copioso ristretto degli Annali di Ragusa, Libri Quattro*, Venetia, 1605, 112. Voir aussi, Krekić, B. « Dubrovnik's struggle against fires », *Variorum VI*, 1997.

[447]Appendini, F-M., *Notizie istorico-critiche sulle antichità, storia e letteratura de Ragusei, I-II*, Ragusa 1802-1803, 306-307.

En même temps qu'à la fortification de la ville, le gouvernement se consacrait au recrutement des défenseurs. Depuis la guerre avec Stéphane Vukčić-Kosača, Dubrovnik n'avait pas procédé à un recrutement de pareille envergure. On mobilisait la population dans tout le district de Dubrovnik. Dans la contrée de Konavli, au sud du district, si âprement disputée au duc de Bosnie, il y a une dizaine d'années et dont la population était encore loin d'être acquise au gouvernement ragusain[448], on préleva 150 à 200 personnes pour la défense de la Commune. Au nord du district, les personnes aptes au combat étaient plutôt acheminées vers la place forte de Ston. A Dubrovnik, on procéda à une revue des effectifs en présence. La tension diminua à la fin du mois de juin, lorsqu'un contingent de mercenaires arrivant des Pouilles, sous le commandement de Spirito de Altamura, débarqua à Dubrovnik. Celui-ci fut promu au rang de *capitaine des piétons et des lanciers de la République* et doté de larges compétences dans la défense de la ville[449]. A l'arrivée des mercenaires italiens, une partie du contingent local fut démobilisée et réorientée vers les travaux de fortification.

Les plans de défense élaborés en 1463 n'oubliaient pas la population des non-combattants, premières victimes d'une éventuelle irruption des Ottomans dans le district. Pour leur défense, le gouvernement envoya des patriciens dans trois secteurs du district, à Astarea et à Konavli au sud, et à Primorje (Littoral) au nord de la ville, pour organiser la mise à l'abri des personnes et du bétail, *afin que les Turcs qui sont entrés en Bosnie ne les emmènent pas comme du butin*[450]. Cette mesure devait éviter un afflux trop important de la population vers la ville même, et l'acheminer vers d'autres places fortes du district.

Tandis que l'irruption des forces ottomanes dans le district semblait de plus en plus probable, les autorités ragusaines contemplaient avec désapprobation le mouvement de panique et de fuite qui s'était emparé de certains Ragusains qui évacuaient leur famille et partaient eux-mêmes, chercher refuge dans les villes vénitiennes du littoral dalmate et dans les îles de l'archipel ragusain. Le gouvernement finit par réagir et il délégua deux patriciens dans les villes dalmates du littoral, avec ordre aux pêcheurs, propriétaires de petites embarcations, de rentrer immédiatement à Dubrovnik *sous peine d'accusation de rébellion et de confiscation de biens.* On fixa même un délai précis pour le retour de cette population en fuite, délai que

[448] Il y eut, au temps de l'acquisition de la contrée de Konavli par les Ragusains, après 1419 et 1426, plusieurs mouvements insurrectionnels parmi la population paysanne du district, mécontente du régime agraire imposé, qui s'était avéré plus contraignant que celui auquel ils étaient soumis sous la domination bosnienne.

[449] *DAD.Cons. Rog. XVII, 245* .

[450] *DAD.Cons. Rog. XVII, 189.*

seul le recteur avait le droit de prolonger, uniquement pour les femmes enceintes[451].

Lorsque l'on apprit, à la fin du mois de juillet 1463, que l'armée du sultan s'éloignait de Dubrovnik, un grand soulagement s'empara de la ville, et la vie reprit presque son cours normal. Les marchands ragusains, auxquels le gouvernement avait interdit de voyager en Bosnie, purent reprendre leurs affaires, en respectant certaines consignes de prudence. Les mercenaires italiens conduits par Spirito de Altamura qui étaient disposés sur l'ensemble du district, furent convoqués à Dubrovnik, probablement en vue de leur démobilisation.

Les travaux de fortification continuèrent, certes à un rythme quelque peu ralenti, ils concernaient cette fois-ci, les chantiers qui ne pouvaient pas être abordés au temps de la menace directe d'une attaque ottomane comme celui par exemple du palais du recteur, détruit par l'explosion de la poudre. En 1464, le projet d'un nouveau palais des recteurs fut soumis au Sénat ragusain par l'architecte Michelozzo, mais il fut refusé ; l'architecte florentin, contrarié par ce manque de délicatesse, quitta immédiatement la ville et un nouvel architecte, Georges le Dalmate – connu aussi sous le nom de Georges de Sebenico – le remplaça. La destruction du palais des recteurs en 1463 ne fut d'ailleurs pas sans incidence sur le cours des travaux de fortification : en effet certains registres de comptabilité où étaient consignées les dépenses engagées par la Commune pour les travaux, furent détruits par l'explosion[452].

L'installation du pouvoir ottoman sur les frontières du district ragusain a modifié en profondeur la politique de sécurité de la Commune. Celle-ci s'était progressivement affranchie de toute perspective de conflits avec les seigneuries voisines, qui d'une situation de dépendance vis-à-vis du pouvoir ottoman, au cours de la première moitié du XVe siècle, glissèrent vers une perte définitive de l'indépendance, processus qui s'acheva par la conquête en 1481 de la place forte de Novi, au sud de Dubrovnik, dernier réduit de l'Etat bosnien médiéval. Cependant, l'installation durable des Ottomans n'affranchissait pas la Commune des problèmes de sécurité. Certes l'époque des guerres locales avec les seigneurs de Bosnie était révolue. Les Ottomans ne devaient plus intervenir par procuration dans des conflits, et les Ragusains ne pouvaient plus tirer leur épingle du jeu en faisant intervenir soit d'autres puissances bienveillantes, la Hongrie par exemple, soit en engageant leurs propres diplomatie avec des moyens financiers considérables à la cour du sultan. La menace d'une implication de Dubrovnik dans un vaste conflit entre les Etats chrétiens et les Ottomans pesait toujours, mais les Ragusains avaient maintenant à quelques encablures de leur district, un représentant local de leur suzerain ottoman, auprès duquel ils pouvaient relativement vite

---

451 *DAD. Cons. Rog. XVII, 237,239,240',241,244'.*
452 *DAD. Cons. Maius XII,* 161'.

désamorcer toute rumeur ou accusation de complot contre le pouvoir du sultan. Cette nouvelle situation qui se traduisait par une double allégeance, formelle à l'égard du roi de Hongrie, jusqu'à la défaite hongroise à Mohacz en 1526 et réelle à l'égard du sultan, sous forme de tribut annuel payé régulièrement depuis 1458, en échange de la protection et d'un certain nombre d'avantages dans l'exercice du commerce, imposa aux Ragusains une nouvelle politique sécuritaire.

Plus qu'à la mobilisation des effectifs et aux grands travaux de fortification, cette politique veillait au maintien d'un certain ordre public au sein de la Commune et de son district, afin d'éviter toute sorte de débordement susceptible de favoriser l'intervention directe des Ottomans. Une politique sécuritaire d'une extrême rigueur qui n'hésitait pas à recourir aux éliminations physiques, souvent secrètes, de patriciens ou de citoyens ordinaires dont les visées étaient contraires aux intérêts de la Commune.

La démarche du gouvernement ragusain en 1464 illustre bien cette évolution. Dubrovnik était directement concernée par le projet de croisade du pape Pie II : la ville devait constituer le point de rassemblement de l'armée des croisés dans les Balkans. Les Ragusains, à la suite des opérations de l'armée ottomane dans l'arrière-pays, l'année précédente, manifestaient à l'égard de cette initiative la plus grande réserve. Cependant, les mesures de sécurité, envisagées par le gouvernement ragusain, au printemps 1464, avant que le grand projet du pape humaniste ne se dissipât dans l'indifférence générale, témoignaient du sérieux des préparatifs. Après avoir envoyé à Ancône deux émissaires pour rencontrer le pape et évoquer les pressions que la ville avait subies l'année précédente[453], afin de le détourner de son projet, les patriciens votèrent néanmoins, au mois de mai 1464, une liste de 31 mesures qui devaient rendre plus agréable le séjour des croisés à Dubrovnik.

Parmi ces mesures, dont la plupart avaient un caractère strictement protocolaire, il n'y en avait que quatre qui participaient de la politique sécuritaire et pas une qui concernait d'éventuelles améliorations des fortifications. Trois mesures concernaient le renforcement et l'amélioration

---

[453] *Chronica Ragusina Junii Restii item Joannis Gundulae*, 368: *On envoya au pape deux ambassadeurs, Giovanni Palmota et Helias de Bona, pour l'entretenir... Ceux-ci lui donnèrent des nouvelles du Grand Turc, puisque Isabegh avait envoyé un émissaire au nom du sultan, qui avec toute son armée s'était approché à 30 kilomètres de Dubrovnik. Celui-ci avait envoyé au gouvernement ragusain un ambassadeur, pour protester, et menaçait de s'emparer de la ville, au cas où les Ragusains ne retiraient pas les deux galères qu'ils avaient promises au pape, ne se soumettaient pas au sultan et n'acceptaient pas de lui payer le tribut tous les ans. Certains Turcs, pourvus d'armes légères avaient déjà pénétré dans le district pour se livrer au pillage. La ville subissait une disette, et il manquait du blé pour pouvoir résister au siège. Il manquait aussi de soldats pour défendre les remparts et la ville.*

des services de garde à l'intérieur de la ville, aux portes et au fort de Lovrijenac. Une décision interdisait tout discours *qui porterait atteinte à l'honneur du Saint-Père, sous peine de deux mois de prison*[454]. Les Ragusains, estimaient-ils que l'arrivée imminente des croisés à Dubrovnik sonnerait l'heure de l'offensive générale, et que les travaux de fortifications, entrepris dans la seule perspective d'un siège imposé par les Ottomans, ne seraient plus nécessaires ? En tout cas, après une année mouvementée, marquée presque exclusivement par les travaux de fortifications, la perspective de l'arrivée de l'armée pontificale en 1464 semble avoir apporté une certaine accalmie dans ce domaine.

Le passage de l'armée ottomane, l'année précédente, qui selon le chroniqueur s'était approchée à trente milles de Dubrovnik a certainement suscité un mouvement des populations de l'arrière-pays, vers la ville. Cette tendance a été probablement accentuée par les disettes et une résurgence de l'épidémie de la peste, et elle concernait aussi bien la ville que son district. Il n'en est pas moins vrai que les autorités étaient au courant du projet pontifical, dont les nouvelles leur étaient parvenues par le biais des Vénitiens, au début de l'année 1464. Dans l'attente des croisés et de crainte de voir la ville assiégée par une masse famélique, le Petit conseil ordonna en avril 1464, le déploiement aux portes de Pile et de Ploče de deux sentinelles, un patricien et un citoyen ordinaire, *afin d'empêcher les affamés d'entrer dans notre ville*[455]. Les officiels, chargés de la santé publique, reçurent en cette circonstance 760 livres de biscuits à charge pour eux de les distribuer aux affamés, afin qu'ils quittent au plus vite le district.

Au mois de mai 1465, tandis que le Sénat votait les décisions sur le renforcement de la police urbaine, le Petit conseil discutait du même projet en termes plus précis encore ; on vota en cette circonstance des décisions qui n'avaient pas été consignées dans les registres gouvernementaux depuis des décennies, interdisant à tous, quelle que fût leur condition, à l'exception des gardes de nuit, de porter les armes en ville, sous peine d'un mois d'emprisonnement, si l'infraction était constatée de jour, et de deux mois, de nuit. Les armes confisquées devaient être remises au Petit conseil. En même temps, il était interdit de circuler sans lanterne portée par un domestique, après le coup de cloche du campanile du Petit conseil indiquant une heure et demie de la nuit, sous peine de deux mois d'emprisonnement. Aucune circonstance atténuante n'était reconnue, ni le fait d'avoir porté soi-même la lanterne, ni le fait de ne pas avoir été arrêté en flagrant délit, car dans ce dernier cas, le témoignage à charge d'un seul témoin, suffisait pour faire appliquer la sanction. La même sanction visait les gardes de nuit qui, en

---

[454] Tadić, J., *Promet putnika u starom Dubrovniku (La circulation des voyageurs dans l'ancienne Dubrovnik),* Dubrovnik, 1939.

[455] *DAD. Cons. Minus. XVI,* 133.

connaissance de cause, n'appliqueraient pas les sanctions votées par le Petit conseil[456].

Une décision spéciale du Sénat imposait aux capitaines de nuit, ainsi qu'aux gardes ordinaires de service, l'obligation de veiller dans la loge du Palais des douanes assignée à cet effet et d'effectuer des rondes régulières selon les dispositions en vigueur, sous peine d'amende de 25 hyperpères (7,5 ducats) pour le capitaine de garde – patricien de son état – et d'un mois d'emprisonnement pour le garde, issu du rangs des citoyens. Même le capitaine de nuit n'avait pas le droit d'autoriser un garde ordinaire de rentrer dormir à la maison[457].

Tandis que les autorités craignaient un afflux massif de la population de l'arrière-pays, qu'elles souhaitaient voir quitter le district dans les plus brefs délais, le Sénat remettait à l'ordre du jour l'interdiction, déjà votée en 1463, à tout citoyen ragusain de quitter la ville sans autorisation du gouvernement. Il prévoyait aussi, dans l'attente d'une montée de tension dans les rapports avec les Ottomans, le redéploiement partiel de la population à l'abri des remparts de Dubrovnik, de la place forte de Ston et des îles de l'archipel ragusain[458].

Le danger d'une attaque ottomane contre le district ragusain, dans la foulée de la conquête de la Bosnie en 1463, ayant été évité de justesse, et le projet de croisade du pape Pie II de 1464 ayant échoué, les rapports de la Commune avec le pouvoir ottoman se décrispèrent. En échange du paiement régulier du tribut au sultan, qui se stabilisa, après quelques fluctuations, à 12 500 ducats annuels, et qui fut complété par d'innombrables subsides à ses représentants locaux dans la province limitrophe d'Herzégovine, Dubrovnik retrouva une paix toute relative qui permit à ses marchands de rétablir leur réseau d'affaires à l'intérieur des Balkans.

La sécurité de Dubrovnik fut encore une fois soumise à une rude épreuve avant la fin du XVe siècle, à la veille et pendant la brève campagne ottomane en Italie du sud, qui aboutit à la prise de la ville d'Otrante, au bord de l'Adriatique, en 1480-1481. Les Ragusains pouvaient donc profiter de l'accalmie toute relative qui s'offrait à eux, pour apporter les dernières touches à leur système de sécurité, soigneusement élaboré au cours des siècles précédents. Presque un siècle, après l'introduction des dispositions concernant la sécurité à Dubrovnik dans le recueil législatif connu sous le nom de Livre Vert en 1387[459], de nouvelles dispositions furent votées en 1476 dans le Grand conseil et consignées dans un nouveau recueil, connu sous le nom de Livre Jaune – Liber Croceus – dernier en date des recueils

[456] *DAD. Cons. Minus*, 222.
[457] Ibid.
[458] *DAD. Cons. Rog. XVIII*, 79.
[459] Nedeljković, B., *Liber Viridis*, Cap. 57

législatifs ragusains, qui ne fut clos qu'en 1803, cinq ans avant l'abolition de la République par Napoléon[460]. Une lecture comparée des deux textes introduits dans les recueils législatifs, votés respectivement à la fin du XIVe et à la fin du XVe siècle, permet d'apprécier l'évolution accomplie dans la protection de la sécurité de Dubrovnik.

La législation sur la sécurité urbaine consignée dans le Livre Vert, à la fin du XIVe siècle, évoque des mesures concernant la protection de l'espace fortifié de la ville. On y trouve des dispositions sur la destruction des murs des couvents, des hospices et des maisons privées jouxtant les remparts de la ville, ou des dispositions concernant la construction d'un chemin de ronde au pied des remparts sur tout leur pourtour. Ces dispositions ayant été appliquées et les travaux de fortifications accomplis, on ne considéra plus comme indispensable leur rappel dans le Livre Jaune, à la fin du XVe siècle. Par contre, certaines dispositions, concernant le maintien de l'ordre public, furent peaufinées, et semble-t-il, rendues plus rigoureuses dans le Livre Jaune. La limite d'âge inférieure des capitaines de nuit, recrutés comme par le passé parmi les patriciens, fut relevée de vingt à trente-cinq ans. Le vote de cette mesure s'explique peut-être, par un net accroissement à cette époque, du nombre de patriciens majeurs siégeant au Grand conseil. Les modalités de recrutement furent aussi modifiées. Tandis que la législation de 1387 prévoyait le renouvellement du tirage au sort des capitaines, tous les jours pour la nuit suivante, les dispositions de 1476 prévoyaient des solutions à plus long terme : on devait procéder, tous les cinq ans, à un recensement des patriciens entre trente-cinq et cinquante ans, aptes à assumer la fonction de capitaine de nuit. Parmi ceux-ci, tous les mois, on devait choisir, par tirage au sort, six personnes qui, par groupes de deux, assumaient à tour de rôle leur tâche, chacun pendant la moitié de la nuit. Un salaire de quatre hyperpères – un peu plus d'un ducat – devait être attribué aux six capitaines, pendant le mois d'exercice de leur fonction, tandis que dans les dispositions du XIVe siècle leur service n'était pas rémunéré. Un recensement de toutes les personnes, entre vingt et soixante ans était aussi prévu, afin de connaître tous les habitants du district aptes à assumer les fonctions de gardes sous les ordres des capitaines de nuit[461].

Tandis que le premier capitaine de nuit, durant son temps de service qui commençait à 22 heures, faisait le tour des remparts et de la grande rue, la *Platea*, qui reliait les deux portes principales de la villes, Ploče et Pile, accompagné de la moitié des effectifs, le second capitaine devait se trouver, avec l'autre moitié des effectifs, dans la loggia du Palais des douanes (palais Sponza), en attendant son heure de service qui devait commencer à deux heures de la nuit pendant les mois d'été, et à trois heures pendant les mois

[460] Ibid.*Liber Croceus*, Cap. 78.
[461] Sans davantage de précisions sur la fréquence de ces recensements.

d'hiver. Les deux capitaines, accompagnés de l'ensemble de leur troupe, devaient se retrouver dans la loggia du palais Sponza, aux heures de relève indiquées. Au cas où une galère étrangère armée se trouverait dans le port de Dubrovnik, un des quatre capitaines de nuit qui ne serait pas de service, devrait se rendre près de la porte de l'arsenal, donnant sur le port, pour surveiller de près le navire et son équipage[462]. Toutes les mesures interdisant les promenades nocturnes sans lanterne, ainsi que le port d'armes par les Ragusains et les étrangers, furent reconduites.

Les dispositions votées à un siècle d'intervalle, témoignent ainsi en faveur d'une évolution du concept même de la sécurité à Dubrovnik, qui vers la fin du XVe siècle surtout, favorisait davantage les mesures concernant le maintien de l'ordre public et de la paix intérieure, que les mesures concernant la protection des remparts et de l'arsenal de la ville en prévision d'attaques d'un ennemi extérieur.

Les dernières mesures de sécurité à Dubrovnik, avant la fin du XVe siècle, furent occasionnées par l'irruption d'un fort contingent turc dans le district en 1480 et par la chute de Novi, aux mains des Ottomans en 1481[463]. On sait que le sultan exigeait la remise *de toutes les îles, de tous les hommes et de tout ce que les Ragusains détenaient en dehors des murs de la ville*[464]. Le gouvernement ragusain opposa une fin de non recevoir et se prépara à la défense. Certaines mesures avaient été votées à la veille de cette pression ottomane. Personne n'avait plus le droit de loger des étrangers avant d'en référer au notaire et de donner des renseignements précis sur les personnes qu'il avait l'intention d'héberger. Les capitaines de nuit, après leur service, devaient remettre les clés de toutes les portes de la ville au recteur qui devait les garder de jour, dans un coffret sous sa responsabilité.[465]

En avril 1480, le Grand conseil autorisa le Sénat et le recteur avec son Petit conseil, à imposer pour l'année en cours, un prêt public à tous les citoyens et à tous les habitants de la Commune, dont la valeur serait établie en fonction de la valeur de leurs biens mobiliers et immobiliers, l'estimation de celle-ci étant à la discrétion des deux conseils et du recteur. La décision ne laisse aucun doute sur l'objectif du prêt voté, *pour le maintien de notre statut et pour que nous ne perdions pas notre liberté*[466]. La même raison justifiait une baisse conséquente des salaires d'un certain nombre de fonctionnaires, en particulier des vice-recteurs, répartis dans diverses

---

[462] Nedeljković, B., *Liber Croceus*, Cap. 78.

[463] Toutes les mesures de sécurité prises à cette époque ne peuvent pas être reconstituées car les registres des décisions du Sénat entre la fin de 1479 et le début de 1481 sont perdus.

[464] Božić, I., *Dubrovnik i Turska*, 210.

[465] *DAD. Cons. Minus XX*, 280'.

[466] *DAD. Cons. Maius. XIV, 161'.*

localités du district[467]. Les sénateurs ragusains, chargés des relations politiques avec le pouvoir ottoman reçurent l'interdiction de quitter la ville sans autorisation préalable du recteur. De pareilles décisions, votées par le passé, avaient probablement un double objectif : ne pas entraver le vote de décisions importantes dans les conseils par manque de quorum et montrer à la population la détermination des élites à résister à la menace extérieure[468].

Pendant les mois d'été 1480, plusieurs escadres ottomanes furent aperçues dans les eaux ragusaines, et le gouvernement autorisa les habitants de l'île de Lastovo (Lagosta), la plus éloignée de l'archipel ragusain, *vu la frayeur que suscite l'escadre turque,* de se rendre dans les Pouilles, les Marches, en Dalmatie, à Dubrovnik ou ailleurs, *où bon leur semblerait, afin de trouver refuge pour eux et leur famille.* Cette décision fut tout de suite complétée par une autre, imposant au crieur public de convoquer, le jour même, tous les propriétaires des maisons vides à Dubrovnik et de leur ordonner au nom du gouvernement de remettre, dès le lendemain les clés de ces maisons aux officiels désignés à cet effet, qui les remettraient eux-mêmes aux réfugiés de l'île de Lastovo. Le manque à l'appel était sanctionné d'une amende de 25 hyperpères[469].

La présence des navires étrangers dans les eaux ragusaines continuait à susciter de vives inquiétudes jusqu'en automne 1480. Une décision du Petit conseil, votée à la fin du mois de septembre de cette année, créait, en supplément des effectifs déjà existants, et aussi longtemps qu'une escadre ennemie demeurerait dans la baie de Gruž, au sud de la ville, trois détachements de dix personnes, disposés respectivement près de la porte de Pile, de la porte de Ploče et dans la rue principale – Platea – pour assurer la garde, de jour et de nuit[470].

Les menaces extérieures ne faisaient pas oublier aux autorités l'absolue nécessité du maintien de l'ordre public, dont le respect était imposé avec plus de rigueur, semble-t-il que dans les conditions de paix. Les interdictions de circuler armé, dans les rues et places publiques et sans lanterne, passée la deuxième heure de la nuit, furent plusieurs fois reconduites par le Petit conseil[471]. Les sénateurs reconduisirent aussi, pour la durée d'un an, des mesures spéciales contre les condamnés du droit commun et contre tous ceux qui les aideraient à fuir ou à se cacher[472].

Deux officiels préposés à la sécurité de Dubrovnik furent autorisés à se rendre à l'extérieur de la ville, dans les îles et dans le secteur proche du district à Astarea, pour surveiller les éventuelles manœuvres ottomanes.

---

[467] *DAD. Cons. Maius. XIV, 122-123.*
[468] *DAD. Cons. Minus XXI*, 143.
[469] *DAD. Cons. Minus XXI,144'.*
[470] *DAD. Cons. Minus XXI, 163.*
[471] *DAD. Cons. Minus XXI 148.*
[472] *DAD. Cons. Minus XXI, 22'-23'.*

Leurs frais de déplacement à cheval ou en navire étaient pris en charge par la Commune[473]. Au cours de la crise de 1480-1481, le fort de Revelin dont la construction n'avait été entreprise qu'une vingtaine d'années plus tôt, lors de la grande menace ottomane de 1463, et qui n'était pas encore achevé, abrita pour la première fois un détachement, sous le commandement d'un capitaine de nuit[474].

Depuis la première grande menace d'une attaque ottomane directe, contre la ville et le district, lors de la campagne du sultan Mahomet II en 1463, jusqu'à la fin du XVe siècle, les Ragusains craignaient surtout les attaques terrestres. Les menaces contre le port et l'arsenal qui étaient loin d'être négligeables au temps de la guerre de Chioggia ou de la reconquête de la Dalmatie par les Vénitiens, passèrent au second plan à la fin du XVe siècle. Toutefois, l'expérience de la malheureuse guerre contre Stéphane Vukčić-Kosača, lorsque l'arsenal et le port se trouvèrent sous le feu de son artillerie et lorsqu'il fallut évacuer les navires dans les îles avoisinantes, incitait les Ragusains à ne jamais oublier les projets visant à protéger ces lieux stratégiques, d'autant plus que ceux-ci, une fois aux mains de l'adversaire, constitueraient d'excellents points de départ pour un assaut final contre Dubrovnik : non seulement l'arsenal se trouvait à peu de distance du centre de la ville, et en particulier du Palais des recteurs dont il était séparé uniquement par l'épaisseur des remparts, mais ces remparts mêmes, étaient dotés d'ouvertures, qui permettaient d'accéder au port et au chantier.

D'autre part, le mur qui protégeait la ville du côté du port et de l'arsenal n'avait pas été touché lors des grands travaux de fortification, entrepris au cours du XVe siècle, du côté de terre ferme. Il s'agissait d'un mur de petite épaisseur et qui de surcroît, s'appuyait directement sur les maisons privées à l'intérieur de la ville. Un nouveau mur fut donc construit, reliant la tour de Saint-Jean du côté méridional du port, au Palais des recteurs, séparé cette fois-ci de la première rangée des maisons de l'intérieur de la ville, par une large voie de circulation. Cette intervention des autorités ragusaines, la dernière d'une certaine envergure concernant le port de Dubrovnik avant la fin du XVe siècle, témoignait de l'intérêt que celles-ci portaient à la sécurité maritime, à l'époque même où les principales menaces venaient depuis l'arrière-pays.

Les sources documentaires n'évoquent plus à cette époque les manœuvres des navires vénitiens dans les eaux ragusaines. Les chroniqueurs, toujours plus enclins à attribuer quelques mauvaises intentions à l'ancienne puissance tutélaire, rappellent qu'une puissante escadre de 60 galères vénitiennes se présenta en 1481 sous les murs de

[473] *DAD. Cons. Rog.XXIV, 24'.*
[474] *DAD. Cons.Minus XXI*, 264.

la ville, mais que les Ragusains, mis au courant, par l'un de leurs concitoyens en exil, qui se trouvait parmi les Vénitiens, donnèrent l'alerte à temps. En voyant une multitude de gens placés sur les remparts et sur la colline surplombant la ville, l'escadre vénitienne se contenta de saluer la ville et d'appareiller vers le Levant[475].

[475] *Annales Ragusini Anonymi*, 266 : *In detto tempo vense l'armata delli Venetiani con galere 60, la qual passo tra la Croma e la città di Ragusa. Quale vedendo tanta gente per li murui et alla montagna di Bergato, salutorno onoratamente la città tanto da una parte quanto dall'altra...*

Nouvelles perspectives de recherche sur les guerres de Dubrovnik et les mesures de sécurité

Entre la fin du XIIe siècle et la fin du XVe siècle, les sources ragusaines qualifient de *guerres* , quatorze conflits armés auxquels la Commune participa plus ou moins directement. Ce rappel est indispensable, pour éviter toute application erronée de la notion de guerre à différents faits d'armes, chevauchées, razzias, rapts et autres violences, jusqu'aux simples menaces et intimidations qui émaillent l'histoire de Dubrovnik et de son district pendant les derniers siècles du Moyen Age. La Commune était parfois engagée dans des conflits d'une violence exceptionnelle qui imposaient la mobilisation de toutes ses ressources matérielles et morales.

Dans les plus anciens actes notariaux conservés à Dubrovnik, datant de la fin du XIIIe et du tout début du XIVe siècle[476], lorsque l'on évoquait des circonstances exceptionnelles qui autorisaient les parties à enfreindre les promesses faites devant le notaire, on invoquait les *guerres générales* : s'agissait-il simplement, de bien mettre en évidence les guerres qui, par leur ampleur et leur incidence, engageaient à tel point toute la communauté de citoyens, qu'elles pouvaient affranchir les particuliers de certaines obligations contractées ?

Les guerres de Dubrovnik au fil des siècles, présentent certaines particularités qui permettent de les regrouper en trois catégories qui correspondent précisément à trois grandes périodes de l'histoire ragusaine : la plus ancienne regroupe les conflits armés avec les souverains de Serbie de la dynastie des *Nemanjić*, depuis la fin du XIIe siècle, jusqu'aux années trente du XIVe siècle[477], la suivante, les guerres internationales maritimes de la seconde moitié du XIVe siècle, et la dernière, les guerres avec le roi de Bosnie et deux grands seigneurs territoriaux du même Etat qui occupent essentiellement la première partie du XVe siècle et s'achèvent en 1455.

Les menaces des Ottomans contre la ville et son district, particulièrement graves entre 1463 et 1481, n'étaient pas à l'origine de véritables conflits armés, car les Ragusains, tout en se protégeant contre ces menaces récurrentes, n'envisagèrent jamais de mener seuls, une action armée contre le sultan, auquel ils promirent formellement leur allégeance et payèrent un tribut annuel régulier depuis 1458. Les participations de

---

[476] Conservés notamment dans la série *DAD. Diversa cancellariea*, dont le plus ancien registre date de 1278.

[477] Avec, cependant deux exceptions notables, de conflits avec les seigneurs serbes locaux Vojislav Vojinović et son neveu, Nikola Altomanović qui engagèrent les Ragusains, respectivement de 1359 à 1362 et de 1370 à 1371.

Dubrovnik aux croisades, qui tournèrent au désastre lors de la campagne de Varna en 1443-1444 ou échouèrent avant même de commencer, comme le projet du pape Pie II en 1464, étaient indirectes et ne répondaient pas à une menace imminente contre le district, mais plutôt à un devoir d'aider le front chrétien contre les Ottomans, de diminuer la force militaire de ceux-ci, laquelle s'exerçait à cette époque dans l'arrière-pays bosnien, ainsi que leur capacité de nuisance contre les intérêts économiques de la Commune, qui se manifestait par toutes sortes d'exactions dans l'ensemble des territoires balkaniques conquis par le sultan.

Pendant la période envisagée, la Commune combattait à tour de rôle trois catégories d'adversaires, mais elle connaissait elle-même une évolution territoriale et institutionnelle qui n'était pas sans incidence sur sa manière de mener la guerre et de penser la sécurité. L'évolution de la situation à Dubrovnik se manifestait, au fil des siècles, dans différents domaines qui, chacun à sa manière, pouvait exercer une certaine influence sur la conduite des opérations militaires et sur la politique sécuritaire de Dubrovnik : les changements de pouvoirs souverains – Byzantins, Normands, Vénitiens, Hongrois, Ottoman – la croissance territoriale et démographique, l'enrichissement des habitants, tous ces changements permirent à l'élite patricienne au pouvoir de recourir progressivement aux armes plus performantes et aux systèmes de fortifications plus puissants. Mais cette évolution rend quelque peu aléatoire toute tentative d'établir une typologie des guerres ragusaines et des mesures de sécurité qui les accompagnaient.

Le fait que les registres des conseils ragusains, ne soient pas conservés pour la période précédant le début du XIVe siècle – le plus ancien registre conservé date en effet de 1301 – rend cette tentative particulièrement difficile pour la première catégorie des guerres évoquées, celles qui opposèrent Dubrovnik aux souverains serbes de la dynastie des Nemanjić, notamment des guerres qui se déroulèrent à la fin du XIIe et au XIIIe siècle. L'image qu'en donnent les chroniques ragusaines, notamment la mieux informée, celle de Junije Rastić, risque de s'avérer biaisée. De l'aveu du chroniqueur, son œuvre repose sur une lecture attentive des séries d'archives[478]. Cependant, même en s'appuyant sur les sources documentaires, les chroniqueurs ragusains empruntaient une démarche discursive dont l'objectif premier était de rendre vraisemblable une vision ascendante de l'histoire de leur Commune, en accréditant, bien qu'indirectement, l'esprit civique des élites patriciennes engagées dans la défense de Dubrovnik. Parmi les images souvent évoquées par les chroniqueurs, on trouve celle, d'une ville attaquée par les souverains serbes,

[478] Fejić, N., « La Chronique ragusaine de Junije Rastić et la politique de Venise dans la mémoire collective de Dubrovnik », *Les Chemins d'outre-mer. Etudes sur la Méditerranée médiévale offertes à Michel Balard I-II,* I 293-310, Paris 2004.

d'une ville qui subit la guerre, qui en est la victime, loin d'en porter la moindre responsabilité. En l'absence d'autres sources, cela ne suffit pas, il est vrai, à expliquer un certain acharnement mis par le grand joupan Stéphane Némanja, puis par ses descendants, les rois Stéphane Ouroš I, Stéphane Ouroš II Miloutine et Stéphane Ouroš III Dečanski à s'emparer de la ville. Cet acharnement s'explique aussi par l'excellent site stratégique de la ville, qui aurait permis aux souverains serbes de bénéficier d'un meilleur débouché maritime, que ne l'était la ville de Kotor (Cattaro), la plus importante commune maritime qu'ils contrôlaient directement, au sud de Dubrovnik. Pour conforter l'image de la Commune, victime de prédilection des souverains *violents et barbares*, le chroniqueur disposait d'un argument de taille, le déséquilibre des forces en présence, d'un côté la Commune et son district, réduit encore à la seule contrée d'Astarea, de l'autre, un puissant Etat territorial.

Entre les deux images de Dubrovnik en guerre, celle d'une Commune au territoire et à la population modestes et celle d'une Commune prospère, constituant un enjeu politique et économique considérable pour les belligérants, les chroniqueurs privilégient la première image, celle d'une communauté modeste et menacée, pour mieux exalter son courage et sa détermination dans la défense de la liberté. Ce faisant, ils occultent un peu la deuxième image, qui pourrait surgir d'une approche plus équilibrée, celle de Dubrovnik sous la suzeraineté vénitienne (1205-1358), haut lieu des activités maritimes et commerciales. Cette vision des chroniqueurs a acquis une certaine légitimité, même parmi les médiévistes contemporains, dans la mesure où ils évoquent sans restriction, les *guerres* entre la Serbie et Dubrovnik au XIIIe et XIVe siècle, à l'époque où Dubrovnik reconnaissait sans ambiguïté la suzeraineté vénitienne.

Les mesures de sécurité ragusaines, en temps de guerre avec les souverains serbes ne sont pas faciles à appréhender. Certes, en relisant les différentes chroniques, on assiste au spectacle d'une ville assiégée, sous une pluie de projectiles lancés par des machines de guerre, résistant vaillamment aux assauts et rendant coup pour coup ; on voit des faubourgs dévastés, des habitants du district malmenés, des récoltes saccagées, le bétail volé, mais aussi longtemps que ces récits des chroniqueurs ne seront pas confirmés par les sources documentaires, on pourra se demander à quel point ils participent de l'image classique d'une guerre médiévale, répercutée par le patriotisme exubérant des chroniqueurs du baroque ragusain[479].

[479] Le chroniqueur Junije Rastić notamment, n'oublie jamais d'évoquer le peu d'enthousiasme que mettait Venise à défendre Dubrovnik contre les attaques des rois de Serbie, lorsque les Ragusains étaient sous l'autorité de la Sérénissime entre 1205 et 1358, ainsi que le double jeu que celle-ci menait auprès des souverains serbes, lorsqu'elle se décidait finalement à intervenir.

Certes, les chroniqueurs ragusains et notamment Junije Rastić, insistent sur leurs connaissances des fonds d'archives. La mise en concurrence de leurs récits avec les séries de registres des conseils pour le XIVe et XVe siècles confirme sans ambiguïté la qualité de ces récits : faut-il, pour autant, faire confiance aux chroniqueurs pour les périodes précédentes où se situent la plupart des guerres avec les rois de Serbie ? Une réponse possible à cette question, qui éviterait toute extrapolation, consisterait à rechercher dans les chroniques ragusaines des descriptions de mesures militaires appliquées avant le début du XIVe siècle et de les soumettre à une grille de lecture fondée sur la connaissance des données de registres gouvernementaux du XIVe siècle et des siècles suivants. D'autant plus que certaines mesures évoquées par les chroniqueurs pour la période antérieure aux plus anciens registres conservés, sont de caractère répétitif, et on les trouve, formulées en termes quasi identiques dans les registres des conseils communaux du XIVe ou XVe siècle.

Ainsi, dans la présentation des travaux de fortification, les chroniqueurs évoquent les mesures identiques à celles que l'on trouve dans les registres de conseils des siècles suivants : l'extension des murs de la ville, afin d'intégrer un faubourg, entreprise en 1252, était selon Junije Rastić à l'origine d'une réaction violente du roi de Serbie, Stéphane Ouroš I et la construction du premier mur de protection du côté du Levant en 1266, coïncide, toujours selon le chroniqueur, avec la seconde campagne du même roi contre la Commune en 1265-1266.

Dans la description des effectifs de défense au XIVe, le témoignage des chroniqueurs n'est pas moins convaincant. Certaines mesures évoquées par ceux-ci peuvent être utilement comparées aux décisions des conseils votées au XVe siècle. Le recensement de la population âgée entre 15 et 70 ans de 1323, évoqué par le chroniqueur Junije Ŗastić[480] et dont il ne reste aucune trace dans les registres, répond aux même exigences de la défense de Dubrovnik, que le recensement ordonné un siècle plus tard, en 1428 et qui nous est confirmé par le registre du Petit conseil[481]. Il en va de même pour les nombreuses interdictions imposées aux marchands ragusains de se rendre en Serbie ou en Bosnie, ainsi que pour les ordres de rentrer à Dubrovnik, envoyés à ceux-ci en cas de guerre, et confirmés aussi bien par les sources narratives que par les sources documentaires.

L'époque qui ouvre les meilleures perspectives pour l'histoire des guerres et des mesures de sécurité à Dubrovnik est celle des deux derniers siècles du Moyen Age, qui nous a légué des sources documentaires, notamment les registres des trois conseils gouvernementaux. Le développement économique et l'évolution institutionnelle qui modifièrent en

---

[480] *Chronica Ragusina Junii Restii item Joannis Gundulae*, 113.
[481] *DAD. Cons. Minus IV*, 201.

profondeur la situation politique de la ville, modifièrent aussi son tissu social, en le figeant pour les siècles à venir[482]. L'image de Dubrovnik en temps de guerre, véhiculée par la chronique, celle d'une communauté soudée, menacée depuis l'étranger – la Serbie ou la Bosnie – ou par l'étranger usurpateur de liberté – Venise – est une image souvent remise en question par les sources documentaires. La société ragusaine n'est pas cette communauté apaisée de patriciens et de citoyens qui résistent dans un commun élan à l'oppression de l'étranger. L'image que renvoient les sources documentaires, à l'inverse de celle véhiculée par les chroniqueurs, est plutôt celle d'une société morcelée en nombreuses composantes, dont les intérêts étaient, en temps de guerre, tout sauf convergents.

La situation était d'autant plus complexe, qu'à partir du milieu du XIVe siècle, la Commune était entraînée tour à tour dans deux grandes coalitions, la première anti-génoise, la seconde anti-vénitienne, et qu'elle n'était plus l'unique enjeu des guerres auxquelles elle participait, comme cela fut le cas lors des conflits avec les rois de Serbie au XIIIe et au début du XIVe siècle. Cette dernière appréciation élargit singulièrement le champ d'études des mesures de sécurité, en privilégiant évidemment les temps forts des conflits armés, mais en intégrant aussi dans le discours sécuritaire, certaines mesures visant à empêcher toute convergence possible, entre l'ennemi extérieur et tous ceux, Ragusains et étrangers, habitants la Commune ou le district, qui pourraient profiter de l'état de guerre pour porter atteinte à l'ordre public établi. A partir de ces considérations, il y a lieu de se pencher sur une histoire des mesures de sécurité à Dubrovnik, qui devra prendre en considération toute la complexité des rapports entre les divers acteurs de la vie communale en temps de guerre.

Seul le patriciat décidait des mesures de sécurité extérieure et de protection intérieure, puisqu'il était le seul à exercer les responsabilités gouvernementales. Si le patriciat réussit à exercer à Dubrovnik ses responsabilités, parmi lesquelles la défense de la Commune et les mesures de sécurité étaient les plus importantes, c'est qu'il réussit à se faire l'interprète des intérêts vitaux d'autres composantes de la société ragusaine, citoyens ordinaires, marchands et artisans, en imposant une sorte de consensus, et parfois, en réprimant les intérêts de ces autres composantes, tâche particulièrement délicate et dangereuse en temps de guerre.

La société ragusaine au Bas Moyen Age était une société extrêmemnt complexe, dont l'élite gouvernante, les patriciens, ne représentait qu'une

---

[482] Pour la société patricienne de Dubrovnik au Moyen Age voir surtout : Krekić, B., « Developed Autonomy : The Patricians in Dubrovnik and Dalmatian Cities », *Variorum II*, 1997. Manken, I., *Dubrovački patricijat (Le patriciat ragusain)*, Beograd, 1960. Janekovć-Römer, Z., *Okvir slobode (Le cadre de la liberté)*, Zagreb-Dubrovnik, 1999. Mosher Stuard, S., *A State of deference, Ragusa/Dubrovnik in the Medieval Centuries*, Philadelphia,1992.

petite minorité au sein de la population de la ville et du district[483], les autres composantes étant constituées de citoyens ordinaires, marchands et artisans (*cives de populo*) d'étrangers établis à demeure (*habitatores*) du menu peuple de travailleurs manuels, domestiques et esclaves à l'intérieur de l'espace urbain, loin de toute revendication identitaire, d'étrangers effectuant un court séjour quelle que fût leur profession, ainsi que de paysans (rustici) établis sur le territoire du district[484]. Les nouvelles études doivent donc s'orienter davantage vers la reconstruction de cette dimension anthropologique de la sécurité, en temps de guerre à Dubrovnik, que sur l'évocation des mesures de fortifications, d'armements et de toutes sortes de démarches constituant l'aspect technique de la sécurité urbaine. Tâche d'autant plus délicate, que la majorité silencieuse de la population, capable d'infléchir, par son action ou son inaction, la sécurité urbaine en temps de guerre, n'avait pas accès aux seules instances habilitées à mener la politique sécuritaire de la Commune, qu'étaient les trois conseils gouvernementaux. Ces études peuvent bénéficier des acquis considérables dans les études de rapports entre hiérarchies politiques et pouvoir et richesse économique[485]. Une belle définition de la ville du littoral adriatique comme *zone de contact de différents types d'économies, de formes d'organisations sociales et de traditions culturelles*[486]peut être appliquée à Dubrovnik. Ces différents types seront réduits, à l'échelle de l'exercice du pouvoir, à un seul, imposé par les conseils constitués de patriciens. Toute autre catégorie sociale, toute autre sensibilité sociale, sera privée de moyens d'expression politique : sera-t-elle tentée de s'exprimer par d'autres moyens, dans les circonstances

---

[483] Pour les rapports entre la population de la ville et du district voir surtout : Ćirković, S., « Ragusa e il suo retroterra », dans *Ragusa e il Mediterraneo : ruolo e funzioni di una repubblica marinara tra medioevo ed età moderna,* Bari, 1990, 15-27.

[484] Les patriciens ragusains qui siégeaient au Grand conseil, au Petit conseil et au Sénat étaient les seuls à décider des mesures sécuritaires. Mais ils n'étaient pas les seuls à payer de leur personne dans la défense de la ville et du district. Les membres de deux autres catégories sociales étaient aussi régulièrement sollicités, tout au long de la période envisagée, les *citoyens ordinaires* et les *paysans du district.* Cependant la nature des recensements ordonnés par les conseils ne permet pas de préciser avec certitude, quel était le rôle des *habitants*, c'est à dire des étrangers ayant acquis, au fil du temps, une situation officielle, dans l'application d'une politique sécuritaire communale. Au regard du traitement appliqué aux *habitants* ragusains d'origine vénitienne, au temps où Dubrovnik était en guerre avec la Sérénissime, les étrangers d'une manière générale, semblent être exclus de cette politique sécuritaire.

[485] A ce sujet voir notamment : Krekić, B. « Influence politique et pouvoir économique à Dubrovnik du XIIIe au XVIe siècle », *Variorum I, 1997.*

[486] Ćirković, S., « Continuité et rupture des hiérarchies : le cas des villes dalmates et de leur arrière-pays », *Atti della XII Settimana di Studi dell'Istituto « Francesco Datini »*, Prato, Firenze, 1990, 73-90.

extraordinaires imposées par les guerres et les dangers extérieurs, occasions idéales pour ébranler une cohésion politique qui ne profite qu'à une composante minoritaire de la société communale ? Cette tentation, dont certaines manifestations ont été déjà relevées par le chroniqueur ragusain[487], déplace donc en partie, les études des mesures de sécurité en temps de guerre, du domaine de la mobilisation, de l'armement et des travaux de fortification, vers le domaine de l'ordre public à l'intérieur de la Commune.

Le maintien de l'ordre public est en effet au cœur des mesures de sécurité à Dubrovnik en temps de guerre. A la différence des travaux de fortifications, et d'armement, et de la description des démarches diplomatiques, les problèmes de l'ordre public n'attiraient pas une attention particulière des chroniqueurs, malgré leur bonne connaissance des séries d'archives[488].

Une étude comparative des dispositions législatives concernant les menaces à l'ordre public dans le *Statut* de Dubrovnik de 1272, et dans les statuts d'autres villes dalmates sous autorité vénitienne, s'impose donc au départ. Dans ces plus anciens recueils législatifs qui précèdent les premiers registres de décisions des conseils urbains – à Dubrovnik d'une génération[489] – il s'agit d'étudier dans une optique comparative, les dispositions fondatrices de l'ordre public[490] et de les distinguer des simples dispositions communales, intégrées elles aussi, parfois dans les textes statutaires, telles certaines interdictions ponctuelles de circulation nocturne dans les rues ou les places publiques, qu'on ne peut assimiler aux mesures institutionnelles. Cette distinction est assez difficile à établir à cause précisément, de la présence, des deux types de mesures, ponctuelles et institutionnelles, dans les recueils de lois, tels le Statut ou le Livre Vert de Dubrovnik.

Le maintien de l'ordre public en temps de guerre reposait entre les mains des patriciens réunis au sein du Grand conseil et du Sénat. Le Grand conseil déléguait la plupart de ses pouvoirs en matière de sécurité et d'ordre public

---

[487] La conjuration ourdie par quatre patriciens en 1400 est l'exemple le plus éclatant de cette collusion entre une faction peu représentative du patriciat ragusain, des citoyens mécontents, des paysans du district et peut-être, de l'ennemi extérieur.

[488] Chez Junije Rastić, la conjuration de 1400 est essentiellement la conséquence de la déchéance morale de certains membres du patriciat, qui dérogent à leur vocation naturelle de protecteurs de la cité, en s'alliant aux *rustiques*. Mais selon le chroniqueur, les quatre patriciens sont les seuls véritables acteurs de la conjuration. Les *plébéiens* – les citoyens dans le discours de Rastić – en sont juste conscients (*consci)* !

[489] La rédaction du *Statut* de Dubrovnik de 1272 précède de 29 ans la rédaction des plus anciens registres gouvernementaux conservés dans les archives de Dubrovnik

[490] Le *Statut* de Dubrovnik de 1272 prévoit par exemple la peine capitale pour tout chef de groupe conspirateur, sans préciser davantage de quel type de conspiration il s'agit.

au Sénat et au recteur entouré du Petit conseil dont les membres étaient élus au sein du Sénat et pour un mandat équivalent à celui du recteur, c'est à dire d'un mois. En cas de menace majeure, il appartenait au Sénat de nommer *les Sages de la guerre*, au nombre de trois, cinq ou dix[491], qui aidaient le recteur dans la préparation et la conduite des opérations militaires mais qui participaient aussi au maintien de l'ordre public. Cependant, sur le terrain, l'application des mesures d'ordre public en temps de guerre, était partagée entre les patriciens et les citoyens du peuple, et parfois même les paysans du district étaient sollicités et cette répartition ouvre une autre piste de recherche : dans quelle mesure certaines catégories de la population de la ville et du district, étaient-elles associées aux tâches du maintien de la sécurité publique ou tenues à l'écart des aspects les plus sensibles de celle-ci, voire surveillées ou persécutées en tant qu'actrices potentielles de troubles en temps de guerre ? Cette dimension sociale de la politique de sécurité semble particulièrement prometteuse, et les sources documentaires du XIVe et du XVe siècle en permettent une meilleure appréhension[492]

La population urbaine a été plusieurs fois recensée au cours du XIIIe et du XIVe siècle, en vue d'établir les effectifs de défense. Cette population a été aussi mise à contribution, soit pour assurer la protection des remparts ou des portes de la ville, soit pour surveiller les rues et les places publiques à Dubrovnik. Les sources documentaires, à la différence des chroniqueurs, distinguent nettement les effectifs assignés à la protection intérieure et au maintien de l'ordre public, de ceux chargés d'assurer la protection des remparts et des portes urbaines. Il est vrai que le commandant des deux types de détachements était régulièrement un patricien, le plus souvent désigné sous le nom de capitaine de garde – *capitaneus custodiae* – et de capitaine de nuit – *capitaneus noctis, dominus noctis – mais* au niveau de l'appellation, la distinction n'était pas stricte.

Les sources documentaires confirment sans aucune ambiguïté, la prépondérance numérique des citoyens du peuple sur les patriciens : ceux-ci pourtant, commandaient seuls des détachements évoluant de 25 à 100 persones. Les citoyens du peuple étaient donc fortement mis à contribution, aussi bien pour la protection des murs que pour le maintien de l'ordre

---

[491] Ce dernier cas, la nomination de dix Sages de la guerre, ce qui doublait pratiquement les effectifs du Petit conseil, ne s'est produit qu'une seule fois en 1351. *Chronica Ragusina Junii Restii item Joannis Gundulae,* 133.

[492] La protection de l'ordre public, exigeait-elle des connaissances et des facultés particulières ? Rien ne le confirme directement. Bien qu'ayant recruté massivement les mercenaires, en particulier au XVe siècle, et bien qu'ayant fait preuve d'une incompétence avérée en matière de commandement militaire, les patriciens ragusains, contrairement aux élites urbaines italiennes, ne semblent pas avoir craint d'éventuels débordements des condottiere au détriment de la sécurité intérieure de Dubrovnik.

intérieur en temps de guerre, mais les sources documentaires n'expliquent pas les raisons du déploiement de ceux-ci aux endroits particulièrement importants et sensibles. Non seulement les citoyens du peuple étaient répartis aux endroits souvent vulnérables et excentrés – les tours du port, l'arsenal ou les portes, orientale et occidentale de la ville – mais pendant l'exercice de garde aux endroits évoqués, ils se trouvaient eux-mêmes, sous le commandement direct d'un des leurs, parfois désigné dans les sources sous l'appellation de capitaine du peuple – *capitaneus de populo* – promotion ponctuelle qui ne donnait à son détenteur qu'une autorité limitée dans le temps et sur une partie du détachement, au sein des gardes, issus comme lui du rang des citoyens du peuple. Pendant ce temps-là, le capitaine de nuit, patricien de son état, assumait depuis le centre urbain – généralement depuis la loggia du Palais des douanes – le commandement de l'ensemble du détachement.

Certaines catégories de citoyens ordinaires étaient affranchies de la garde de jour et de nuit, notamment les terrassiers et les portefaix, au temps des grands travaux de fortification, raison plausible, alors que pour d'autres citoyens, les artisans de la laine ou les taverniers, les raisons d'affranchissement semblent moins évidentes. Pourquoi les citoyens ordinaires étaient-ils parfois envoyés seuls aux portes de l'arsenal ou aux portes du Levant et du Ponant, aux moments où la sécurité de la Commune étaient menacée par l'afflux massif des Slaves de l'arrière-pays, lors des famines ou des épidémies ? Avaient-ils plus de chance de reconnaître d'éventuels délinquants dangereux, interdits de séjour à Dubrovnik et de les empêcher d'emblée d'entrer en ville ? En tout état de cause, les citoyens du peuple étaient chargés à Dubrovnik de certaines responsabilités dans la défense et la protection de l'ordre public.

Les études prosopographiques sur le patriciat ragusain ont permis d'évaluer les contributions des familles appartenant à l'élite urbaine, à l'exercice du gouvernement en temps de paix[493]. Des études semblables sont encore à faire, concernant l'éventuelle appartenance des *Sages de la guerre* ou des conseillers militaires auprès des mercenaires italiens au XVe siècle, à telle ou telle famille patricienne, mais cette démarche est en principe possible, à partir des seules sources documentaires. Quant à la crainte d'une possible participation de certains membres du patriciat aux conjurations contre le gouvernement de la Commune, dont l'unique exemple confirmé à la fois par les chroniqueurs et les sources documentaires est la conjuration de

---

[493] Manken, I., *Dubrovački patricijat*, Beograd, 1960. Krekić, B., « Influence politique et pouvoir économique à Dubrovnik », *Variorum I,* 1997.

1400, cette crainte ne semble pas avoir été à l'origine de mesures importantes de sécurité publique à Dubrovnik[494].

En ce qui concerne le rôle des citoyens du peuple dans la défense militaire, celui-ci est plus difficile à déterminer, dans la mesure où les résultats des recensements de la population urbaine à des fins militaires ne sont pas connus. Il est d'autre part certain que les paysans, les *rustici*, étaient aussi sollicités à participer à la défense de la Commune et de son district. Mais comme pour les citoyens, leurs effectifs et les modalités précises de cette participation ne peuvent pas être évalués à partir des seules sources documentaires.

Une étude plus détaillée de la perception des citoyens du peuple ou des étrangers comme sources de menaces pour la Commune, et pour l'ordre public en temps de guerre est prometteuse, dans la mesure où les sources documentaires existent et ne semblent pas avoir été particulièrement exploitées par le passé. Les cas avérés de collusion des citoyens du peuple ou des étrangers avec l'ennemi extérieur sont rares[495]. Les cas d'atteinte à l'ordre public, sous forme d'agressions verbales ou physiques sont plus nombreux, et une histoire de la violence quotidienne à Dubrovnik au Moyen Age reste encore à faire. Cette histoire s'impose d'autant plus, que les registres de doléance (*lamenta*), ceux du tribunal pénal, intégrés dans la série du Petit conseil, dont les cinq juges étaient membres d'office, et ceux du tribunal civil (*Sententiae cancellariae),* sont dans l'ensemble bien conservés et invitent à une recherche approfondie dans le domaine de la protection de l'ordre public.

La question des mercenaires italiens et de leur participation à la défense de Dubrovnik a été abordée dans le cadre de l'étude des guerres avec les seigneurs de Bosnie au XVe siècle. La présence des mercenaires au service de la Commune est confirmée dès le début du XIVe siècle, dans le conflit avec le roi de Serbie, bien que leurs effectifs aient été, à l'époque très limités. Le recours aux mercenaires à Dubrovnik ne se développa à grande échelle qu'au XVe siècle. L'accroissement du rôle des mercenaires semble coïncider avec l'enrichissement considérable de la Commune à la fin du XIVe et au début du XVe siècle et avec la prise de conscience d'une certaine insuffisance d'entraînement et d'efficacité des forces ragusaines face aux seigneurs de Bosnie. Cependant, les mercenaires, particulièrement sollicités lors du conflit avec le duc de Bosnie, Stéphane Vukčić-Kosača (1451-1454)

---

[494] Au XVIe siècle par contre, la stabilité du régime patricien sera plus souvent mise à l'épreuve, en premier lieu par la lutte des factions au sein du patriciat, partagé en courants pro-français, pro-espagnol et en moindre mesure pro-vénitien, qui seront favorisés dans leurs ambitions, par les pouvoirs étrangers respectifs.

[495] Les cas avérés d'une femme ragusaine prise sur les remparts en flagrant délit de collusion avec l'ennemi (1403) ou du marchand catalan, faisant signe au navire pirate de s'éloigner de Dubrovnik (1426), ne sont, paraît-il que des exceptions.

ne semblent pas avoir menacé la sécurité intérieure de Dubrovnik, et une allusion directe de la chronique ragusaine à un complot *ourdi parmi les chefs des mercenaires pour remettre la ville à un prince étranger*, n'est pas confirmée par les registres des conseils[496]. L'avancée des Ottomans et leur conquête de la Bosnie, au cours de la deuxième moitié du XVe siècle, annoncent la fin des engagements des condottiere dans les guerres de Dubrovnik.

L'attitude des Ragusains face aux Ottomans au cours de la première partie du XVe siècle, jusqu'au désastre de la croisade de Varna, en 1444, et en moindre mesure jusqu'à la croisade avortée du pape Pie II en 1464, relève d'une vraie ambiguïté, qui devait se ressentir sur le plan des mesures de sécurité. Les Ottomans, jusqu'à leur installation progressive en Herzégovine, dans l'arrière-pays immédiat du district, au cours de la seconde moitié du XVe siècle, constituaient aux yeux des Ragusains une puissance en filigrane qui agissait par seigneurs bosniens interposés, lors des guerres que ceux-ci imposaient à la Commune. Le pouvoir ottoman avantageait ou heurtait les intérêts de la Commune en fonction de ses propres priorités, mais surtout en fonction des subsides versés régulièrement par les ambassadeurs ragusains au sultan. Au fil des décennies de conquêtes ottomanes et dans la mesure où le chaos qu'engendraient les campagnes militaires le permettait, les marchands ragusains étaient présents dans l'arrière-pays balkanique, à titre de marchands, de concessionnaires d'exploitations minières ou de diplomates au service des pouvoirs chrétiens locaux. Tout en consolidant leurs positions, dans les territoires déjà conquis par les Ottomans, les Ragusains maintenaient intacte leur fidélité à la Couronne de Hongrie et le faisaient savoir, en prêtant une oreille attentive aux vagues projets de croisade qui leur parvenaient de l'Occident. Dans le projet de croisade qui échoua à Varna en 1444, les Ragusains s'impliquèrent considérablement, en oubliant quelque peu leur légendaire prudence[497].

L'irruption des Ottomans en Bosnie en 1463 suscita à Dubrovnik un véritable vent de panique ; pour la première fois, la perspective d'une attaque directe contre la ville était envisageable tandis que le district était, à plusieurs reprises, victime de véritables chevauchées ottomanes. On connaît la suite des événements : la Commune ne fut jamais soumise à un siège de l'armée du sultan et ce renoncement des Ottomans à s'emparer de la ville, amplement répercuté par les chroniqueurs ragusains et attribué par eux à l'intervention divine[498], fut à l'origine d'une nouvelle situation politique et économique de Dubrovnik au sein de l'Empire ottoman, progressivement

---

[496] *Chronica Ragusina Junii Restii item Joannis Gundulae,* 324.

[497] Krekić, B., « Dubrovnik's participation in the war against the Ottomans in 1443 and 1444 », *Variorum XVII*, 1980.

[498] *Chronica Ragusina Junii Restii item Joannis Gundulae*, 366.

mise en place à l'aube des temps modernes et qui ne devait pas changer jusqu'au début du XIXe siècle et l'abolition de la République par Napoléon.

L'image semble aujourd'hui bien établie, d'une petite commune, installée dans le flanc d'un empire conquérant, tolérée parce qu'elle remplissait la fonction d'observatoire politique et de plaque tournante économique au cours de nombreuses guerres que disputaient les armées chrétiennes et ottomanes. Il reste pourtant une piste à explorer, pour conforter ou nuancer cette image, en privilégiant précisément l'étude des mesures de défense et de sécurité à Dubrovnik à la fin du Moyen Age. Dans la conclusion d'une étude fondamentale, l'intérêt de cette démarche est implicitement évoqué : *les troupes ottomanes qui depuis l'Herzégovine attaquaient le territoire ragusain étaient trop faibles pour s'emparer de Dubrovnik, qui depuis la chute de Constantinople était, d'année en année à tel point fortifiée, qu'elle était devenue pratiquement imprenable pour les moyens techniques dont disposaient les Turcs. Ses remparts épais de plusieurs mètres étaient plus puissants que tous ceux, que les Ottomans, avec leurs machines de siège, mettaient des mois à investir dans les Balkans. Bajazet II, l'héritier de Mahomet II le Conquérant n'envisageait même plus de s'emparer de la ville*[499].

Cette appréciation remet en cause l'image des Ottomans, se refusant volontairement de prendre Dubrovnik, parce qu'ils n'y voyaient aucun intérêt politique ou militaire. Les mesures de sécurité à tous les niveaux, comprenant la protection militaire extérieure et celle de l'ordre public intérieur, mises en place par les Ragusains entre 1463 et 1481 ne le cédaient en rien à celles, entreprises au cours des siècles précédents. Or, toutes les fois que les autorités ragusaines avaient, par le passé, appliqué de pareilles mesures, c'était dans les conditions qu'elles considéraient elles-mêmes, comme des conditions de guerre. Si l'élite patricienne semblait avoir bien compris, vers le milieu du XVe siècle, que le temps où Dubrovnik pouvait se permettre de participer aux coalitions anti-ottomanes était bel et bien révolu, sa détermination à défendre la ville et le district par tous les moyens disponibles, montre qu'à aucun moment elle ne se croyait vraiment à l'abri d'une attaque ottomane et que la perspective d'une résistance militaire ne lui était donc pas étrangère. Voilà qui justifie le déplacement, au moins partiel, des études sur les rapports entre Dubrovnik et l'Empire Ottoman, à la fin du Moyen Age, du domaine de l'économie et de la politique, vers celui de la défense et des mesures de sécurité. Dans cette perspective, une recherche comparative des moyens offensifs mis en œuvre par les Ottomans lors de leurs campagnes de sièges dans les Balkans pendant la seconde moitié du XVe siècle, et des capacités de défense ragusaines, semble bien s'inscrire

[499] Božić, I., *Dubrovnik i Turska*, Beograd, 1952, 343.

dans le droit-fil des études sur les mesures de sécurité à Dubrovnik au cours des derniers siècles du Moyen Age.

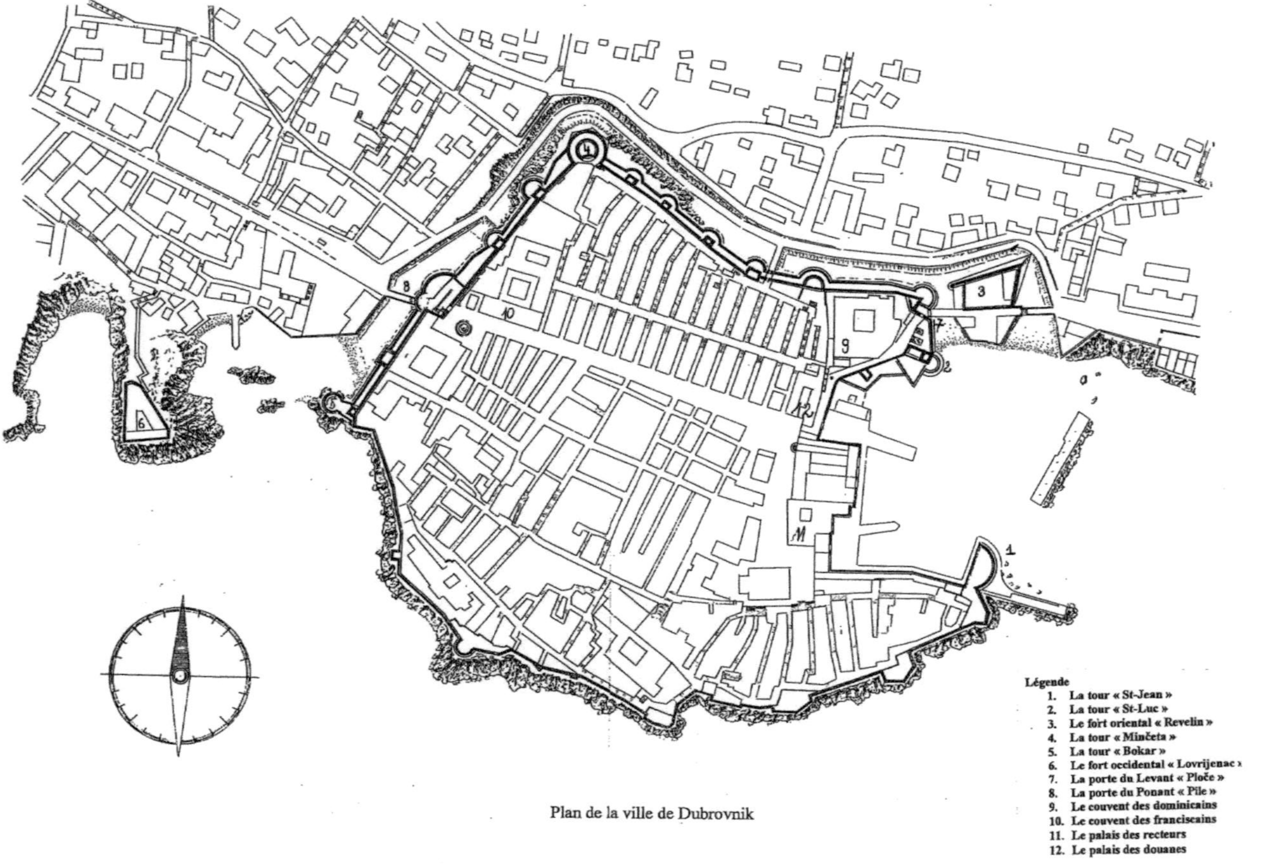

Plan de la ville de Dubrovnik

Sources et bibliographie

A – Sources manuscrites

I – Archives d'Etat de Dubrovnik – Državni arhiv Dubrovnik (DAD)

Reformationes (Reform.), 1301-1415, volumes 1 à 15
Acta Consilii Maioris (Cons. Maius), 1415-1500, volumes 1à 16
Acta Consilii Minoris (Cons. Minus), 1415-1500, volumes 1 à 26
Acta Consilii Rogatorum (Cons.Rog.), 1415-1500,volumes 1 à 29
Debita Notariae (Deb. Not.), 1280-1500, volumes 1à 61
Diversa Cancellariae (Div. Canc), 1282-1500, volumes 1 à 99
Diversa Notariae (Div. Not.), 1310-1500, volumes 1 à 80
Lamenta de foris (Lam.de foris), 1370-1500, volumes 1 à 34
Lamenta de intus (Lam.de intus),1404-1500, volumes 1 à 14
Liber Maleficiorum (Lib.mal.), 1348-1441, volumes 1 à 10
Litterae et commissiones Levantis (Litt.Lev.), 1359-1500, volumes 3 à 17
Secreta Rogatorum (Secret.Rog.), 1497-1535, volume 1
Sententiae Cancellaiae (Sent. Canc.), 1352-1500,volumes 1 à 30

II – Archives de la Couronne d'Aragon – Archivo de la Corona de Aragon

Alfonso IV Registrum gratiarum 2 (2586) – 1416-1429
11 (2595) – 1426-1432
19 (2765) – 1436-1438

Doña Maria de Castilla-
Registrum sententiarum (3239) – 1422-1423

Real Patrimonio – bailia 1324-1700
general, Inventario de processos antiguos 1443 (n° 2E)
1447 (n° 1Q)

III – Archives Historiques de la Municipalité de Barcelone – Archivo Historico Municipal de Barcelona

Caja Consulados
Lettres Closes 1381 – 1383, 1476
Notaria 4 (Nolis)

IV – Archives notariales de Barcelone – Archivo Historico de Protocolos

Bernardo Nadal, Liber Secundus
Bernardo Nadal, Manuale 22 septiembre 1399 – 2 marzo 1400
Bernardo Nadal,Manuale 3 marzo – 12 agosto 1400
Bernardo Ladal, Liber Tercius
Francisc de Relat, Manual 3 de enero 1400 – 2 de septiembre 1401

Thomas de Bellmunt, Llibre 13 diciembre 1399 – 11 febrero 1400
Thomas de Bellmunt, Mabuale commercii tercium
Jaime de Carera, Manuale Primum
Bartolome Masons, Libro de seguros maritimos (1428 – 1429)
Antonio Vilanova, Quartus liber securitatum (1457 – 1460)
Pedro Bastat, Liber securitatum (145' – 1461)
Esteban Mir, Sexti manualis securitatum (1460-1461)

B – Sources publiées

Annales Ragusini Anonymi, item Nicolai de Ragnina, digessit Speratus Nodilo,Zagrabiae, 1883.

Appendini, F-M., *Notizie istorico-critiche sulle antichità, storia e letteratura de'Ragusei*, I-II, Ragusa, 1801-1802.

Bogišić, V., - Jireček, K. (ed), *Liber Statutorum Civitatis Ragusii, compositus anno 1272*, Zagrabiae, 1904.

Chronica Ragusina Junii Restii (ab origine urbis usque ad annum 1451) item Joannis Gundulae (1451-1484), digessit Speratus Nodilo, Zagrabiae, 1893.

Čremošnik, G., (ed), *Kancelariski i notarski spisi 1278-1301,* Beograd 1932.

Čremošnik, G., (ed), *Spisi dubrovačke kancelarije, knjiga I, Zapisi notara Tomazina de Savere 1278 – 1282 I*, Zagreb, 1951.

Dinić, M., (ed), *Iz Dubrovačkog arhiva II*, Beograd, 1963.

Dinić, M., (ed.), *Iz Dubrovačkog arhiva III*, Beograd 1967.

Dinić, M., (ed.), *Odluke veća Dubrovačke republike I,* Beograd, 1951.

Dinić, M., (ed.), *Odluke veća Dubrovačke republike II*, Beograd 1964.

Gelcich, J. – Thalloczy, L. (ed), *Diplomatarium relationum Reipublicae Ragusanae cum Regno Hungariae*, Budapest, 1887.

Iorga, N., (ed.), *Notes et extraits pour servir à l'histoire des croisades au XV siècle*, Paris 1899.

Luccari., G. di P., *Copioso ristretto de gli Annali di Rausa, Libri Quattro,* Venetia 1605.

Lučić, J., (ed.), *Spisi dubrovačke kancelarije, knj. II, Zapisi Tomazina de Savere, 1282-1284, Zagreb, 1984.*

Lučić, J., (ed.), *Spisi dubrovačke kancelarije, knj. III, Zapisi Tomazina de Savere 1284-1286. Zapisi notara Aça de Titullo (1295-1297),* Zagreb, 1988.

Lučić, J., (ed.), *Spisi dubrovačke kancelarije, knj. IV, Zapisi notara Andrije Beneše, 1295-1301*, Zagreb, 1993.

Gelcich, J., (ed.), *Monumenta Ragusina I Libri Reformationum,* Tomus I, 1306-1347, Zagrabiae 1897.

Gelcich, J., (ed.), *Monumenta Ragusina II Libri Reformationum, Tomus II, 1347-1352, 1356-1360. Addimentum a. 1301-1305, 1314-1318,1325-1336,* Zagrabiae, 1882.

Gelcich, J., (ed.), *Monumenta Ragusina III Libri Reformationum, Tomus III, 1359-1364,* Zagrabiae, 1895.

Gelcich, J., (ed.), *Monumenta Ragusina IV Libri Reformationum, Tomus IV, 1364-1396,* Zagrabiae 1896.

Gelcich, J., (ed.), *Monumenta Ragusina V Libri Reformationum, Tomus V, 1301-1336,* Zagrabiae, 1897.

Miklosich, Fr., (ed.), *Monumenta Serbica Spectantia Historiam, Serbiae, Bosniae et Ragusii*, Wien, 1858.

Nedeljković, B., *(ed.), Liber Viridis*, Beograd, 1984.

Nedeljković, B., (ed.), *Liber Croceus*, Beograd, 1997.

Novaković, St., (ed.), *Zakonski spomenici srpskih država srednjega veka*, Beograd, 1912.

Orbin, M., *Kraljevstvo Slovena*, Beograd, 1968.

De Diversis de Quartigianis, Ph., *Situs aedificiorm, politiae et laudabilium consuetudinum inclytae civitatis Ragusii,* Programma dell'I.R. Ginnasio Superiore in Zara, vol. XXIV-XXV, 1881-1882.

Razzi, S., *La storia di Raugia*, Lucca, 1595.

Smičiklas, T., (ed.), *Codex Diplomaticus Regni Croatiae, Dalmatiae et Slavoniae, vol. V, (1256-1272)*, Zagreb, 1907.

Radonić, J., (ed.), *Dubrovačka akta i povelje, knjiga I, sv. 1-2,* Beograd, 1934.

Solovjev., Vl. (ed.), *Liber omnium reformationum civitatis Ragusii*, Beograd, 1936.

Tadić, J., (ed.), *Pisma i uputstva Dubrovačke Republike,knjiga I,* Beograd, 1935.

C – Bibliographie

Abulafia, D., « Dalmatian Ragusa and the Norman Kingdom of Sicily », *Slavonic and East European Review,* 54, 1976, 419-428.

Aymard, M., *Venise, Raguse et le commerce du blé pendant la seconde moitité du XVI siècle,* Paris, 1968.

Balard, M., (éd.), *Etat et colonisation au Moyen Age et à la Renaissance*, Lyon, 1989.

Balard,M.-Ducellier,A., (éd.), *Coloniser au Moyen Age,* Paris, 1995.

Balard,M.-Ducellier,A., (éd.), *Le Partage du Monde*, Paris, 1998.

Balard,M.-Ducellier,A., (éd.), *Migrations et diasporas méditerranéennes*, Paris, 2002.

Beritić, L., *Utvrdjenja grada Dubrovnika*, Zagreb, 1955.

Bojović, B., *Raguse et l'Empire ottoman (1430-1520),* Paris, 1998.

Božić, I., *Dubrovnik i Turska u XIV i XV veku*, Beograd, 1952.

Braudel, F., *La Méditerranée et le monde méditerranéen à l'époque de Philippe II*, I-II, Paris, 1990.

Cabanès,P., Chaline, Doumerc,B., Sivignon,M., *Histoire de l'Adriatique*, Paris, 2001.

Carter, F-W., *Dubrovnik, A Classic City-State*, London-New York, 1972.

Ćirković, S., « Continuité et rupture des hiérarchies : le cas des villes dalmates et de leur arrière-pays », *Atti della XII Settimana di Studi del Istituto Francesco Datini, Prato »*, Firenze, 1990, 73-89.

Ćirković, S., « Le coût des mercenaires dans l'Europe du Sud-Est », *Atti della XVI Settimana di Studi dell'Istituto Francesco Datini,* Prato, 1984 e altri Convegni in CD-rom.

Ćirković, S., « Deux conjonctures dans l'industrie minière balkanique XV-XVI siècles », *Ati della XVIII Settimana di Studi dell Istituto Francesco Datini*, Prato, 1986 e altri Convegni in CD-rom.
Ćirković, S., « Dubrovčani kao preduzetnici u rudarstvu Srbije i Bosne », *Acta historico oeconomica Iugoslaviae*, Zagreb, 1979, 1-20.
Ćirković, S., *Rabotnici, vojnici, duhovnici,* Beograd, 1997.
Ćirković,S.-Kovačević-Kojić,D.,« L'Economie naturelle et la production marchande aux XIII-XV siècles, dans les régions actuelles de la Yougoslavie », *Balcanica XIII-XIV*, Beograd, 1982-1983, 45-46.
Ćirković, S. *Herceg Stefan Vukčić-Kosača i njegovo doba, Beograd, 1964.*
Ćirković, S. *Istorija srednjovekovne bosanske države,* Beograd, 1964.
Ćirković, S., « The Production of Gold, Silver and Copper in the Central Parts of the Blkans from the 13th to the 16th Century », *Precious Metals in the Age of Expansion, Beitrage zur Wirtschaftgeschichte 2*, Stuttgart, 1979, 41-69.
Ćirković, S., « Ragusa e il suo retroterra », *Ragusa e il Mediterraneo : ruolo e funzioni di una reppubblica marinara tra medioevo ed età moderna,* Bari, 1990, 15-27.
Ćirković, S., *Les Serbes au Moyen Age*, Zodiaque, Saint-Léger- Vauban, 1992.
Ćirković, S. « Sviluppo e arretratezza nella penisola balcanica fra il XIII e il XVI secolo », *Atti della X settimana di Studi dell'Istituto Francesco Datini Prato,* Firenze 1983, 291-311.
Ćirković, S., *The Serbs*, Oxford, 2004.
Ćirković, S.-Kovačević-Kojić, D.-Ćuk,R.- *Staro srpsko rudarstvo*, Beograd-Novi Sad, 2002.
Ćirković, S., « Vesti Brolja de Lavelo kao izvor za istoriju Bosne i Dubrovnika », *Istorijski časopis 12-13, 1961, 167-187.*
Ćoralić, L. « The Ragusans in Venice from the Thirteenth to the Eighteenth Century », *Dubrovnik Annals*, 3, 1999, 13-40.
Crouzet-Pavan,E., « La conquista e l'organizzazione dello spazio urbano », *Storia di Venezia, dalle origini alla caduta della Serenissima,* Istituto della Enciclopedia italiana, 8 vol., Roma, 1991-1998, vol. II, 549-576.
Crouzet-Pavan, E., « Le port de Venise à la fin du Moyen Age : entre la lagune et la ville, un effet portuaire », *Atti delle Settimane di Studi dell'Istituto Francesco Datini, Prato e altri Convegni,* Firenze, 1988.
Crouzet-Pavan, E., *Sopra le acque salse. Espaces, pouvoir et société à Venise à la fin du Moyen Age,I-II*, Rome, 1992.
Crouzet-Pavan, E., *Venise triomphante. Les horizons d'un mythe,* Paris, 1999.
Crouzet-Pavan,E., « Violence, société et pouvoir à Venise (XIV-XV siècle), forme et évolution de rituels urbains », *Mélanges de l'Ecole Française de Rome, Moyen Age,* 2,1984, 903-936.
Ćuk, R., *Srbija i Venecija u XIII i XIV veku,* Beograd, 1986.
Deanović, M., *Anciens contacts entre la France et Raguse*, Zagrebn 1950.
Dinić, M., « Španski najalnici u srpskoj službi », *Zbornik radova Vizantološkog instituta, 6, 1960,15-28.*
Dinić-Knežević, D., *Dubrovnik i Ugarska u srednjem veku,* Novi Sad, 1986.
Dinić-Knežević, D., *Migracije stanovništva iz južnoslovenskih zemalja u Dubrovnik tokom srednjeg veka,* Novi Sad, 1995.

Dinić-Knežević, D., *Položaj žena u Dubrovniku u XIII i XIV veku,* Beograd, 1974.

Dinić-Knežević, D., « Prilog proučavanju migracije našeg stanovništva u Italiju tokom XIII i XIV veka », *Godišnjak Filozofskog fakulteta u Novom Sadu, 16/1, 1973, 39-62.*

Dinić-Knežević, D., *Tkanine u privredi srednjovekovnog Dubrovnika*, Beograd, 1982.

« Dubrovačka Republika », *Enciklopedija Jugoslavije,* Tome III, Zagreb, 1984, 587-596.

« Dubrovnik », *Narodna Enciklopedija srpsko-hrvatsko-slovenačka, Knjiga I,* Zagreb, 1929, 587-596.

Ducellier, A., Doumerc, A. Imhaus, B., Miceli, J.de, *Les Chemins de l'exil : Bouleversements de l'Est européen et migrations vers l'Ouest à la fin du Moyen Age,* Paris, 1992.

Ducellier, A., « Note sur les intérêts génois en mer Adriatique : le témoignage des archives ragusaines », *Oriente e Occidente tra medioevo ed età moderna, Studi in onore di Geo Pistarino I-II,* Genova, 1997, I, 191-213.

Fejic, N., « Aspects de la culture professionnelle des entrepreneurs étrangers à Dubrovnik », *Atti della XXII Settimana di Studi dell'Istituto Francesco Datini,* Prato, 1990, 881-885.

Fejic, N., « Les Balkans aux yeux des voyageurs occidentaux au Moyen Age », *Actes du XXVI Congrès de la SHMES,* Limoges-Aubazine 1995, Paris, 1996, 281-291.

Fejic, N., « Les Catalans à Dubrovnik et dans le bassin adriatique à la fin du Moyen Age », *Anuario de estudios medievales, Consejo Superior de Investigaciones Cientificas*, Barcelona, 24, 1994, 429-452.

Fejic, N., « La Chronique Ragusaine de Junije Rastić et la politique de Venise dans la mémoire collective de Dubrovnik », *Les Chemins d'outre-mer, études sur la Méditerranée médivale offertes à Michel Balard I-II,* t. I, 293-310, Paris, 2004.

Fejic, N., « Construire et contrôler : le gouvernement de Dubrovnik (Raguse) face au défi de la construction et de la protection des infrastructures portuaires (XIV-XV siècles) », *Actes du XXXV Congrès de la SHMES, La Rochelle 2004*, Paris 2005,117-129.

Fejic, N., « De la Catalogne à la Péninsule des Balkans, circulation des nouvelles au rythme des affaires (XIV-XV siècles), *Actes du XXIV Congrès de la SHMES* Avignon 1993, Paris 1994, 111-117.

Fejic, N., « Le Développement urbain de Dubrovnik depuis la fondation jusqu'au XV siècle », *Città portuali del Mediterraneo, storia e archeologia, Atti del Convegno Internazionale di Genova 1985,* Genova 1989, 33-37.

Fejic, N., « Les Etrangers à Dubrovnik (Raguse) au Moyen Age : conflits et adaptations », *La Culture urbaine des Balkans (XV-XIX siècles),* Belgrade-Paris , 1991, 17-21.

Fejic, N., « L'Image de l'autre : les Turcs Ottomans dans la Chronique et l'historiographie ragusaine et dalmate du premier âge moderne (XVI-XVII siècle) », *Mélanges offerts à Lucien Abenon*, Matoury, 2006, 291-307.

Fejic, N., « Une Lettre de la municipalité de Barcelone au recteur et aux conseillers de Dubrovnik (Raguse) », *Oriente e Occidente tra Medioevo ed Eta Moderna, Studi in onore di Geo Pistarino,* Genova, 1997, I, 317-324.

Fejic, N., « Ragusei e Spagnoli nel Medio Evo. Luci ed ombre di un rapporto commerciale », *Ragusa e il Mediterraneo : Ruolo e funzioni di una Repubblica marinara tra Medioevo ed età moderna*, Bari, 1990, 79-100.

Fejic, N., « Le Séjour des seigneurs de la suite de Louis I, duc d'Anjou à Dubrovnik (Raguse), de 1383 à 1385 », *Actes du XXIII Congrès de la SHMES, Brest 1992,* Paris 1993, 281-289.

Fejić,N., *Španci u Dubrovnikuu srednjem veku (Les Espagnols à Dubrovnik au Moyen Age),* Beograd 1988, 330 pages + tableaux et annexes (Thèse de doctorat publiée en serbo-croate ; résumés en français et en espagnol).

Ferluga, J., « L'Adriatico fra Bisancio, Venezia e l'Hungeria ai tempi di Manuele Comneno », *Studi Veneziani, 12,* Venezia 1970, 63-83.

Foretić, V., *Povijest Dubrovnika do 1808 I-II*, Zagreb, 1980.

Freidenberg, M.M., *Dubrovnik i Osmanskaya Imperya*, Moscou, 1989.

Gozzi, G., *La Libera e sovrana Repubblica di Ragusa, 634-1814,* Roma, 1981.

Harris, R., *Dubrovnik, A History,* London, 2003.

Hocquet, J.C., *Le sel et la fortune de Venise*, t. 1, Lille, 1976.

Istorija srpskog naroda , Ćirković, S., (éd.), *knjiga I , od najstarijih vremena do Maričke bitke 1371,* Beograd, 1981.

Istorija srpskog naroda, Kalić, J., (éd.), *knjiga II*, doba borbi za očuvanje i obnovu države, (1371-1537), Beograd, 1982.

Janeković-Römer, Z., *Okvir slobode*, Zagreb-Dubrovnik, 1999.

Janeković-Römer, Z., *Rod i grad, Dubrovačka obitelj od XIII do XV stoljeća, Dubrovnik, 1994.*

Janeković-Römer, Z., *Višegradski ugovor, temelj Dubrovačke Republike*, Zagreb 2003.

Klaić, N., *Povijest Hrvata u razvijenom srednjem vijeku*, Zagreb, 1976.

Kostić, V., *Dubrovnik i Engleska*, Beograd, 1975.

Kovačević-Kojić, D., « Dans la Serbie et la Bosnie médiévales: les mines d'or et d'argent », *Annales, Economies, Sociétés, Civilisations,* 2,1960, 248-258.

Kovačević-Kojić, D., *Gradska naselja srednjovekovne bosanske države,* Sarajevo, 1978.

Kovačević-Kojić, D., *Trgovina u srednjovjekovnoj Bosni*, Sarajevo, 1962.

Kovačević-Kojić, D., « Il commercio raguseo di terraferma nel Medio Evo », *Ragusa e il Mediterraneo : Ruolo e funzioni di una Re'pubblica marinara tra Medioevo ed Età moderna,* Bari, 1990, 61-79.

Krekić, B., « L'Abolition de l'esclavage à Dubrovnik (Raguse) au XV siècle, mythe ou réalité ? », *Dubrovnik : a Mediterranean Urban Society, 1300-1600, Variorum,* Aldershot, 1997 (Plus loin : *Variorum,* 1997), IV, 309-317.

Krekić, B., « Aboninandum Crimen : Punishment of Homosexuals in Renaissance Dubrovnik, *Variorum,* 1997, VII, 337-345.

Krekić, B., « Alcune note sulla Famiglia Querini a Ragusa nel Duecento e nel Trecento », *Studi Veneziani*, Venezia, 41,2001, 49-76.

Krekić, B., « The Attitude of Fifteenth-Century Ragusans towards Literacy », *Variorum,* 1997, VIII, 225-232.

Krekić, B., « Contribution of Foreigners to Dubrovnik's Economic Growth in the Late Middle Ages », *Variorum,London, 1980 (Plus loin: Variorum 1980), XIX,* 375-394.

Krekić, B., « Contribution to the Study of the Ragusan Presence in Venice in the Fourteenth Century », *Dubrovnik Annals,* 5,2001, 7-45.

Krekić, B., « Contributo allo studio degli schiavi balcanici a Venezia (1388-1398) », *Variorum 1980,* VII, 379-394.

Krekić, B., « Courrier traffic between Constantinople and Thessalonika in the First Half of the Fourteenth Century » *Variorum 1980,* XI, 1-8.

Krekić, B., « Developed Autonomy : The Patricians in Dubrovnik and Dalmatian Cities », *Variorum 1997,* II, 185-215.

Krekić, B., « Dubrovnik (Ragusa) and the War of Tenedos/Chioggia, (1378-1381) », *Variorum 1980,* VI, 1-34.

Krekić, B., « Dubrovnik as a Pole of Attraction and a pole of Transition for the Hinterland Population in the Late Middle Ages », *Variorum 1997,* XVII, 67-75.

Krekić, B., *Dubrovnik et le Levant*, Paris-La Haye, 1961.

Krekić, B., « Dubrovnik's Participation in the War against the Ottomans in 1443 and 1444 », *Variorum 1980,* XVII, 1-17.

Krekić, B., *Dubrovnik in the 14th and the 15th Centuries: A City between East and West,* University of Oklahoma Press, 1972.

Krekić, B., « Four Florentine Commercial Companies in Dubrovnik (Ragusa) in the First Half of the Fourteenth Century », *Variorum 1980,* I, 241-258.

Krekić, B ; « Gli ebrei a Ragusa nel Cinquecento », *Variorum 1997,* X, 835-844.

Krekić, B., « Helias and Blasius de Radoano, Ragusan Merchants in the Second Half of the Fourteenth Century », *Zbornik radova Vizantološkog instituta, 41, 2004,401-422.*

Krekić, B., « Images of Urban Life : Contribution to the Study of Daily Life in Dubrovnik at the Time of Humanism and Renaissance », *Variorum 1997,* V, 1-38.

Krekić, B., « I mercanti e produttori toscani di panni di lana a Dubrovnik (Ragusa) nella prima metà del Quattrocento », *Variorum 1980,* IX, 707-714.

Krekić, B., « Influence politique et pouvoir économique à Dubrovnik (Raguse) du XIII azu XVI siècle », *Variorum 1997,* I, 241-258.

Krekić, B., « Italian Creditors in Dubrovnik (Ragusa) and the Balkan Trade, Thirteenth to Fifteenth Centuries, *Variorum 1980,* VIII, 241-254.

Krekić, B., « Un mercante e diplomatico da Dubrovnik (Ragusa) a Venezia nel Trecento, *Variorum 1980,* V, 71-101.

Krekić, B., « Miscellanea from Cultural Life of Renaissance Dubrovnik », *Variorum 1997,* IX, 133-151.

Krekić, B., « La navigation ragusaine entre Venise et la Méditerranée orientale aux XIV et XV siècles », *Variorum 1997,* XIII, 129-141.

Krekić, B., « On some Ragusans in Crete in the 14th Century », *Byzantium State and Society, In Memory of Nikos Oikonomides, The National Research Foundation,* Athens, 2003.

Krekić, B., « On Latino-Slavic Cultural Symbiosis in Late Medieval and Renaissance Dalmatia and Dubrovnik », *Variorum 1997,* XVIII, 321-332.

Krekić, B., « O ratu Dubrovnika i Srbije 1327-1328 », *Zbornik radova Vizantološkog instituta,* 11,1968, 193-205.

Krekić, B., « Le Port de Dubrovnik (Raguse), entreprise d'Etat, plaque tournante du commerce de la ville (XIII-XVI siècle) », *Variorum 1997,* XIV, 653-673.

Krekić, B., « La Puglia tra Dubrovnik (Ragusa) e il Levante nell'epoca angioina », *Variorum 1980,* III, 63-69.

Krekić, B., « Quelques remarques sur la politique et l'économie de Dubrovnik (Raguse) au XV siècle, *Variorum 1980,* XX, 311-316.

Krekić, B., « Ragusa e gli Aragonesi verso la metà del XV secolo », *variorum 1980,* X, 205-219.

Krekić, B., « Ragusa (Dubrovnik) e il mare : aspetti e problemi (XIV-XVI secolo) », *Variorum 1997,* XV, 131-151.

Krekić, B., « Le relazioni fra Venezia, Ragusa e le popolazioni serbo-croate », *Variorum 1980,* IV, 389-401.

Krekić, B., « Le rôle de Dubrovnik (Raguse) dans la navigation des « mudae » vénitiennes au XIV siècle », *Variorum 1997,* XII, 247-254.

Krekić, B., « The Role of the Jews in Dubrovnik (Thirteenth-Sixteenth Centuries) », *Variorum 1980,* XXI, 257-271.

Krekić, B., « Ser Basilius de Basilio – a less than Commendable Ragusan patrician (1361 ? – 1413) », *Variorum 1997,* III, 1-16.

Krekić, B., « Trois fragments concernant les relations entre Dubrovnik (Raguse) et l'Italie au XIV siècle », *Variorum 1980,* II, 19-35.

Krekić, B., *Unequal Rivals : Essays on Relations between Dubrovnik and Venice in the Thirteenth and Fourteenth Centuries,* Zagreb-Dubrovnik, 2007.

Krekić, B., « Venetians in Dubrovnik (Ragusa) and Ragusans in Venice, as Real Estate Owners in the Fourteenth Century », *Variorum 1997,* XI, 1-48.

Krekić, B., « Venetian Merchants in the Balkan Hinterland in the Fourteenth Century », *Variorum 1980,* XIV, 413-429.

Krekić, B., « Zašto je vodjen i kada je završen rat Dubrovnika i Srbije 1301-1302, *Zbornik radova Vizantološkog instituta,* 17, 1976, 417-423.

Krivošić, St., *Stanovništvo Dubrovnika i demografske promjene u prošlosti,* Dubrovnik, 1990.

Lonza, N., *Pod plaštem pravde,* Dubrovnik, 1997.

Lučić, J., *Povijest Dubrovnika II,* Zagreb, 1973.

Manken, I., *Dubrovački patricijat u XIV veku, I-II,* Beograd, 1960.

Mitić, I., Konzulati i konzularna služba staroga Dubrovnika, Dubrovnik, 1973.

Mosher Stuard, S., *A State of Deference, Ragusa/Dubrovnik in the Medieval centuries,* Philadelphia, 1992.

Ničetić, A., *Povijest Dubrovačke luke,* Dubrovnik, 1996.

Petrović, Dj., *Dubrovačko oružje u XIV veku,* Beograd, 1976.

Popović, T., *Turska i Dubrovnik u XVI veku,* Beograd, 1973.

Popović-Radenković, M., « Le relazioni commerciali fra Dubrovnik e la Puglia nel peiodo angioino (1266-1442) », *Archivio storico per le province Napoletane,* 37, 1957, 5-36, 38, 1958, 153- 206.

Raukar, T., *Hrvatsko srednjovjekovlje. Prostor, ljudi, ideje,* Zagreb, 1997.

Ravančić, G., *Život u krčmama srednjovjekovnog Dubrovnika,* Zagreb, 2001.

Roller, D., *Agrarno-proizvodni odnosi na području Dubrovačke Republike od XIII do XV stoljeća,* Zagreb, 1955.

Roller, D., *Dubrovački zanati u XV i XVI vijeku,* Zagreb, 1951.

Spremić, M., *Despot Djuradj Branković i njegovo doba,* Beograd, 1994.

Spremić, M., *Dubrovnik i Aragonci,* Beograd, 1971.

Škrivanić,G., *Oružje u srednjovjekovnoj Srbiji, Bosni i Dubrovniku,* Beograd, 1957.

Tadić, J., « Dubrovnik od postanka do kraja XV stoljeća », *Historija naroda Jugoslavije I,* Zagreb, 1953, 629-667.

Tadić, J., « Le Port de Raguse et sa flotte au XVI siècle », *Le navire et l'économie maritime du Moyen Age au XVIII siècle, Travaux du Second colloque international d'histoire maritime,* Paris 1959, 9-26.

Tadić, J., « Privreda Dubrovnika i srpske zemlje u prvoj polovini XV veka », *Zbornik Filozofskog fakulteta,* 10-1, 1968, 519-539.

Tadić, J., *Španija i Dubrovnik,* Beograd, 1932.

Tadić, J., « Les sources de l'histoire maritime yougoslave », *Actes du IV Colloque international d'histoire maritime,* Paris, 1962, 68-103.

Tadić, J., « Venecija i Dalmacija u srednjem veku », *J.I.Č. 3-4, 1968, 5-12.*

Voje, I., « Il credito nella Ragusa medievale », *Ragusa e il Mediterraneo,Ruolo e funzioni di una Repubblica marinara tra Medioevo ed Età moderna,* Bari, 1990, 45-61.

Voje, I., *Kreditna trgovina u srednjovekovnom Dubrovniku,* Sarajevo, 1976.

Voje, I., *Poslovna uspešnost trgovcev v srednjeveškem Dubrovniku,* Ljubljana, 2003.

Table des matières

Au-delà d'une histoire urbaine 5

Dubrovnik, un espace menacé 27

Conflits et mesures de sécurité à la fin du XIIe siècle 33

Menaces et mesures de protection au XIIIe et au début du XIVe siècle 37

La Sécurité, enjeu des grandes coalitions maritimes
à la fin du XIVe siècle 55

Mesures de sécurité au temps des guerres contre les
seigneurs de Bosnie et de l'expansion ottomane au XVe siècle 103

Nouvelles perspectives de recherche
sur les guerres de Dubrovnik et les mesures de sécurité 145

Plan de la ville de Dubrovnik 158

Sources et bibliographie 159

L'HARMATTAN, ITALIA
Via Degli Artisti 15 ; 10124 Torino

L'HARMATTAN HONGRIE
Könyvesbolt ; Kossuth L. u. 14-16
1053 Budapest

L'HARMATTAN BURKINA FASO
Rue 15.167 Route du Pô Patte d'oie
12 BP 226 Ouagadougou 12
(00226) 76 59 79 86

ESPACE L'HARMATTAN KINSHASA
Faculté des Sciences Sociales,
Politiques et Administratives
BP243, KIN XI ; Université de Kinshasa

L'HARMATTAN GUINÉE
Almamya Rue KA 028 en face du restaurant le cèdre
OKB agency BP 3470 Conakry
(00224) 60 20 85 08
harmattanguinee@yahoo.fr

L'HARMATTAN CÔTE D'IVOIRE
M. Etien N'dah Ahmon
Résidence Karl / cité des arts
Abidjan-Cocody 03 BP 1588 Abidjan 03
(00225) 05 77 87 31

L'HARMATTAN MAURITANIE
Espace El Kettab du livre francophone
N° 472 avenue Palais des Congrès
BP 316 Nouakchott
(00222) 63 25 980

L'HARMATTAN CAMEROUN
Immeuble Olympia face à la Camair
BP 11486 Yaoundé
(237) 458.67.00/976.61.66
harmattancam@yahoo.fr

L'HARMATTAN SÉNÉGAL
« Villa Rose », rue de Diourbel X G, Point E
BP 45034 Dakar FANN
(00221) 33 825 98 58 / 77 242 25 08
senharmattan@gmail.com

650752 - Avril 2016
Achevé d'imprimer par